1 フィンランド湾(バルト海)
2 ヴァシリエフスキー島
3 芸術アカデミー
4 ペテルブルグ大学
5 科学アカデミー
6 クンストカーメラ
7 カーメンヌィ島
8 チョールナヤ・レーチカ
9 ペトログラード区
10 聖ペテロ・パウロ要塞(教会)
11 フィンランド駅
12 ネヴァ河
13 宮殿橋
14 元老院広場(デカブリスト広場)
／青銅の騎士像
15 旧海軍省
16 冬宮(エルミタージュ)
17 宮殿広場
18 イサク(イサーキー)寺院
19 マリインスキー・オペラ・バレエ劇場
20 モイカ川
21 グリボエードフ運河
22 ラスコーリニコフ(『罪と罰』)の住居
23 センナヤ広場
24 サドーヴァヤ通り
25 カザン大聖堂
26 大コニューシェンナヤ通り
27 ロシア美術館／プーシキン像
28 夏の庭園
29 フォンタンカ川
30 アレクサンドリンスキー劇場
／エカチェリーナ二世像
31 ネフスキー大通り
32 タヴリーダ宮殿／庭園
33 スモーリヌイ女子修道院／女学院
34 モスクワ駅
35 アレクサンドル・ネフスキー修道院

スラブ・ユーラシア叢書

創像都市ペテルブルグ

歴史・科学・文化

望月哲男［編著］

北海道大学出版会

……こんな白夜に眠るのはむずかしい。
明るすぎるし、それにどんな夢もこの現実には勝てないからだ。
そこは人が影を落とさない、水のような世界。

ヨシフ・ブロツキー『改名された都市の案内』（一九七九）

青銅の騎士像

……金属の騎士がネヴァの岸辺に疾駆してきて、
フィンランドの灰色の花崗岩に駿馬を駆けのぼらせた、
あの波乱の時から、ロシアはまっぷたつに分かれてしまった。
……汝、駿馬のごときロシアよ！
その二本の前脚は、闇へ、虚空へ向けて駆けようとし、
二本の後脚は、花崗岩の土台にしっかりと根を張ってしまった。

アンドレイ・ベールイ『ペテルブルグ』（一九一三―一四、二二）

ペトログラード区から臨むネヴァ河畔

イサク広場のニコライ1世像

……これら全ての印象群の背後には、
ある種の一貫性もしくは
法則性と呼ぶべきものが存在する。
あたかも都市の魂にはそれ自体の宿命があって、
ロシアの作家たちはそれぞれの時代における
都市の魂の成長段階を記録してきた
――そんな確かな印象が生まれるのだ。

N・P・アンツィーフェロフ
『ペテルブルグの魂』（一九二二）

ロストフの灯台

旧海軍省

小さな橋を壊しても
壊れはしない、ロシアの詩も
美しいロシアの町も
そこに息づく愛も
ネヴァからネヴァへと走る
モイカ、お前のにごった水源は
つかの間の気まぐれではなく
永遠に属するもの
イレーナ・セルゲーエヴァ(一九七二)

モイカ川

沼の中から生まれて
三度も洗礼されて
敵に囲まれても降参しないで
英雄になったのだれだ?
――ペテルブルグのなぞなぞ

モイカ川

運河群とネヴァ河

夏の庭園の柵

夏の庭園

……久しくネヴァは詩の言葉で語り
ネフスキー通りはゴーゴリの頁さながらに横たわり
夏の庭園はそっくり『オネーギン』の一章
島々がブロークを追想すれば
ラズエズジャヤ街をドストエフスキーがさまよう
サムイル・マルシャーク（一九四六）

タヴリーダ庭園のエセーニン像

ストリャルヌイ横丁（『罪と罰』のラスコーリニコフが住んだ街）

口絵写真提供：タチヤナ・ジュラフスカヤ，楯岡求美，毛利公美

目　次

目　次

目次

目　次

序　都市から世界へ

——サンクト・ペテルブルグの歴史によせて

望月哲男

北方の旧首都

サンクト・ペテルブルグは東西と南北に伸びた広大なロシア連邦のヨーロッパ側の北部、北緯五九度五七分、東経三〇度一九分のところに位置している。バルト海の東部、フィンランド湾に注ぐネヴァ河のデルタ地帯を中心領域とするロシア最大の海港都市で、市域は約五七〇平方キロ、人口は約四六七万(二〇〇二年現在)、人口百万以上の都市としては最北にあたる。市内を走る運河群を含めた水域が市面積の約一〇%を占める水の都であり、高緯度の海洋性気候のため、夏の白夜、秋季にサイクロンの影響で発生する洪水、冬の湿った雪などの気象現象を特徴とする。

サンクト・ペテルブルグはモスクワにつぐロシア連邦第二の都市であり、一七一二年からロシア革命直後の一九一八年まで、この国の首都であった。建都者であるロマノフ朝のピョートル一世(大帝、在位一六八二〜一七二五)が一七〇三年にネヴァ河の河口に要塞を建設したときを開基とするため、二〇〇三年には建都三百周年が祝われた。

この三世紀の間、サンクト・ペテルブルグはモスクワと並ぶロシアの中心都市として、さまざまな歴史的シーンに立ち会ってきた。

華麗な街

一八世紀はロシアの欧化・富国政策とこの都市の成長が歩調をあわせた時代であった。サンクト・ペテルブルグを都市として現出させるためにも、巨大なロシア帝国の首都として機能させるためにも、産業・文化・情報流通の先端基地(ヨーロッパへの窓)として進化発展させるためにも、ロシア国家の内と外からたくさんの人とモノが集められ、貴族層を国家勤務に動員するための官等制度、元老院や参議会などの統治・司法機関、航海学校などの教育機関といったインフラが整備された。

一八世紀初めには村落が点在するばかりだった空間に、一七二五年には科学アカデミーが、一七五七年には芸術アカデミーが、一七八三年にはマリインスキーオペラ・バレエ劇場ができるという文化面での歩みをみるだけでも、サンクト・ペテルブルグの成長の神話的速度がうかがわれる。結果的にピョートル一世から数えて八代目のエカテリーナ二世（女帝、在位一七六二〜九六）の時代には、この都市は放射状の大通りや石畳の河岸通り、バロック、ロココ、古典主義様式の建造物が独特の景観をかもしだす、人口二〇万ほどの都市に成長していた。監獄の機能もかねた聖ペテロ・パウロ要塞、冬宮《エルミタージュ》、海軍省、元老院広場のピョートル大帝像（青銅の騎士像）などは、この都市の不変のシンボルとなった。この都市はまたピョートル一世時代の仮装行列、エカテリーナ二世の様式化された広場の娯楽《グリャーニエ》、そしてのちの軍事パレードのような祝祭の舞台でもあり、二千部からの部数をもつ新聞が発行される情報空間でもあった。

国際都市

多民族帝国の首都であり、また国家の縁辺にある海港都市であるという特性から、住民の民族構成は多彩であった。とりわけピョートル一世時代から積極的に招聘されたヨーロッパ各地の技術者・学者・美術家たち、バルト・ドイツ人をはじめとする非ロシア人の文官や武官、ポーランド分割で流入したカトリック聖職者、フランス革命を逃れた亡命貴族、そして各国の大使などを含んだこの都市の上層社会は、ハプスブルグ帝国のウィーンにも比すべき民族的・文化的多彩さを呈していた。クールラント公妃であったアンナ女帝（在位一七三〇〜四〇）とその側近たち、またホルシュタイン伯の血筋で生粋のドイツ女性であるエカテリーナ二世に代表されるように、宮廷そのもののなかにゲルマンの血が濃く流れていたことも含め、サンクト・ペテルブルグはきわめて異国情緒の濃い町であった[1]。そもそもロシア正教の総主教職を廃して宗務院による教会の国家管理を導入し、同時に分離派信徒への弾圧を強めたピョートル大帝には、民族派や愛国派からの批判がつきまとった。たとえばこの皇帝は、外国でピョートルに成り代わった偽者のドイツ人であり、その都市はアンチキリストの呪われた町だという言説が流布していたのだが、サンクト・ペテルブルグに関するそうした負のイメージには、人種・文化的な根拠もあったといえよう。

このサンクト・ペテルブルグの繁栄は、農奴制と官僚制に基礎を置いた専制体制によって支えられたものだった。フランスの哲学者と文通し、法治主義の原理を支持する『訓令』(一七六七)を書き、都市を美術館のように飾った啓蒙君主エカテリーナ二世の時代に、寵臣政治がはびこり、帝国領土が南部・西部に拡張し、農奴制が拡大されたのは偶然ではない。思想家ラジーシチェフやフリーメーソンのノヴィコフのように、人権や平等を論ずる思想家たちは、国家精神の紊乱者としてこの都市から排除されたのである。

サンクト・ペテルブルグは一八世紀においてすでに数々の政治的テロルの舞台でもあった。とりわけエカテリーナ一世(在位一七二五～二七)やアンナ女帝の政権の後ろ盾となり、エリザヴェータ女帝(在位一七四一～六二)、エカテリーナ二世、アレクサンドル一世(在位一八〇一～二五)の即位に際して、それぞれ前帝の排除や暗殺の主役となった近衛連隊によるクーデター政治は、この壮麗な都市に暗黒のイメージを付与するものであった。

役人の街

世界に開かれた文化空間が同時に専制国家の権力の中心であるという機能の両義性は、いわばサンクト・ペテルブルグの宿命だった。「モスクワは巻きパンの町、ペテルブルグは巻き髭の町」とことわざにあるように、ピョートル一世時代から整備された文武両官による国家の管理と経営のデザインは、一九世紀においてきわめて実体化した。一九世紀初め、農奴解放や三権の区分といった専制体制下での改革を議論の俎上に載せていた「玉座の改革者」アレクサンドル一世が、対ナポレオンの祖国戦争（一八一二）に勝利してウィーン体制の要となっていくにつれて、サンクト・ペテルブルグは管理的で排外的な帝国の首都の趣を強めた。たとえばエカテリーナ二世の保護を受け、パーヴェル帝（一七九六〜一八〇一）の時代には首都に教会や学校を得て活発に活動していたカトリック修道会のイエズス会は、アレクサンドル一世時代の後半に首都を追われ、ついにはロシアからも追放された。

こうした思想文化の管理と「国粋化」の傾向は、次のニコライ一世（在位一八二五〜五五）の時代にいっそう顕著となった。先進的な青年貴族層による近衛連隊最後のクーデターの試みであるデカブリストの乱（一八二五）の洗礼を受けて帝位に就き、一八三〇年の七月革命やポーランドにおける対ロシア反乱などへの警戒心を強めたニコライ一世は、「正教、専制、国民性」の反動的国家イデオロギーのもとに、秘密警察や憲兵隊を整備し、検閲官や諜報員による情報管理のシステムをしいた。辺境への追放やシベリア流刑[2]がサンクト・ペテルブルグの批判的知識人のリアルな悪夢となり、国家体制に関する言説は閉じられたサークルでの議論（たとえば貴族サロンでのスラブ派と西欧派の議論）の形をとるか、もしくは作家ツルゲーネフが『猟人日記』（一八四七〜五二）で行なったような、文学的なほのめかしに翻訳されるしかなかった。自由な思想と言論の場を希求する者は、思想家ゲルツェンや宗教家ガガーリンのように、ロンドンやパリに亡命したのである。

テロリズムの街

次の開明的なアレクサンドル二世（在位一八五五〜八一）の時代、農奴解放や地方行政、司法、軍制などに関する議論の開放と、それに続く一連の大改革のもとで、サンクト・ペテルブルグは知的・文化的活況を回復する。首都のジャーナリズムは繁栄し、たとえばもと政治犯で流刑囚の作家ドストエフスキーが事実上の主幹として関与する総合雑誌が数千の予約購読者をもつといった状況も生まれた。そうした媒体や公開の論壇で功利主義、実証主義といった最新の西欧思想が吟味紹介され、ツルゲーネフ、トルストイらによる社会論的メッセージを含んだリアリズム小説が盛期を迎えるのも、この一八六〇年代である。

だがこの後れてきた啓蒙の時代は、すぐに支配と被支配の論理がダイレクトにぶつかりあう力の対抗の時代へと展開した。農奴解放の内容への不満はペテルブルグ帝国大学の学生のデモと大学閉鎖という事件を呼び、一八六六年にはカザン帝国大学の元学生カラコーゾフによるアレクサンドル二世暗殺未遂事件がおこって、改革の流れを一挙に収束させてしまう。

この後一八七〇年代のナロードニキ運動の隆盛とともに、サンクト・ペテルブルグは数々のテロリズムと弾圧のいたちごっこの舞台となった。女学生ヴェーラ・ザスーリチによる首都長官トレーポフ狙撃事件(一八七八)、ソロヴィヨフによる皇帝暗殺未遂事件(一八七九)、ジェリャーボフらによるアレクサンドル二世暗殺(一八八一)という一連のテロルと、アレクサンドル三世(在位一八八一～九四)時代の新大学令による学生弾圧、総合雑誌への圧力、さらに司法や地方制度に及ぶ一連の「反改革」である。

この対立は、ニコライ二世(在位一八九四～一九一七)治下のヴィッテ蔵相による工業化・高度成長の時期をはさんで、経済恐慌の二〇世紀初頭に再燃する。そして学生や社会革命党のテロル(3)への対抗と日露戦争の不首尾への対応に浮き足立つ皇帝政府のもとで、一九〇五年、司祭ガポンの率いる労働者団体が国会開設、政治的自由、八時間労働制などの要求を掲げて行進する列に軍隊が発砲して数百人の死者を出すという、いわゆる「血の日曜日」事件がおこった。これが労働者、農民、被抑圧民族、水兵を巻き込む第一次革命へと発展する。この後ロシアの政体は、欽定憲法と議会をもつ専制政体というキマイラとなった。

貧しい街

改革と解放の試みが暴力と弾圧に帰結するという一九世紀ロシアの首都物語の背景には、専制権力の強化によってしか近代化の推進力が維持できないという上からの改革の根本的ジレンマがあり、さらには地主への経済的・人格的な帰属から解放された農民階級が、新たに国家や資本家の搾取の対象となっていくという構造があった。流動化した人口の多くが首都に流れ込み、サンクト・ペテルブルグの住民は一八六〇年には約五〇万、一九〇〇年には約一四〇万、第一次世界大戦時の一九一四年には約二二〇万と急速に伸びていった。首都と国家の経済的活性化と発展を支えたこの上昇カーブが、そのままいわゆる社会的諸問題の集積度をも物語っている。サンクト・ペテルブルグは劣悪な住宅事情、過酷な気候条件と衛生環境の悪さからくる疾病率や死亡率の高さ、男女人口の不均衡、犯罪率の高さなどの点で際立っていた。いわばそうした資本主義的矛盾の集中的発現の場であり、またそれゆえに国家の方向をめぐってさまざまな原理や主義が対抗する闘争の場だったのである。

サンクト・ペテルブルグはすでに久しく両義的なイメージをはぐくんでいた。すなわち一八世紀はピョートルの新都を「北方の美都」「新しきローマ」などとする賛辞と「サンクト・ペテルブルグは無と化すであろう(4)」といった呪詛の言葉を生み、一九世紀は「華麗な町、貧しき町」(プーシキン)という対句に代表される二重焦点の言説を生んだ。一八四〇年代のいわゆる自然派の文芸は、首都の具体的な生活感覚や世帯風俗に生理学的な関心を示して小官吏や商人、職人たちの生態を微細に描いた。

いわばこの首都は巨大な自己イメージの生産装置だったのだが、一九世紀後期になると、詩的・世帯風俗的な関心に統計データにもとづく社会学的興味が加わった。最初の本格的な首都の民勢調査は一八六九年に内務省によって行なわれたが、その結果は、たとえばサンクト・ペテルブルグが役人や軍人や貴族や作家・芸術家の都市であるという古い「文学的」イメージを覆すものであった。実際その住人の半数以上は貧しい出稼ぎ農民、工場労働者や臨時雇い人であり、三割弱がいわゆる町人、「ドイツ人」職人、近郊から来たフィン人やエストニア人、退役軍人、「賤業婦」などで占められていたのである。(5) こうした人口分布と、かなり不吉な偏りを示す犯罪、病気、生活レベル、福祉などに関する統計数値は、住民の漠然とした不安を煽った。農奴解放以降の首都は、かつてのプガチョフの乱のごとき農民の反乱や暴動が首都を舞台にして再現されるのではないかという予感におびえ、それが革命期までさまざまな形で繰り返される首都崩壊の黙示録的な文学イメージ群にもつながった。テロルや騒擾におびえるというよりも、テロルや暴動がおこりそうな予感におびえ、その予感がある種の現象の誘因となる――そんな情報社会のメカニズムがサンクト・ペテルブルグにも生まれていたようだ。

不条理な街

そうした目で、たとえばこの都市がサンクト・ペテルブルグという名で呼ばれた時期の最後、第一次世界大戦前夜、ロマノフ朝三百周年記念(建都二一〇周年)の一九一三年の状況をみつめると、なにやらシュルレアリストの夢のような不条理さが喚起される。政府は農業や労働条件、地方行政などの改革とバルカン戦争を中心とした国際状況への対応という緊急の課題を抱えていたが、それを担うべき有力政治家は次々と排除され、あるいは暗殺されて消えていた。皇帝は自前の意志決定の回路をもたず、宮廷の方針は皇后の意志を代弁する怪僧ラスプーチンの論理に支配されていた。

思想界では、前年に創刊されたボリシェヴィキの機関紙『プラウダ』やこの年発刊の社会革命党の『生きた思想』など革命派の言論と、宗教や哲学への回帰を説くストルーベやベルジャーエフなどいわゆる道標派の言論が対抗していた。文芸界では、ロシアの破局と再生に思いをはせる後期象徴派が黙示録的な作品を書く一方で(ブローク『復讐』一九一〇~二一、ベールイ『ペテルブルグ』一九一三~一四)、一九世紀的な思想文化のコンテクストを覆す新しい芸術運動が生まれていた。前年に檄文『社会の趣味への平手打ち』を発表したフレーブニコフやマヤコフスキーらは、本格的な未来主義の創作を開始、サンクト・ペテルブルグではアヴァンギャルド演劇『太陽の征服』が上演された。画家のマレーヴィチはキュビスムからシュプレマティスムへの一歩を踏み出し、ネオ・プリミティヴィズムの画家ゴンチャロヴァはラリーオーノフとともに光線主義を創始していた。パリではディアギレフの率いるバレエ・リュッスがロシア版オリエンタリズムの匂いを放ちながら、その活動の第一期の締めくくりとなる『春の祭典』を華々しく上演していた。

このきらびやかな混乱のさなかで、多くの住民は空腹だったが、サンクト・ペテルブルグの労働者たちを組織しうる運動主体は存在しなかった。

変わりゆく街

こうした危機的な段階を経て、この都市の二〇世紀的な「変身」がはじまる。まずは第一次世界大戦への参戦の一九一四年、首都は敵性言語にあたるドイツ語風の響きを改められ、スラヴ語風のペトログラードと改称された。総力戦下の一九一七年、パンよこせデモに端を発したゼネストの結果皇帝が退位に追い込まれた二月革命と、ペトログラード・ソヴィエト軍事革命委員会が臨時政府を打倒した十月革命の二つの革命の結果、この都市は社会主義ソヴィエト共和国の首都となった。さらに翌一九一八年には、政権のモスクワへの移動の結果、首都の地位を譲り渡した。革命後の内戦の時代にこの都市の人口は三分の一に減少したといわれる。一九二四年には、革命の指導者レーニンの死に際して、その名を冠してレニングラードと改称された。

ソ連政治史においてもレニングラードは、しばしば悲劇のニュアンスとともに想起される。すなわち一九三四年のレニングラード党第一書記キーロフの暗殺事件とその後の旧反対派指導者たちの弾圧、第二次世界大戦時の九百日に及ぶドイツ軍による封鎖(6)、戦後の共産党政治局員ジダーノフによるアフマートヴァ、ゾーシチェンコらレニングラード文化人への弾圧(ジダーノフ批判、一九四六)、「分離主義」を理由としたレニングラード党幹部らへの弾圧事件(レニングラード事件、一九四九)等。スターリン政権は政治においても文化においても、レニングラード・グループを終始「西欧派」「コスモポリタニズム偏向」という色眼鏡で見ていたようである。いずれにせよレニングラードは文化や学問の諸方面で、二〇世紀を通じてモスクワと並ぶ二大中心地であり続けた。音楽、美術、映画、文学などの領域で、われわれは確かにモスクワ風とは異なったレニングラード風の趣味を聞き分けることがある。それはどこか、かつてドストエフスキーがプーシキンを目して言った、普遍人類的であることが特殊ロシア的であることに通ずるという、ロシア的弁証法を連想させる感覚である。

回路としての街

この新しい古都はソ連崩壊前夜の一九九一年、住民投票の結果一九世紀の名称を回復し、再びサンクト・ペテルブルグの名で呼ばれるようになった。新生ロシアの文化復興の機運や一種のレトロ趣味とも連動して、サンクト・ペテルブルグの社会史や文化史は今日ますます多くの人々の関心を呼び、たくさんの成果を上げている。ソ連時代にはあまり注目されなかった帝政時代の地域史や統計、国際交流史関係の資料なども、意欲的に発掘・復刻されている。とりわけ二〇〇三年の建都三百年記念祭の前後には、ロシアをはじめ各国でこの都市の近代史的な意味をめぐる共同研究が行なわれた。

そうした多様な言説を通じてあらためて意識されることのひとつは、サンクト・ペテルブルグという都市が自足的な世界ではなくさまざまな空間への回路としてイメージされ、またそのように機能してきたという感覚である。

そもそも建都の意図からして、この街はロシアから西欧にむけて開かれた窓であったし、外部から見ればロシアを覗き込むことのできる窓であった。この外部に面した首都＝周縁に置かれた中心は、実際に汽水湖の生態系のような独特な折衷文化(たとえばペテルブルグ・バロックなどと呼ばれる様式)を生み出し、異世界に属する者たちの出会いを演出した。革命のフランスを逃れて駐露サルディーニャ大使となった『サンクト・ペテルブルグ夜話』(一八二一)の作者メーストル(一七五三〜一八二一)や、『一八三九年のロシア』の作者キュスティーヌ(一七九〇〜一八五七)にとって、サンクト・ペテルブルグという異郷がみずからの世界観を展開するカンヴァスとなった。この事情はロシア人にとっても同様である。プーシキンからベールイにいたるまで、一九世紀サンクト・ペテルブルグ文学の作者たちの多くが帝国の異なる地域の出身者であり、この首都に世界との接点を(その喜びと苦悩を)見出した者たちであった。記号論者トポローフの多少大げさな総括によれば、「ペテルブルグテクストを借りてロシアが、何よりもモスクワが語った」(7)のである。こうした事情はサンクト・ペテルブルグの歴史を、単にロシアの近代化史の一要素としてではなく、広く東西文化の交差と対話の文脈でみることを促す。

この首都はまた異界や彼岸との接点としても意識されていた。都市フォークロアから詩や散文の諸ジャンルにいたるまで、ロシア文学は人工都市サンクト・ペテルブルグの壮麗な景観の背後にある影や薄闇の部分に注目し、多様な未来図を描いたが、その多くは悲劇的な色彩のものであった。水の世界に浮かぶ石の都市のイメージが、カオスに対抗するコスモスや、アジア的混沌に導入されたヨーロッパ的秩序のイメージへと翻訳されたところに生ずる首都の破局や滅亡のテーマは、プーシキンの『青銅の騎士』(一八三四)、ベールイの『ペテルブルグ』など、きわめて多くの文学作品を生んだ。ゴーゴリやドストエフスキーが描いた、現実と幻想の交錯のはてにおこる狂気や人格分裂のモチーフも、同じ異界の対抗のテーマを内在化したものである。こうした異世界の交差のイメージは記号論や文化人類学の関心の対象ともなり、この都市をひとつの世界モデルと見立てて、その各部分の性格や機能を詳細に腑分けしていくような、多くの研究を生んでいる。それはまたこの都市を近代世界の諸都市（たとえばニューヨークや東京などの海辺の大都市）と比較する意欲をそそる要素である。

二〇世紀における数奇な運命は、さらにこの都市に文化的記憶を詰め込んだタイムカプセルのごとき性格を与えた。一九二〇年代、ソ連政権下でのペテルブルグ作家たちは、この都市の葬送のごとき作品を書いているし（たとえばヴァーギノフ『山羊の歌』一九二七）、より後の作家たちは社会主義ソ連の第二の都レニングラードのよそよそしい外観の背後になじみ深い文学都市ペテルブルグの姿を選択的に拾い出すような姿勢をみせた（アフマートヴァ『主人公のいない物語詩』一九四〇～六二、ビートフ『プーシキン館』一九七一）。この事情は亡命文学者にとってはより切実であり、ナボコフやブロツキーなどは、この記憶のカプセルとの意外な出会いを文学的モチーフとしている。そうした文化のタイムカプセルをあたかも海原に浮かぶ箱舟のような姿で描いたのが、ソクーロフの映画『エルミタージュ幻想』（原題『ロシアの箱舟』二〇〇二）である。

つまりサンクト・ペテルブルグは時空にまたがってさまざまな世界へとつながり、さまざまな世界からつながっている。この都市を起点にして近代世界の多様な側面を観察することができると感ずるゆえんである。

サンクト・ペテルブルグから世界へ

本書の誕生の契機となったシンポジウムのひとつは「若き人工都市サンクト・ペテルブルグはいかにして学術・文化情報の発信地となりえたか」という疑問形のテーマをもっていた。(8) この問いの根底にあるのは、一八世紀に建設された人工都市が急速に成長し、サンクト・ペテルブルグ文化と呼ぶべき独自の文化を形成していくという、この都市固有の神話的ストーリーへの驚きである。だがそれと同時に、都市を文化情報の発信と受信の装置として、いわば文明史のダイナミズムのなかにある空間一般のレベルに還元して、その仕組みや意味を問う姿勢もそこに含まれていた。

都市の機能とは何か。いかなる動機および方法で人は都市を形成し、またいかなる理由で人々がそこを訪れ、定住したり離れたりという運動を行なうのか。多国籍文化の集合体のようなコスモポリタンな近代都市が、いかにして固有でローカルな、かけがえのないプロフィールを獲得して人々の愛や憎悪をはぐくみ、自己イメージを拡大生産していくのか。風土や自然環境、地政学的位置、政治・経済的コンテクスト、学術や文化のモード史は、そうした現象とどのように呼応しあうのか。ロシアでおこったこの現象は、ヨーロッパとアジアを舞台とした近代文化の交流・発展史のなかでどのように位置づけられるのか。総じてわれわれはこの種の現象を、どのような距離と立場から観察し、記述することができるのか――本書の基本的な関心は、このような一般的な問題を、サンクト・ペテルブルグという場に関連づけて考えてみるところにある。

もちろん本書の成り立ちも規模も、このような問題を体系的・網羅的に検討するにはふさわしくない。各論考はむしろ個別のジャンルや特定の時代のケースに特化し、具体的な例を拾い上げながら、この都市にまつわる現象の特殊性と普遍的な意味を明らかにすることをねらいとしている。

本書の第一部では、主としてこの都市の政治社会史・学術史的な側面を、建都の経緯、一八世紀の科学アカデミー創設の経緯、一九世紀とそれ以降の科学界、言語学の世界、ロシア革命期の社会状況という切り口から描写する。第二部では、この都市の文化的役割やイメージというテーマについて、思想、文芸、美術、演劇などを視野に入れて論ずる。

なお、以下の記述において、サンクト・ペテルブルグはペテルブルグと略称されることがある。

（1）　ただしこれは非ロシア人住民の種類が多いという意味であって、数的な優越を示すものではない。シャンギナ『多民族ペテルブルグ』によれば、この都市は常に圧倒的にロシア人住民が多く、その率は一八世紀に九二～九四％、一九世紀末から二〇世紀初めに八三～八二％で、現在は約九〇％である。*Шангина И. И.* (ред.) Многонациональный Петербург: История, религии, народы. СПб.: Искусство-СПБ, 2002. С. 10.

（2）一八二五年のデカブリストの多くも、また一八四九年に逮捕された空想的社会主義者のペトラシェフスキー会のメンバー（作家ドストエフスキーを含む）も、シベリア流刑を経験した。

（3）とりわけ労働運動への弾圧を指導した内相プレーヴェの暗殺は広く国民に支持された。

（4）反ピョートルの銃兵隊の叛乱に同情的だとして幽閉されたピョートル一世の妃エヴドキアの予言とされる。

（5）こうした統計数値が首都イメージに及ぼした心理的影響については、次の資料を参照。
Анджей Иконников-Галицкий. Владимир Михневич, его книга и его время // *Владимир Михневич.* Язвы Петербурга: Опыт историко-статистического исследования нравственности столичного населения. СПб.: Лимбус Пресс, 2003. С. 13-14.

（6）この封鎖は八〇万の犠牲者（うち餓死者六四万）を出し、戦後レニングラードは「英雄都市」の称号を授与された。

（7）*Топоров В. Н.* Петербург и петербургский текст русской литературы // *Малец, А. Е.* (ред.) Семиотика города и городской культуры: Петербург (Труды по знаковым системам XVIII). Тарту, 1984. С. 15.

（8）日本ロシア文学会記念セッション、二〇〇三年一一月一日、大阪外国語大学。本書はこのほかに、同学会のプレシンポジウム「ヴィヴァ！　聖ペテルブルグの魅力を語る」（二〇〇三年一〇月三一日、大阪国際交流センター）、北海道大学スラブ研究センター公開講座「サンクト・ペテルブルグ三〇〇年の歴史と文化」（二〇〇三年五月一二日～六月二日）の成果を踏まえたものである。

第一部　都市の成り立ち／学術の歴史

ピョートル一世とサンクト・ペテルブルグの誕生

栗生沢猛夫

はじめに

サンクト・ペテルブルグが築かれたのは、次第に帝国へと変貌を遂げつつあったロシアの、北西部の辺境の地であった。北緯五九度五七分（東経は三〇度一九分）という位置からもわかるように、自然条件も厳しく、人口が決して多いとはいえないロシアにおいても、とくに人口のまばらな地であった。ここに時の皇帝ピョートル一世がやがて首都となる都市の建設をはじめたのである。一七〇三年のことであった。

それまでのロシア（それはモスクワ大公国、あるいはモスコーヴィヤ、またモスクワ皇国《ツァールストヴォ》などと呼ばれていた）の首都は、いうまでもなくモスクワであった。もっともモスクワも最初からロシアの中心都市であったわけではない。ロシア人を含む東スラヴ人の居住する地域の最初の中心地はキエフであった。それは九世紀末から一三世紀の初頭までキエフ大公国の首都であった。今日のロシア、ウクライナ、ベラルーシの人々が自国と自文化の揺籃の地とみなす都である。これに対しモスクワが年代記上にはじめて現れるのは一一四七年のことであった。キエフ大公国内で諸地方・諸公国の発展が顕著となり、各地方・各公国が次第に独立の存在として自己を主張しはじめた頃である。モスクワはそうした地方と公国のひとつ、ただし急速に勢力を増しつつあったスーズダリ公国の辺境の一砦であった。モスクワが独立の公国の首都となったのはやっと一三世紀も末になってからのことであった。だが一四世紀に入ってからのモスクワの成長ぶりは著しかった。モスクワ大公国は一五世紀後半にはすでに押しも押されもせぬロシアの中心となっていた。一六世紀にはモスクワはすでに聖なるルーシ（ルーシはロシアの古称である）の都、「第三のローマ」とまで呼ばれるようになっていた。

ピョートルはそのモスクワに見切りをつけようとした。聖なる都モスクワから首都の座を奪おうとしたわけである。それもどこか別の既存の都市へ遷都するのではなく、新首都を建設しようとしたのである。それにしても、何故北方の僻遠の地なのであろうか。そもそも彼は何故新首都が必要だと考えたのであろうか。彼は最初から新首都をかの地に建設しようとしたのであろうか。それとも新都市の建設に着手し、しかるのちにあるとき突然それを首都となそうと思い立ったのであろうか。いずれにしてもこのような北辺の地である。付近にめだった後背地もない。自国の中心からほど遠い地において孤立した首都となるであろうことは初めからわかっていたであろう。謎は深い。

当時ロシアは北欧の大国スウェーデンと交戦中であった。いわゆる北方戦争(一七〇〇～二一)である。ピョートルが敵国にもっとも近い地に首都を建設しようとしたとするならば、上の疑問はさらに深まることになる。敵国との国境に近く、攻めるには好都合であっても、真っ先に敵軍の攻撃にさらされる危険性のあることもまた明らかであるからである。

本章は、このような疑問に答えることを第一の目的に執筆された。それとともに二〇世紀初頭までロシア帝国の首都であったペテルブルグの、建設当時の様相をできる限り具体的にたどること、これを第二の目的としたいと考える。

一　イジョラの地――ネヴァ河流域地方(1)

ペテルブルグはネヴァ河がバルト海に注ぐデルタ地帯にある。ネヴァ河沿いの地方はかつてイジョラの地と呼ばれた。古くからフィン・ウゴル系のイジョラ人が居住する地域だったからである。

ネヴァはラドガ湖をバルト海のフィンランド湾と結ぶ全長七四キロメートルの川である。それはロシア史の最古の時代には、バルト海と黒海・地中海（「ヴァリャーギ人（の地）からギリシア人（の地）への道」）、またバルト海とペルシア・インド方面とを結ぶ交通路の一環であった。キエフが首都であった時代にも（九〜一三世紀）、北東ルーシのスーズダリ・ウラジーミル、さらにはモスクワが中心地となった時代にも（一三〜一七世紀）、それはロシアを北西方の国々と結びつける重要なルートであった。この地域はいわば最初の時代からロシアの海への出口であり、ロシアの北西方に開かれた窓であったといえる。

この地は早くから（およそ一一世紀末頃から）、ノヴゴロド・スウェーデン間の争奪戦の対象となっていた。一二四〇年にはスウェーデン人とアレクサンドル・ヤロスラヴィチ公率いるノヴゴロド人との間に有名なネヴァ河畔の戦いがおこり、後者が勝利する。アレクサンドルはその後ロシアにおいてネフスキー（ネヴァ河の英雄）と称えられるのみならず、正教会により聖人に列せられ、ピョートル一世期には、ほかならぬ彼の新都の守護聖人の一人として祀られることになる。後述するように、ピョートルは新都建設に着手した直後の一七一〇年に、アレクサンドル・ネフスキー修道院（後にラウラとなる）をこの地に創建したのである。(2)

一三世紀になるとフィンランド湾南岸沿いに進出したドイツ人（ドイツ騎士団）との間にも争奪戦がはじまる。一二四二年には（なるほど直接イジョラの地をめぐる戦闘ではなかったが）、これまた有名な「氷上の戦い」（チュード湖、ないしはパイプス湖の戦い）がおこり、アレクサンドル公のノヴゴロド軍が騎士団軍を撃破する。

スウェーデンとの争いはその後も続き、たとえばノヴゴロドの年代記は一三世紀末から一四世紀にかけての四〇年間に、大きなものだけでも一五回の戦闘のあったことを伝えている。そして一三二三年に両国の間でオレーシェクの「恒久平和」が結ばれ、このときはじめて多少なりとも永続的な両国間の国境が定められた。その後も単発的な衝突、相互の軍の侵入はあったにせよ、このときの条約は基本的には一六世紀末まで効力をもち続けた。(3)

その間ロシアではモスクワ大公国が台頭して北東ロシア全体へ支配権を及ぼしはじめ、ノヴゴロドも一四七八年に最終的にモスクワの軍門に降る。それゆえこれ以後は、この地を防衛する主体はモスクワとなる。モスクワ大公イヴァン三世は一四九二年、フィンランド湾南岸に要塞イヴァンゴロドを建設し、同湾南東部を確保しようとする。一四九六年にはロシア軍はヴィボルクへ兵を進め、フィンランド湾北岸へも勢力を伸ばそうとするが、これには失敗し、かくて海への出口を確保しようという「偉大なる」イヴァン公の目論見は挫折してしまう。ビザンツ最後の皇帝の姪と結婚したイヴァン三世は、ヨーロッパ、とくにイタリアとの活発な文化的交流に努めたことで知られているが、彼はバルト海経由でも北西欧諸国との交流を促進しようとしたのであった。

バルト海への出口をもとめる新たな試みは一六世紀後半、イヴァン三世の孫イヴァン四世(雷帝)のときに行なわれる。この頃イギリス船「ボナヴェンチャー号」が白海岸に漂着するという事件がおこる。北回りで中国へ向かうルートを探索しようとしたといわれている。この偶然の事件をきっかけに、ロシア・イギリス間に活発な交易関係が樹立される。しかし、白海・バレンツ海経由の航海は夏期に限定され、危険度も高かった。バルト海経由の航路がロシアに保証されるならば、両国間の交流が飛躍的に高まることは疑いない。とくに雷帝はイギリスのみならず他の西欧諸国からの人材(軍人、各種専門家)・技術・文物の導入に熱心であった。モスクワに住む西方諸国の出身者の数もめだって増大していた。西方との交流をいっそう推し進めなければならない。

こうしてリヴォニアの地(バルト海東岸地域、現ラトヴィア、エストニア地方)をめぐるいわゆるリヴォニア戦争(一五五八〜八三)が開始された。だがリヴォニア騎士団だけを相手にしていた初期の段階はともかくとして、やがてロシアのバルト海進出を恐れるポーランド・リトアニア王国やスウェーデンが戦争に介入してくると、ロシア軍は劣勢に立たされ、結局、開戦後四半世紀してロシアは何ひとつ得るところなく、それどころか多大な損害を出して矛を収めなければならなかった。またまたバルト海への出口をもとめる試みは失敗したのである。

その後ロシアは、いわゆる動乱時代を経て、ロマノフ朝の成立をみることになるが、しばらくは外国に対して守勢に立たされ、海への出口をもとめて積極策に打って出ることなどは望むべくもなかった。ネヴァ河流域地方も、一六世紀末から再び進出してきたスウェーデンにより占領され、動乱時代にはノヴゴロドを含む北部地方がその支配下に組み込まれてしまう。一六一七年にストルボヴォ村で結ばれた条約で、ノヴゴロドはロシアに返還されたが、ナルヴァからラドガ湖にいたる広大な地域がスウェーデン領となってしまう。ネヴァ河地方もスウェーデン領インゲルマンランディアとしてその支配下に入った。そしてまもなくスウェーデンはネヴァ河口からやや内陸に入った、オフタ川がネヴァ河に注ぐ地点に、ニェンシャンツの要塞を建設した。スウェーデンはこの地への移民を奨励し、その支配権の強化を図る。このような状態がピョートルの時代まで続くことになる。

ロシアはもちろんこの「父祖の地」を諦めたわけではなかった。奪還の試みは早くからなされた。とくに一六五六年にはロシア軍は、スウェーデンが全バルト海域制覇を企んでいるとしてそれを阻止すべく、リヴォニア、カレリア、そしてこのインゲルマンランディアに兵を進めた。このときはオレーシェクとコレラ要塞を落とすことはできなかったが、ニェンシャンツは攻略し、破壊している。インゲルマンランディアも一時ロシア軍の支配下に戻ったが、一六六一年に和議が結ばれるにいたって、スウェーデンに返還された。その後もロシアは一六七六年と一六八四年の二度にわたって、外交交渉を通じてこの地の割譲をスウェーデンに要求している。もちろんスウェーデンがそれに応じるはずもなかった。新たな戦争だけがこれを実現するように思われた。一七〇〇年、皇帝ピョートルがみずから権力を行使しはじめてまもなく、北方戦争が開始された。

二　ピョートル・アレクセーエヴィチ

一六八二年、一〇歳でツァーリ（皇帝）となったピョートル（ロマノフ朝二代皇帝アレクセイの子）は、まもなく共同皇帝であった異母兄イヴァン五世とその姉ソフィヤによりクレムリンを追われ、一六八九年にピョートル側が実権を握るまでモスクワ郊外のプレオブラジェンスコエ村で生活することを余儀なくされた。

しかし未来の大帝は、無為に時を過ごしたわけではなかった。彼は村では仲間たちと「遊戯連隊」をつくって戦争ごっこに励んだが、この連隊はのちの近衛連隊、ひいては近代ロシア軍の中核となるのであった。また近くのドイツ人村を足しげく訪れ、西方出身の隣人たちと陽気につきあいながら、算術、砲術、造船・航海術、築城術を学び、ルイ一四世時代の西方の情勢についての情報を得ていた。(4)

やがてソフィヤの失脚後クレムリンに戻ったピョートルは、一六九五年と九六年に二度にわたって黒海北岸のアゾフを攻め、トルコ(オスマン帝国)と戦った。海への出口をまずは南方へもとめたのである。しかしオスマン帝国は依然として強力であり、二度目の攻撃でアゾフは落としたものの、海への出口の確保はこの段階ではいまだ時期尚早の試みであった。こうして黒海からエーゲ海方面への進出を果たすことには結局失敗した。

ついでピョートルは一六九七年から翌年にかけて、二五〇人からなる大使節団とともにみずから西方への旅行を敢行した。いわば明治初めのわが国の岩倉使節団に匹敵する大事業であるが、こちらは若き皇帝自身がそれに加わったのである(彼は使節団の表向きの団長役は他人にまかせ、みずからは随員の一人「下士官ピョートル・ミハイロフ」としてこれに参加した)。彼はプロイセン、オランダ、イギリスなどをまわって西方諸国を見聞し、九百人といわれる技術者、専門家、軍人を雇用して帰国した。この視察旅行は、当初ヨーロッパ諸国との間に対オスマン帝国大同盟を結成することを主たる目的のひとつとしていたが、当時の各国にはもはやオスマン帝国と戦う意志がなく、これは断念せざるを得なくされた。しかし彼は西欧諸国の発展を自身の目で見、西欧化・近代化の必要性をますます強く認識した。南方への進出策を放棄した彼は、今度は北方、バルト海経由で西方諸国と交流することを考え、バルト海への出口をもとめた。大国スウェーデンに戦いを挑んだのである。

ここで北方戦争の経緯をたどることはできない。一七〇〇年、初戦のナルヴァで大敗を喫したロシア軍が、その後のピョートルによる徹底した強化策を通じて再建され、ついには一七〇九年、ポルタヴァでカール一二世率いるスウェーデン軍を破って、戦争全体の帰趨が決せられたこと、最終的には一七二一年のニスタット講和で勝利が確定したことを記すだけで十分であろう。この勝利によりピョートルは西欧風に「イムペラートル」(皇帝)とも呼ばれ、ロシアは「イムペーリヤ」(帝国)となった。

いわゆるピョートルの改革も、この戦争に勝利することを最大の目的として進められた相当に場当たり的なものであったことは周知のとおりである。近代的軍隊の創設、海軍の文字どおりの創設、武器弾薬の大規模な生産、そのための財政基盤の整備——考えられるあらゆるものへの課税(棺桶税、ヒゲ税などというのもあった)、そして人頭税の導入の検討——などが急遽、断固として、また強制的に進められた。当然それに対する反感と不満が募り、ついには暴動、反乱が相次ぎ、国内の治安が乱れる。治安を保ち、国民を監視する体制をつくるために地方行政改革が断行される。正教会も反対派の牙城となることのないよう「改革」され、総主教制は廃止、教会は国家の一機関に格下げされた。そうした国家の機関としての公的正教会に反対し、ピョートルをアンチキリストとみた古儀式派(いわゆる分離派＝ラスコーリニキ)は厳しく弾圧された。

近代化を成し遂げた改革者として、その後のロシア人の間で絶大な人気を誇ることになるピョートルが実際に行なったこと、その統治の歴史的意味については慎重に検討しなおす必要があるように思われる(5)。

三　新都の建設(6)

ピョートルがなぜ前線に近い、それも気候厳しく、土壌の悪いネヴァ河のほとりに都を建てようとしたのか、はっきりしたことはわからない。おそらく最初は北方戦争を効果的に遂行する拠点、要塞の建築を考えただけのように思われる。対スウェーデン戦争のために海軍創設の必要性を痛感していた彼が、造船所と軍港をこの地に創出しようとしたことも確かである。現に彼は一七〇三年五月一日に、ネヴァ河がフィンランド湾に注ぐ地点から数キロ上流にあったスウェーデン要塞ニェンシャンツを奪取したとき、最初はこの要塞をバルト海への進出の拠点としようと考えていた。このアイデアは、以下に記すとおり、すぐに放棄されることになるが、このことはピョートルが最初はバルト海沿岸に何よりもまず戦争遂行のための要塞と軍港の建設を考えていたことを示している。

ニェンシャンツ(ピョートルはそれをシュロットブルクと改名した)の奪取は、ロシア軍に海からの安全を保障するものではなかった。それは要塞としてはあまりに小さかったし、河口から数キロとはいえ離れていたことは、スウェーデン艦隊がバルト海側からネヴァ河口に迫ることを許してしまうからである。さらにネヴァ河の北を流れるセストラ川流域に布陣するスウェーデン部隊がたえずネヴァ河方面をうかがっており、ロシア軍を北から強力に牽制していた。より抜本的な対抗策が考え出される必要があった。ピョートルはネヴァ河口そのものにより本格的な要塞を建設することを決意した。

まもなく新要塞建設に格好の場所が見つけ出された。河口付近のリュストー・エイランド島(愉快島)である。ロシアではフィン人が「兎島」(エニサアリ)と呼んだのを受けてザーヤチー島と呼ばれる。島は小さからず、大きからず、全島をほとんどそのまま要塞化できただけでなく、ネヴァ河が二つの流れ(大ネヴァと小ネヴァ)に分岐する点に位置し、敵艦船がどちらから現れても、砲撃可能であった。また島の三方を取り巻くネヴァ河の流れは広く深く、自国の船舶が接岸可能であると同時に、敵艦船の攻撃からは比較的よく守られるように思われた。島のもう一方も狭くはあるが、防衛を十分可能にしてくれる小海峡により、北側のベリョーゾヴィ島(今日のペテルブルグ地区）から切り離されていた。ピョートルはこの地の戦略的な利点を認識し、ただちに新要塞の建設に着手するよう命令を出した。

要塞は一七〇三年五月一六日（新暦二七日）ペンテコステの週に起工された。それゆえサンクト・ペテルブルグ創建の記念日はこの日にあたる。同年六月二九日、要塞の建設が進むこの島の中央で聖ペテロ・パウロ教会の建立がはじまった。要塞はこのときから二人の聖人にちなんで聖ペテロ・パウロ要塞と、要塞のまわりに形成される都市は、とりわけピョートルの守護聖人でもある聖ペテロの名をとってサンクト・ペテルブルグと（最初はサンクト・ピーテルブルフとオランダ風に）呼ばれることとなった。(7)

要塞建設はシュロットブルクにいた兵士や、ネヴァ河上流域のシュリュッセルブルク要塞（かつてオレーシェク、また一時ノーテブルクと呼ばれた、現ペトロクレーポスチ）の防衛・強化にあたっていた兵士や労務者を移して行なわれたが、それでは足りずにロシア各地から農民が徴集され、大車輪で行なわれた。戦争中、しかも敵の面前での建設工事であったからである。現にスウェーデン軍は陸路また海路で何度も攻めよせ、要塞建設を妨害しようとした。ピョートルはラドガ湖に注ぐスヴィリ川沿いにあるロデイノポーリ造船所で建造した一五隻の艦船をこちらに曳航させて、スウェーデン海軍に対抗した。また彼の「遊戯連隊」以来の仲間で、のちの大元帥А・Д・メンシコフをペテルブルグ・シュロットブルク県知事に任命して要塞と都市の建設を督励させた。一七〇三年の秋には要塞はほぼ完成した。三年後には石造稜堡の建設工事もはじまった（完成は一七四〇年である）。

一七〇三年の末からはサンクト・ペテルブルグの西二七キロメートルのフィンランド湾に浮かぶコトリン島付近にまず砲台の、ついで島に要塞の建設がはじめられた。西方から迫る敵軍をより遠くで、より確実に阻止しようというねらいからである。こうして有名なクロンシュタット要塞の基礎が築かれた。ピョートルは最初、西方に向かって航行する艦船のような形をしたこの島を首都としようと考えたが、戦争の最中のことで断念したという。一七〇五年からはペテロ・パウロ要塞を、陸路北から迫る敵軍から守るためにクロンベルク土塁の建設がはじまった。

スウェーデン軍の攻撃は一七〇八年のものが最後であった。戦争の帰趨がはっきりしてきたからである。一七〇九年七月ロシアはポルタヴァで勝利を収め、その後のスウェーデンは攻勢に出る余裕を失ってしまう。翌一七一〇年ロシアは北方のヴィボルクを奪取し、一七一四年八月にはガングート(ハンゴー沖)海戦で新生ロシアのバルト艦隊がスウェーデン艦隊を撃破した。かくてサンクト・ペテルブルグの安全はほぼ完全なものとなったのである。

この頃から町のあちらこちらで建築ラッシュがはじまる。すでに一七〇四年一一月にはネヴァ河左岸に、アドミラルテイストヴォ(海軍工廠、のちの海軍省)の建設が開始されていたが、一七一一年には、その付近にピョートルのための冬期の家屋(のちの冬宮)が、ついでその東側に「夏宮」が建築された。首都の大通りネフスキー・プロスペクトの敷設も一七一〇年代に遡る。すでにそれに先駆けて一七一〇年にはその終点にあたる場所にアレクサンドル・ネフスキー修道院の建立もはじめられていた。町づくりも急ピッチで進められた。アドミラルテイスキー島のネヴァ河沿いには海軍将校、水兵、海軍の造船職人らの住居が、ベリョーゾヴィ島には海軍提督、ゴスチ(大商人)、商人らの館や住居、モスクワ地区(フォンタンカの東および南側)には宮廷厩舎または民間造船所で働く者たち、また近衛連隊の住居、ヴァシリエフスキー島には貴族、商人、雑階級人ら町の主要住民の、ゴロツカヤ地区には職人や兵士の住居が割り振られていた。ピョートルはコトリン島を中心地とする計画を断念したのち、今度はこのヴァシリエフスキー島を新都の中心地区としようと考えたが、この計画も実現されなかった。貴族やその他の人々はむしろネヴァ河左岸地帯に住むことを望み、自然にそちらが住宅密集地帯となっていったからである。

西欧風の新都はまた、木造家屋が雑然と立ち並ぶモスクワと違って、計画にもとづいて構想され、石造建築で満たされなければならなかった。石はペテルブルグの南方のトスノ、ラドガ湖畔、ロプシャ(後のロモノーソフ地区)などの石切り場から運ばれた。粘土、水、燃料が入手しやすいトスノ、シュリュッセルブルク、ストレリナ、ペテルゴフなどには、大急ぎでレンガ工場も建設された。早くも一七一四年には二〜三百万個のレンガを製造するまでになった。それでも足りなくて、ピョートルは一七二一年にはオランダから、二百万個の固い良質なレンガと、二〇万個のタイルを輸入することすらもした。石工も不足していた。なんとかして彼らをペテルブルグへ集めなければならない。かくしてピョートルは一七一四年、新都以外での新たな石造建築を禁じる勅令を出すにいたった。このようにしてモスクワをはじめあらゆる場所から石工が新都へと強制的に移住させられた。この年、ピョートルは石材も足りないというので、陸路新都に入る者からは、各々重さが五フント(二キロ)になる三個の石を、海路入る者からは同様に一〇〜三〇フント(四〜一二キロ)分の石三個を徴集するという勅令も出している。このように構想された新都の建設であったが、いうまでもなく、それが最初から、瞬時にして、石の都として出現したわけではない。建設がはじめられて六〇年後の一七六二年の時点でも、石造建築は四六〇戸に過ぎなかったことが知られている。このときの木造建築は四〇九四戸であった。そのさらに二五年後の一七八七年には石造建築の割合が増え、石造、木造の割合は一対二となったが、長い歴史をもつ西欧風の都市となるには、やはり時が必要であったのである。(8)

新都の住民は当初はもっぱら兵士と土木工事人夫であった。彼らは最初シュリュッセルブルク要塞から連れてこられた。一七〇三年の秋には土木工事人夫だけで二万人はいたといわれている。翌年には、ツァーリの勅令で、ロシア全土から毎年四万人を新都建設のために徴集すべきことが定められた。農民や都市ポサード民は九〜一六戸に一人の割合で人夫を送り出すよう指示された。戦争捕虜や犯罪者(流刑囚)も送り込まれてきた。土木工事が進むとともに、建設労務者や各種の職人も必要となってきた。最初はこれらの要員も勅令で強制的に集められた。たとえば一七一〇年ピョートルは一万五〇〇〇人にのぼる各種職人への移住命令を出している。

ピョートルは貴族や商人にも新都への移住を義務づけた。一七一二年に元老院はペテルブルグへ移住すべき一二〇〇人以上の貴族の名簿を定めている。さらにピョートルは一七一四年六月三日の勅令で、一〇〇人以上の農奴を所有する貴族ら三五〇人、第一級および中級の商人ら三〇〇人、「あらゆる職種の職人」三〇〇人に対し、「夏の間に」ペテルブルグに住宅を建設し秋には移り住むように命じている。こうした決定や命令がそのまま実行されたとはもちろん考えられない。そのことはその後政府が繰り返し勅令の履行を命じていることからも明らかである。しかし多くの貴族が不承ぶしょうながらロシア各地の自領地を離れ新都へ移り住んだこともまた事実である。かくしてこのような強制的な措置の結果、ピョートルが世を去る一七二五年にはペテルブルグの人口は四万人、世帯数六千を超えるにいたったといわれている。

四　新首都建設と遷都の理由

ピョートルがいつの時点でネヴァ河畔の要塞と軍港を、やがて帝国と宣言されることになる国家の首都としようと考えだしたのかはわからない。広汎な改革を数多くの勅令や指令文書を出して実行させようとしたことで知られるピョートルは、こと新首都の建設と遷都に関しては公式の勅令を出していないからである。(9) この点ではピョートルの同時代人たちも同様である。彼らは誕生したばかりのサンクト・ペテルブルグについてさまざまな記述を書き残している。「サンクト・ペテルブルグとその建設者、君主にして皇帝ピョートル一世に捧げられた賛辞」の作者ガヴリール・ブジンスキーしかりであり、聖職者でピョートルの熱心な協力者フェオハン・プロコポーヴィチしかりである。だが誰一人、ピョートルがなぜ首都をモスクワからペテルブルグへ移したかについては語っていないのである。ピョートルと彼が建設に邁進した新帝国について書き残した西方出身の外国人もこの点では変わらない。[10]

多くの研究者は宮廷が新都に移った一七一二年を事実上の遷都の年と考えている。[11] だがピョートル自身はすでに一七〇四年の秋には新たな町を首都とする考えを抱くようになっていたことが、彼の側近メンシコフ宛ての書簡からうかがうことができる。彼はオロネッツの造船所からメンシコフに宛てて次のように書いている。「われわれはどうしても来月の二日か三日にはこの地を発ち、神が許されるならば、三、四日で首都ピーテルブルフに着きたいと願っている」（一七〇四年九月二八日付け書簡）。[12] すでにこの時点でこのように考えていたということは、おそらくはピョートルがそもそもの初めから、建設中の、あるいは建設しようとしている町を首都とするつもりであったということを意味しているであろう。

この点についての勅令はおろか、同時代人による記述すらも欠如している理由は、おそらくはペテルブルグの首都化が、ピョートルの意図とは裏腹に、実際には短期間で、順調には行かなかったことと関係している。右に記したように、ピョートル自身はすでに一七〇四年九月にはペテルブルグを首都と考えていた。しかし当然のことながら、現実は瞬時の新首都成立を許さなかった。新都における建築は最初の一〇年間は少なくとも戦争のため思ったようには進まなかったし、住民を集めるための指令も額面どおり実行されたようにはみえない。それでも結果的には確かに多くの者が新都へ集まってきた。だが他方では、多くの政府機関、宮廷、外国の外交団が依然としてモスクワにとどまり続けたことも事実であった。たとえば元老院は最初モスクワで設立され、一七一二年にペテルブルグへ移されるべきことが決定され、実際に移ったのは一七一三年も終わりのことであった。ピョートルの居所でもある宮廷も既述のとおり一七一二年になってやっと新都へ移ってきた。[13] エカテリーナ・アレクセーエヴナとの結婚がきっかけであったようにみえる。外交代表部の移転も徐々になされ、完了したのは一七一八年になってからのことであった。中央官庁である諸プリカースはモスクワにとどまり続けた。一七一八年からは中央行政機構の改革がはじまるが、新たな機関であるコレーギヤ(参議会)は、次の三コレーギヤを除いて、最初はモスクワで組織された。最初からペテルブルグで活動したのは、戦争の遂行と結びついた軍事(陸軍)、海軍、外務の三コレーギヤだけであった。司法コレーギヤもモスクワにとどまったし、公安機関であるプレオブラジェンスキー・プリカースは最後までモスクワで活動した。モスクワ・クレムリン内のウスペンスキー寺院(聖堂)も帝政の終わりまで特別の意義を保ち続けた。それは宗教上の中心であり続けただけではない。ピョートルの妃エカテリーナ一世をはじめとする歴代の皇帝の戴冠式はここで行なわれ、皇帝たちはここで聖なる塗油の儀式を受けた。このようにモスクワはペテルブルグが新首都とされてからも第二の首都としての地位は保ち続けた。モスクワは、ペテルブルグがロシア帝国の「父」であり、「頭」であるのに対し、常に「母」として、「心」として、その存在意義を主張し続けたのであった[14]。

しかしピョートル自身の新首都建設の決意は揺るぎなく、最初から確固たるものであった。それは彼に新首都の建設を思い至らせた原因ないしは動機について考えるとき、そのようにいえるのである。

ピョートルがサンクト・ペテルブルグを建設し、それを首都としようと考えるにいたった理由は通常次の三点にあると考えられている。第一に、いうまでもなく軍事上の理由である。先に述べたように、ピョートルは対スウェーデン戦争遂行のために、この地に要塞と軍港の建設が不可避と考えたのである。それが首都でなければならない理由はとくにないようにもみえるが、おそらくピョートルにとっては、戦後を見据えて、西方との関係強化のために、その要塞・軍港が首都でなければならないのであった。あるいは、この新要塞が戦争に勝利するための最低限の保証と考えられた可能性もある。その意味では彼はここに背水の陣を敷いたといえるかもしれない。

第二は経済・通商上の理由である。戦争に勝利したのち、この地に海港を開きバルト海経由で西欧諸国と交易できるならば、そのロシアにとっての利益は計りしれないであろう。以上の二点はピョートルの海への出口をもとめる強い欲求を示しているともいえる。これはイヴァン三世や、イヴァン四世雷帝らモスクワ諸君主以来の宿願でもあったが、ピョートルの場合はその欲求がさらに強かったために、首都そのものを海港として建設することに思い至らせたと考えられる。

第三は政治的・国家的理由である。守旧派の牙城モスクワではみずからが考える改革はできない。長男のアレクセイをはじめとする、ピョートルの改革に疑念を抱く多くの門閥貴族、正教会関係者がモスクワをこそ聖なるロシアの首都、「第三のローマ」と考え、ピョートルの強引な近代化策に敵対しているように思われた。[15]古儀式派にいたってはその思いさらに激しく、ピョートルをアンチキリストと、彼がその後建設するサンクト・ペテルブルグをアンチキリストの都とみなしたのである。その意味ではこれは宗教的な理由でもある。ピョートルは正教信仰を否定したり、ルター派などプロテスタント信教を採用したりすることまでは考えなかったが、絶対主義戦争時代を生きる諸外国の動向に無頓着で非現実的なロシア正教会とその中心地モスクワには我慢できなかったともいえる。要するに、近代化(西欧化)の改革は因習に凝り固まったモスクワでは無理で、西欧諸都市を模した新首都においてこそ可能だとピョートルは考えたのである。[16]それゆえのちに即位したピョートル二世が宮廷と元老院、その他若干の政府機関をモスクワに戻したとき(一七二八)、それがただちに新首都の拒絶を意味したわけではなかったとしても、祖父ピョートルとそのあまりに急進的な西欧化改革とに対する、新帝自身のではないとしても(ピョートル二世はこのとき一三歳であった)、少なくともその側近たちの反感を幾分かは表していたのである。[17]

カガンは以上三点に加えて、さらに文化的な理由を挙げている。ピョートルはロシアを西欧諸国に劣らぬ文化国家としようとして、いわば手直しの効かぬモスクワを捨て、まったく新たな西欧風都市を建設したのだというのである。(18) 戦争を戦っていたピョートルが文化という要素をどの程度意識していたかは計りがたいが、彼にロシアを文化的にも西欧化するという志向があったことは確かであろう。若きピョートルのモスクワ郊外の西欧風小都市(「ドイツ人村」)への思い入れ、西欧使節団の一員としての西欧、とりわけオランダ・イギリスにおける滞在体験、そこで見たモスクワとまったく異なる秩序立った街の景観、これらが彼に大きな影響を与えたことが推測できるのである。次第に相貌を整えつつあるペテルブルグの町造りが彼のこうした志向に支えられて行なわれたことは確かであろう。

かくしてピョートルがネヴァ河畔にペテロ・パウロ要塞を建設しようとしたそのときから、それは新首都となるべき存在として認識されていたと考えることができる。

五　新首都建設の結果——サンクト・ペテルブルグの光と影、結びにかえて

サンクト・ペテルブルグの建設はロシア史に決定的な影響を与えた。それはまず第一に、陸の国家たるロシアに海の国家という性格を付け加えた。内陸から海岸線へ遷都したという点では、ロシアは陸上国家から海洋国家への変貌を志向したといってもよかった。ロシアはピョートルの治世に事実上はじめて海軍を保持することとなったし、それに守られて広範かつ積極的な外交、また海上貿易を展開することができるようになったのである。

第二に、ロシアは新首都を通じてヨーロッパといっそう緊密なつながりをもつようになった。フィンランド湾——それはいまやペテルブルグの海とすら呼ばれるようになった——に浮かぶコトリン島(クロンシュタット)を拠点とする海軍を通じて、それ以後のロシアがヨーロッパ列強の一員としてヨーロッパの政治に決定的な影響力を

発揮するにいたったことはいうまでもない。三〇年戦争を終わらせた一六四八年のヴェストファーレン（ウェストファリア）条約の締結時には、ロシアの君主（「モスクワ大公」）はその講和条約文中後ろから二番目に挙げられる小君主に過ぎなかった（最後はトランシルヴァニア侯であった）。それがピョートル治世にロシアはヨーロッパの疑いもない一員となっただけでなく、列強のひとつに数えられるにいたったのである。[19]

ロシア帝国の首都となったサンクト・ペテルブルグ。絢爛豪華な宮殿、皇帝と貴族階級による華やかな宮廷生活、軍をはじめとする政府諸機関の建築群、数多くの劇場、博物館、商店、石造建築が連なる町並み、そして運河、軍人と官吏また文人と画家で知られるようになる新都は、このようにしてその産声をあげた。しかしそれは上にも示したように、もっぱらピョートルの意向に従って、急速に、強制的に、たとえ絶対主義時代とはいえすべての者に一方的に犠牲を要求しながら建設された「人骨の上に建てられた都」でもあった。最後にこの点についても触れておかなければなるまい。

すでに記したように、ピョートルがザーヤチー島の要塞を中心に新たな町を建設しようとした一七〇三年の秋には、各地から二万人の土木作業員が集められた。翌年には毎年四万人の農民やポサード民（都市の商工業住民）を徴用するという勅令が出た。

もちろんこうした机上の計画がそのまま実行に移されたわけではなかった。もっとも効果的に集められた年でもせいぜい三万五〇〇〇人、通常は年に一万二〇〇〇から一万八〇〇〇人が現場に現れたに過ぎなかったと考えられる。それでも相当数の農民、都市民が、家族から引き離され、路銀はおろか、建設作業中の十分な食料も与えられないままに強制的に集められ働かされた。忌避者、脱走者が相次ぎ、その数はほとんど全体の五分の一にものぼった。彼らは捕らえられれば厳しく罰せられた。大黒柱をとられたくないというので、新都建設のために子供を送り込んでくることもあった。労働条件も劣悪で、当初土木作業員らは二カ月、のちには三カ月続きで

(三月二三日ないし二五日から九月二五日までの期間が三期、のちに二期にわけられた)、夜明けから日没まで働かされた。夏のペテルブルグの白夜はこの労働時間を異常に長くさせた。作業員らは脱走防止のために枷をはめられ、厳重な監視下で作業に従事させられた。のちには強制的な不自由労働者は効率的でないという理由で、自由な賃労働者の雇用に切り替えられたが(それでももちろん流刑囚や兵士、農奴の建設工事への投入がなくなったわけではない)、厳しい気候、湿潤、栄養不足、飢え、疫病、とくに赤痢や壊血病のため、とりわけ初期には多数の死者が出た。あわせて最大三〇万人とする記述もあるが、これはおそらく誇張である。それでもマヴロージンは万を下らぬ数の犠牲者を、アニーシモフにいたっては最初の一五年間で一〇万の死者が出たと推測している。[20]「人骨の上に建てられた都」であったことは否定できないのである。

このように新都は近代ロシア帝国の「光と影」を象徴する存在であった。それは西欧近代の技術と思想を体現し、「啓蒙」の力を全面的に信じていた。しかしながら帝国には農奴制が存在し続け、それどころか華やかな宮廷生活の主人公たる皇帝たちの時代に強化されすらした。ピョートル治世のブラーヴィンの乱、アストラハン暴動、エカテリーナ二世治世のプガチョフの乱はまさにそれに対する抗議の声であった。新都は貴族と農民(農奴)に分裂するロシア帝国の象徴であった。

新都は西欧を範として建設されたが、ロシアに西欧の道はふさわしくないという声が知識人の間にも出てくる。一九世紀に本格化する「西欧派」と「スラヴ派」の論争はこの点に関わっていた。社会主義の道が拒絶され放棄されたかのようにみえる今日のロシアにおいても、この問題はアクチュアルなままに存在しており、西欧への接近、それとの和解・連携を国是とする一方で、反西欧的なユーラシア主義、またロシアに固有の宗教や精神を高唱する新生ロシア正教会の立場などさまざまな形の民族主義的潮流が勢いを盛り返してきている。

かくてサンクト・ペテルブルグの存在は、ロシアがどのような道をたどって歩むべきかという、いわばロシア史における「西と東」の問題が依然として本質的であり続けていることを示唆していると同時に、新都建設という意図を実現する際の手法、より一般化していえば、ピョートル改革そのもの、とりわけその実施方法、またピョートルとその後の近代ロシア国家における統治のあり方をどうみるべきかという問題をもわれわれに鋭く提起しているように思われる。

(1)　以下本章はとくに断らない限り、主に Очерки истории Ленинграда. Т. I, М.-Л., 1955. С. 11–27 に依拠している。

(2)　アレクサンドル・ネフスキー公については拙稿「アレクサンドル・ネフスキー(上)(下)」『西洋史論集』第六号、第七号、二〇〇三年、二〇〇四年、を参照されたい。なおラウラとは宗務院直属の大修道院のことである。

(3)　*Шаскольский И. П.* Борьба Руси за сохранение выхода к Балтийскому морю в XIV веке. Ленинград, 1987. С. 85 сл.

(4)　一六～一七世紀のモスクワと西方諸国の関係、またモスクワのドイツ人村については、拙稿「モスクワの外国人村」『人文研究』(小樽商科大学)六九輯、一九八五年を参照されたい。

(5)　ピョートルの改革に対する批判や、その治世の否定的評価はすでに同時代人においてみられるが、こうした側面を考慮した近年の研究としては、たとえば、*Анисимов Е. В.* Время петровских реформ. Л., 1989; *Водарский Я. Е.* Петр I. Вопросы истории, 1993-6. С. 59-78 をみよ。

(6)　以下本節は *Мавродин В.* Основание Петербурга. Л., 1978; Очерки истории Ленинграда. С. 11–51; *Авсеенко В. Н.* История города С.-Петербурга в лицах и картинках 1703–1903: Исторический очерк. СПб., 1993; *Анисимов Е. В.* Царь и город. СПб., 2004 などによっている。

(7)　ペテルブルグという名称が、そもそもは聖ペテロではなく、皇帝その人の名に由来すると主張される場合がある。これはロシア最初の新聞『ヴェードモスチ』の一七〇三年一〇月四日付けの記事に、「君主は「君主自身の名によりピーテルブルフと名づけられた」要塞を建設した」とあることなどを根拠にしているが、やはり聖人名にちなんだものと考えるのが妥当であろう。*Анисимов.* Царь и город. С. 28.

(8)　ちなみに、モスクワは一七八七年時点で、総戸数八五五四で、石造建築の割合は木造のそれの九分の二であったという。

Анисимов. Царь и город. С. 104–106; G. Rozman, *Urban Networks in Russia, 1750–1800, and premodern Periodization* (Princeton University. Press, 1976), pp. 140–141.

(9) アニーシモフによれば、ピョートルは一七一三〜一七二五年の間に七五八四通の書簡(文書)と勅令を出しているという。一七二〇〜一七二五年に関していえば、全三〇一九文書のうち五九%はピョートル自身の手になるものであったという。*Анисимов*. Время петровских реформ. С. 270.

(10) *Беспятых Ю. Н.* Петербург Петра I в иностранных описаниях. Л., 1991.

(11) たとえば、*Мавродин*. Основание Петербурга. С. 121–122; *Спивак Д. Л.* Метафизика Петербурга. Начало и основания. СПб., 2003. С. 251. これに対しアニーシモフは同年(一七一二年)の元老院のペテルブルグ移転をもって、事実上の遷都と考えている(Царь и город. С. 62)。この点についてはさらに Очерки истории Ленинграда. С. 36–40; *Каган М.* История культуры Петербурга. СПб., 2000. С. 25 などをも参照されたい。

(12) *Мавродин*. Основание Петербурга. С. 75 による。

(13) M・Г・ラビノヴィチによれば、一八世紀のほとんど四分の一の間モスクワにあったという。*Рабинович М. Г.* Очерки этнографии русского феодального города. М., 1978. С. 101.

(14) これとの関連でモスクワとペテルブルグの相互依存、相互補完関係を強調しているC・B・スミルノーフの著書は興味深い。*Смирнов С. В.* Петербург-Москва: Сумма истории. СПб., 2000. モスクワとペテルブルグはその異質性、対照性が強調されるのが普通であるが、その点でも、両者の相互関係、密接な結びつきを主張するスミルノーフの著書は異色である。モスクワとペテルブルグの関係をめぐる問題群については、さらに Москва — Петербург: Pro et contra: диалог культур в истории национального самосознания. СПб., 2000; Москва — Петербург. Российские столицы в исторической перспективе. М., СПб., 2003; Петербург без России: Pro et contra. СПб., 2004 なども参照されたい。

(15) このように、従来「モスクワ・第三ローマ」の考え方は、古いビザンツ的、モスコーヴィヤ的な理念であり、西欧化をもとめるピョートルはこの理念をきっぱりと拒絶したと考えられていた(拙稿「モスクワ第三ローマ理念考」金子幸彦編『ロシアの思想と文学』恒文社、一九七七年、五六頁を参照)。これに対し、前注に挙げたスミルノーフは、ペテルブルグを「聖ペテロの都」とみて、これこそ第三のローマにふさわしいと考えている(*Смирнов*. Петербург-Москва. С. 11–36)。いわば、従来の見方は、第二のローマ(コンスタンチノープル)とモスクワの関係を重視し、後者スミルノーフの見方は第一のローマ

（ローマ）とモスクワ・ペテルブルグの関係を重視していると考えることができる。いずれにせよ、ピョートルがこの点について実際にどう考えたかということではなく、ピョートルの立場を歴史家がさまざまに推測しているということであるが。

（16）　なおピョートルが感覚的にモスクワを忌避していたことも彼のこうした判断につながっている。彼は幼少時また青年時代、モスクワにおいて異母姉ソフィヤの陣営により恐怖と冷遇の生活を余儀なくされ、ときには生命の危険にさらされることもあった。彼のモスクワへの嫌悪感は多くの同時代人またその後の文人によって伝えられている。たとえば、プーシキンは次のように記している。「ピョートル一世はモスクワを愛さなかった。モスクワでは一歩歩くごとに叛乱や処刑の記憶、根深い因習、迷信と偏見の反抗と出会ったからである」（川端香男里訳『モスクワからペテルブルグへの旅』『プーキン全集5』河出書房新社、一九七三年、九四頁）。

（17）　*Каменский А. Б.* От Петра I до Павла I. М., 1999. С. 203–213.　なおピョートル二世（在位一七二七～三〇）はピョートル一世大帝の孫で、父はピョートル一世の最初の結婚から生まれたアレクセイ・ペトローヴィチである。アレクセイ・ペトローヴィチ（一六九〇～一七一八）は父ピョートルに疎まれ、最後にはその怒りをかって逃亡先のナポリから連れ戻され、帰国後ペテロ・パウロ要塞で拷問を受け、元老院による死刑判決を受けたのち死にいたらしめられた。

（18）　*Каган.* История культуры Петербурга. С. 26–29.

（19）　*Молчанов Н. Н.* Дипломатия Петра Великого. М., 1984. С. 14.　ただしモルチャーノフは典拠を挙げていない。実際には「オスナブリュック講和条約文書」第一七条第一一項では、「ムスコヴィア大公」と最後のトランシルヴァニア侯の間にヴェネツィア共和国、ベルギー連邦、ヘルヴェティイ・レティクエ（スイス・グラウビュンデン）の各君主が挙げられている。**K. Zeumer, Quellensammlung zur Geschichte der deutschen Reichsverfassung. T. 2 (Aalen, 1987), p. 433.**　この点に関しては山本文彦氏の教示を得た。

（20）　アニーシモフは、最初の一五年間（建設が開始された一七〇三年から、労務者の強制徴集が各県からの金銭による税徴収に切り替えられた一七一八年まで）に全国からペテルブルグへ集められた労務者の総数を四五万から五二万五〇〇〇人（一年三万から三万五〇〇〇人として計算）と見積もり、そのうちの一〇万人ほどが死亡したと考えても誇張ではないとするのである。*Анисимов.* Царь и город. С. 90–93.

ライプニッツとロシア

——ヨーロッパ史のなかのサンクト・ペテルブルグ科学アカデミー創設

橋本伸也

はじめに

本章執筆の機縁となったシンポジウムに際して投げかけられた問いかけは、「若き人工都市サンクト・ペテルブルグはいかにして学術・文化情報の発信地となりえたか」というものであった。新都建設三百周年を寿ぎ、ロシアの民族と文化がもたらした貢献を頌えることにその意図があったことは、おそらく疑いない。そして、フィンランド湾奥深くの沼沢地に莫大な木材と人身を投げ込んで建設された要塞が、短時日のうちに宮廷都市、さらに学術文化都市へと変貌し成長した由縁をたずねるこの問いと応答は、基本的に、辺境の後進的「ロシア」ないし「ロシア人」を前提に、彼らを主語として一八世紀初頭以降の飛躍を論じようとするものであった。ピョートル一世による西欧化を触媒に、この民族が長く内部に蓄えてきたエネルギーを爆発的に開花させ、豊穣な独自の文化を創造する凝縮した空間としてサンクト・ペテルブルグは成立した、こうした暗黙の前提が内包されていたようにも感じられた。そこに「ロシア」の世界史的貢献を実体化して語ろうとするエスノセントリズムがいくばくか影を落としていたことも、おそらく否定しえないであろう。

このようにいうと、ロシア文化史学は、たとえばペテルブルグとモスクワとの対比というおなじみの図式を介して、ヨーロッパ的なるものと交錯しそれに浸潤された近代ロシアの性格の一端を十二分にわきまえてきたはずだ、との反論が必定である。ロシアの広大な空間、わけてもサンクト・ペテルブルグの色濃く有したヨーロッパ・ファクターにはかねて十分自覚的だった、というのである。確かに、この反論は正当なものであって、ロシア近代史をめぐる中心的論点のひとつは、まさにこのことにこそ設定されてきたといってもよい。いうまでもなく「ロシアとヨーロッパ」という枠組みは、ピョートル以来の西欧化、スラヴ派と西欧派、マルクス主義とロシア社会主義論等々、多様な論題のなかで周知のものだし、マサリクの大著に代表されるように、古いロシアとヨーロッパ的な新しいロシアとの併存なる命題は、研究史のなかでも不動の地位を占めてきた(1)。だがそうした議論の場合も、「ロシアとヨーロッパ」との二項対立に依拠した近現代ロシアのナショナル・アイデンティティを当然の前提として採用してはいまいか、との疑念は残るであろう。自明視され原理化された先験的実体としての「ロシア」あるいは「ヨーロッパ」を前提に、相対的に自立的な両者の取り結ぶ関係性の次元に議論が設定されたのではないか、ということである。この種の枠組みを徹底したところに登場するのが、おそらく、ロシア・ナショナリズムの完成期に登場するダニレフスキー的な文化的歴史的類型論であろう。

ダニレフスキーの議論の当否は脇に置くとして、こうした二項的枠組みそれ自体は必ずしも根本的に転倒するには及ばぬかもしれないし、そもそもそれぬきの立論は不可能かもしれない。宗教、文化、政体や経済、家族形態、古典古代との関係などさまざまの次元で弁別可能な両者を二項的に設定することの思考経済上の便宜は否定しがたいのである。実際、本章の叙述に際しても、これを排除しているわけではない。しかしそれにしても、通念化した枠組みをいったん留保して少々視角を変えてみるとどうなるのか、そうすると何かまた違った光景が見えてきはしまいか、というのがここでのささやかな提案である。副題中の「ヨーロッパ史のなかの」という表現は、そうしたことを含意している。

このような提案を発意する理由はいろいろ挙げられるが、そのひとつは、国民国家体制が揺らぎをみせるなか、従前のナショナル・ヒストリーの再審が進行する目下の歴史認識上の要請であり(2)、またひとつには、昨今のロシア帝国論が教えるとおり、この帝国は決して「ロシア」的なもので描ききれるものではなかった、ということもあろう。越境する人々と文物を描く空間的な歴史学の発展は、そうした問題意識をことのほか強化してくれる。他方で、ヨーロッパ・アイデンティティ自体の構築性とともに、それが拡大と収縮、統合と分裂を介して変容する様相が解明されつつあることも想起せねばならないし、[3] EU東方拡大を契機に、以前にもましてそのことが切実化したという事情もある。重要なのは、ロシアであれヨーロッパであれ、恒常的に同一性を保った自存的で確定的な実体ではなく、相互媒介的で相互浸透的な多様な関係の網の目とその組み替えのなかで不断に変転しているという事実であり、そうした視点からの歴史の問い直しである。

さて本章の課題は、ロシア初の学術情報発信源たるサンクト・ペテルブルグ科学アカデミーの創設プロセスを、ロシアよりもむしろもっと西方に軸足を置いて再検討したときに何がみえてくるのかを問うことにある。そのために、これを同時代のヨーロッパ科学史や大学史の文脈に位置づけるとともに、その創設を切望して陰に陽に容喙した哲学者ライプニッツの発言と活動を紹介しながら、そこにロシアとヨーロッパの共有したこの時代の歴史性がどのように浮かびあがるのかを捉えることとしよう。そうすることで、先の問題提起へのひとつの示唆を得られればというのが、ここでの目論見なのである。

一　科学革命の時代と知の世界の変容

ピョートル改革に先立つ一七世紀は、ヨーロッパ史においていかなる時代だったのであろうか。本章の主題との関係でまず指摘せねばならないのは、中世スコラ学の体系を乗り越える運動たるルネサンスと人文主義に端を発した知識革命が進展し、いまや人文主義の準拠枠さえ越え出て、古典テクストにばかり知の源泉をもとめるのではなくて、実験・観察と数理的定式化を重視する「科学革命」の前進した時代であった、ということである。前世紀のコペルニクスに続いてケプラー、ハーヴェイ、ガリレイ、ニュートンのごとき自然学者、あるいはフランシス・ベーコンとデカルトといった綺羅星のごとき大学者たちを担い手とした巨大な「知のベクトル変換」[4]が進み、「古代・中世ヨーロッパの学問的企図を総括し、その軌道を大きく転轍させることによって、近代学問理念の礎石を据えた」(5)時代、これが一七世紀だったのである。

他方、大学史の伝統的理解においてこの時代は、いわば「暗黒時代」(6)であった。大学は、かつてヨーロッパ中世の文化的同一性を担う道具として、密度に濃淡があるとはいえ各地にネットワークをはりめぐらし、多様な地域出身の遍歴学生を受け入れたのだが、宗教改革と主権国家体制化(ドイツ的には領邦体制化)によって中世的普遍が解体されるなかで宗派と国家の下僕と化し、かつての地位を喪失してしまった。また、売官制の時代らしく学位売買も日常化するとともに、旧学識の支配する権威主義的なこの空間は科学革命の成果に永く背を向けて学問精神の頽廃きわまった、というのである。そうしたなか、大学にかわって科学革命の舞台となり、さらに啓蒙の世紀たる一八世紀に全ヨーロッパ規模で開花したのが、ロンドンの王立科学協会を嚆矢とした科学協会＝アカデミーであった。

むろん、現今の大学史や科学史の展開のなかでは、かかるステレオタイプ化した近世大学像には若干の修正が加えられている(7)。デカルト主義や自然科学的知識の受容、医学から派生する諸科学の自立化などは、アカデミーと比しておずおずとした歩みとはいえ旧来の大学でも進展しており、かつていわれたほど荒廃した無用の存在だったわけではない、というのである。アカデミー精神に触発された新構想大学としてのハレ大学も、すでに一七世紀中に設立されていた。しかしそれにしても、中世スコラ学はもとより、権威化した人文主義的旧学識を乗り越える新たな知の体系の構築に際して、あたかも華麗なる奢侈のひとこまとして学知の保護者然と振る舞おうとした絶対主義君主をはじめ、諸権力の承認ないし庇護のもと純然たる学術研究団体として組織されたアカデミーこそがより有力な存在であったことは、通説的理解なのである。そして実際、一六六〇年代のロンドン王立協会やパリ王立科学アカデミーを皮切りに、一七〇〇年のベルリン科学協会(科学アカデミー)、ボローニア科学アカデミー(一七一四)、サンクト・ペテルブルグ科学アカデミー(一七二四)、スウェーデンではウプサラ科学協会(一七二六)とストックホルム王立科学協会(一七四一)、さらにイギリスやフランスの地方都市でもアカデミー型学術団体の創設が相次ぎ、これらを舞台とした科学知の発展と、絶対主義国家の要請する功利主義的実用性志向も随伴した学識の構造転換が急展開した。一六六〇年から一七九三年までに設立されたその数は、公式に認証されたものだけで七〇件近くに及び、私的ないし半私的に組織された学術組織も含めるとはるかに多くが存在した。[8] 一七世紀後半からフランス革命にいたる一世紀半の間に、マクレランいうところの「科学協会運動」[9]が大規模に繰り広げられた、という次第なのである。サンクト・ペテルブルグ科学アカデミー創立がかかる運動のさなかの出来事であり、しかもこの運動の「主要な橋頭堡」[10]として位置づけられていること、こうしたことに留意したい。

科学革命の時代であり、同時に大学暗黒時代とされた初期近代は、いささか逆説的な印象を免れないとはいえ、中世大学の圏域を越える地域に大学やこれに匹敵する機関が設立され、ヨーロッパ北方・東方への大学ネットワーク拡大のみられた時代でもあった。[11]

ルター派を国教とし、絶対主義を志向した領域拡大と王権強化の進んだスウェーデンでは、中世末に起源を有しながらまもなく機能停止したウプサラ大学が一六世紀末までに再興され、この大学はグスタフ二世アドルフの時代に盤石の体制を確立して繁栄を遂げた。また、三〇年戦争による占領地メクレンブルク＝フォアポンメルンのドイツ大学であるグライフスヴァルト大学が接収されたのみならず(一六三七)、周縁地域でもリヴォニアはドルパトのアカデミア・グスタヴィアーナ(一六三二。現タルト大学)、フィンランドのトゥルク(オーボ)・アカデミー(一六四〇。現ヘルシンキ大学)、スコーネ地方のルンド大学(一六六六)なる三つの大学が設立された。これらは、地域的条件の差異もあってそれぞれ異なる性格を保ったが、大枠では、ヨーロッパの他の大学が早晩そうであったように、絶対主義に必須の官僚養成を使命とし、伝統的な神学中心の体制にかえて人文主義のみならず自然科学も受容した大学へと転成した。[12]

他方、中世大学として威を放ち、同時に、コペルニクスを生んで科学革命の揺籃となったクラコフ大学を擁するとともに、スウェーデンとともに初期近代に強大化したポーランド・リトアニアでも大きな展開がみられた。宗教改革と対抗宗教改革による宗派体制化の波はこの地域でも熾烈な紛争をもたらし、一五三九年、リトアニアのヴィルノに設けられたルター派学校はまもなく追放されたが、そこに集った学者たちは東プロイセンを代表するケーニヒスベルク大学創立者となるであろう（一五四四）。二世紀以上後に、哲学者カントが講壇に立った大学である。東方布教に力を割いたイエズス会は、ピアル会をはじめ他のカトリック諸教団ともども各地にコレギウムを多く設けるが、そのうち一五七〇年にヴィルノに設けられた学校はまもなく大学レベルの教育機関に昇格する。この大学でも、一七世紀前半までに自然学を受容した教育体制への転換が進んでいる。[13] さらに、ポーランドとスウェーデンに東方のモスクワ国家も加わった争奪戦の的となったリヴォニアでも、一五八三年にドルパトにイエズス会ギムナジウムが設けられるが、これは上述のとおり、スウェーデン領有後の大学設立の前提となった。[14]

イエズス会の影響は、当時、ポーランド・リトアニア領であった正教世界のウクライナ・ベラルーシを介して、モスクワにまで及ぶものであった。イエズス会の画策もあってルテニアの正教会が分裂し、その一方がローマ教皇の権威を認めた合同教会に転じたのは周知のとおりだが（ブレスト合同、一五九六）、それにとどまらず反対派にもその影響が波及したのである。まず、キエフ府主教ペトロ・モヒラが、正教信仰護持にはラテン神学にならって教義を確立する必要があるとして、みずからラテン語による教義書を著すとともに、一六三二年にはのちにキエフ・モヒラ・アカデミーとなる学校を興して大学レベルの神学教育の場とした。これは、ロシア教育史や正教教会史においてラテン語・ラテン文化受容をめぐる画期的事件として注目されているが、これを拠点にウクライナ人文主義なる思想運動も展開されて、そこで形成された知識人集団は東方モスクワにおもむき、ピョートル改革の担い手となろう。[15]また、モヒラ・アカデミーからの直接の影響のもとで、モスクワにもスラヴ・ギリシア・ラテン・アカデミーが設立された（一六八二）。これは、モスクワで最初の学問的な教育機関であった。

かくして、初期近代のヨーロッパ北方・東方辺境では、宗教改革と対抗宗教改革との相克、絶対主義と大学拡充、人文学に加えて自然科学の勃興にともなう知の枠組みの転換といった一連の変動とあわせて、ラテン文化を中核としたヨーロッパ的な知の世界と正教世界との対峙という新たな局面をも呈するにいたっていたのである。それゆえ、サンクト・ペテルブルグ科学アカデミー創設の歴史的性格の把握を試みるには、もっぱらロシアの「西欧化」という一方向的ベクトルのみならず、ヨーロッパで展開された知の制度枠組みの再編や内容上の刷新、さらにその空間的拡大など、初期近代に進行した知のあり方をめぐる一連の変化を射程に入れておくことが必要なのである。

二　ヨーロッパとロシア――初期近代から近代へ

サンクト・ペテルブルグ科学アカデミー創立の前提となるヨーロッパとロシアとの間の有機的な関係構造の成立とその変化は、後者の領域的拡大、とりわけ西方・北方に向かう衝動にも起因した。「タタールの軛」を脱したのち、モスクワ大公国を核とした国家的統一が果たされるとともに、四辺への空間的拡大により帝国化が進んだわけだが、こうして「ヨーロッパ世界とほとんど別の世界として、……隠然と成長し[16]」た北の帝国ロシアが、数々の戦乱を経てヨーロッパ辺境地域をも領有するにいたった。そしてその結果、逆に、ロシア自体がヨーロッパの外部世界から内部世界に転成するとともに、上述のような知の世界の変転との出会いにもつながるという、ダイナミックな展開をもたらしたのである。そうした歩みをごく駆け足でおさらいしてみよう。

一六世紀から一九世紀にいたるまで、ロシアは東方・南方地域への進出を果たしたのみならず、西部国境地域でも領域的拡大を遂げた。おそらくそうした第一歩として認められるのは、イヴァン雷帝時代のリヴォニア戦争（一五五八〜八三）である。中世に「北の十字軍」と東方植民のターゲットとされて、長くドイツ騎士団領やカトリックの聖界領として統治され、近世にみられた主権国家化の動きから取り残されたエストニア・リヴォニア（前者がおおむね現在のエストニア北部、後者がエストニア南部とラトヴィアに匹敵する）が、次世紀のバルト海沿岸地域の覇者スウェーデン、中世以来エストニアに権益を有したデンマーク（現在のエストニアの首都タリンは「デンマークの街」を意味する）、やはり大国化しつつあった南方のポーランド・リトアニア、そして商業上の権益確保などを動機としてバルト海への衝動を強く抱くにいたった東方の新興国家ロシアの入り乱れた争いの舞台と化したのである。この戦争でロシアは敗北を喫したが、ともかくこのときはじめて、ロシアがバルト海沿岸地域への進出を国家目標として思い定めたことは、のちの展開にとって大きな意義を有するものであった。その後、スウェーデンやポーランド・リトアニア、さらにデンマークや他の西欧諸国も交えた相克を繰り広げつつ、着々と版図を拡大する契機となったのである。一七世紀に相次ぐポーランドおよびスウェーデンとの戦争や、そのなかで締結されたアンドルソボ講和による左岸ウクライナおよびキエフの併合（一六六七）、一八世紀に入るとピョートル一世治世の大半に及んだ北方戦争の結果達成されたスウェーデン領エストニア・リヴォニアの編入、さらに三度にわたるポーランド分割によるかつての「レチポスポリタ」とバルト地域クールラント公国の併合、一九世紀初頭ナポレオン戦争下に占領したフィンランドにおけるロシア皇帝を君主とした自治大公国の成立（一八〇九）、これら一連の戦果がもたらされたのである。かくして、かつてヨーロッパにとって外部世界であったロシアが、ポーランド人、ドイツ人、スウェーデン人の支配するヨーロッパ的空間を領有するにいたったわけだが、このことは、ロシア帝国にとって支配民族たるべきロシア人に「優越」する諸民族・諸地域を版図内に抱え込むことを意味した。

それはまた、劣等意識に苛まれ続けるロシア人をコアとして諸民族・諸地域・諸宗教の併存する複合体としてのロシア帝国国制の基本的性格として帰結したのだが、本章の主題との関係では、これら漸次領有された諸地域が、前節でみたヨーロッパ的大学ネットワークの拡大の舞台であったことを想起しておきたい。

こうした西部国境の西進運動と並んで、帝国中央部でも変化が生じていた。こうした変化は、ウォーラーステイン流にいうならば、一六世紀にはまだ「ロシア世界経済」と称しうる自立的経済圏を構成したロシアの「ヨーロッパ世界経済」辺境従属地域への転成と[17]、それに随伴した内部的構造調整として描きうるのだろうが、この過程で進行したヨーロッパ（とりわけイングランドとオランダを筆頭とした）との交易関係の拡大とロシアに居住する外国人商人の増加、文化的次元を含めた多様な人々と情報の移入がここで指摘しておくべきことがらである。これらの過程については、すでに土肥恒之による研究がある[18]。また、上述の戦争時の捕虜や、宮廷の必要に応えるために西欧各地で徴募された医師や建築家、軍人などの専門職者、そしていま述べた経済関係の拡大によって流入した外国人商人などは、モスクワのいくつかの街区に集住して「外国人（ドイツ人）村」を形づくっており[19]、そこには西欧風の建物にとどまらず、ドイツ風の工房や薬局も存在した。

ヨーロッパ国際政治、とりわけ一七世紀以降のそれにおけるロシアのプレゼンスの増大についても触れておかなくてはならない。ロシアとヨーロッパの間で宮廷間婚姻政策が活発化したのもそうしたことの例証であろうが[20]、それに先立ってすでにロシア＝モスクワ国家は三〇年戦争の「影の参戦国[21]」として、ウェストファリア条約にも登場した。フランスと結んだオスマン・トルコの第二次ウィーン包囲（一六八三）に対してオーストリアを盟主とするヨーロッパ諸国の行なった反撃戦にロシアはその一員として加わり、カルロヴィッツ条約（一六九九）とコンスタンチノープル条約（一七〇〇）によってアゾフを得た。ピョートル一世の戦った北方戦争は、近世に「バルト海帝国」を構築したスウェーデンが国力を衰退させ、ヨーロッパの覇権競争から退場する契機ともなった。かくて、ピョートル改革以前にすでにロシアは、ヨーロッパ国家間関係に相当の重みをもった存在として位置づくにいたっていたのである。

三　ライプニッツの「普遍」構想とロシア

一方の、ヨーロッパにおける知の構造転換と、他方の、ヨーロッパ世界へのロシアの登場とそのプレゼンスの増大。この二つのベクトルの交錯する地点に立って、世界史的視野からロシアにおける西欧型学問振興の必要を熱く語ったのが、近世を代表する哲学者・数学者であるばかりでなく、ハノーファーはじめドイツ諸邦の宮廷を遍歴して外交官や図書館長を務める顧問官であり、かつイングランド王位継承に容喙し、ルイ一四世宛て書簡で大国フランスの弱体化をねらってエジプト攻略を唆すほどの実際的政略家でもあったゴットフリート・ヴィルヘルム・ライプニッツである。ライプニッツの有した後者の顔、すなわち「「実用性」を際立たせることによって、旧学識の崩壊に手を貸した」「宮廷的な学識批判の代表者」[22]としての顔は、邦訳された伝記類を通じてその一部を垣間見ることができるとはいえ[23]、彼の行なった数々の歴史研究ともどもいまだ本格的に研究されていない主題であるが、執拗なまでにピョートル一世への接近を試みて科学アカデミー創立を説く彼の行動を理解する際に重要な側面である。

ライプニッツがロシアと、とりわけピョートル一世に熱烈な関心を抱いた理由もまた、そうした彼のいくつもの相貌から説明されうるものである。まず第一に、修業時代以来、法学・歴史から数学・自然哲学さらに形而上学へとあらゆる方面に及ぶ学識に関心を抱いただけでなく、おそらくボヘミアの宗教運動家にして教育者のコメニウスの汎知学にも連なる精神からこれらを百科全書的「普遍学」へと総合するために苦闘したライプニッツにとって、広大な版図を有し無尽蔵と思えるほどの未知のことがらの集積地として映じたロシアの可能性は無限であった。一例を挙げるなら、人類単一起源説の立場から単一祖語の解明をめざした彼の関心は、カルパチア山脈からカスピ海を経て、アラル海、さらにロシアと中国との境界にいたる広大なステップ空間に住まう諸民族の言語情報収集へと向かった(24)。ロシア帝国に暮らす多様な民族は、言語起源論の解明にとって不可欠のフィールドだったのである。それゆえ彼は、生涯を通じて書き連ねたおびただしい数の書簡で、ロシアに関して何がしかの知識を有すると思われる人士に向けてこれら諸言語の文法と語彙、そして各言語における「我らの父よ」なる祈りのことばに関する情報提供をもとめている。また、航海技術の進歩に有意義な貢献をもたらすものと期待された地磁気測定にとっても、ロシアの広大な大地はうってつけの観測場であったし、いまだ未解決であったアジア大陸とアメリカ大陸との連続・非連続問題の決着も、ロシアに期待すべき主題であった。

ヨーロッパ文明と並び立ついまひとつの文明としての中国に着目し、実際、『最新中国情報』なる書物を出版するとともに、自身の発見した二進法と『易教』中の六四卦線図との同一性に心震わしたライプニッツ(25)は、東アジア布教を担ったイエズス会士からもたらされる中国情報だけでは飽き足らず、迅速な陸路の情報交換に期待をかけたが、その点からもヨーロッパと中国との回廊ともいうべき位置を占め、両者の媒介者としての機能を果たしうるロシアへの期待は大きかった。『最新中国情報』は、イエズス会士からの書簡に加えてロシア公使の中国旅行報告を収めるとともに、ネルチンスク条約締結に関する資料も付録として掲載した。その冒頭の一文は次のようにいう。

運命の不思議なはからいによって、人類の最高の文化と文明が、現在、われわれの大陸の両端つまりヨーロッパと中国……の二箇所に出現している。実際、この国はいわば東方のヨーロッパとして地球のもう一方の端を飾っているのである。もっとも洗練されたこれら両国がきわめて相離れていたが、いまや互いに腕をさしのべあい、両国の間に存するすべての民族を徐々により理性的な生活態度へと導かんとしているのはまさに神の摂理というべきであろう。他方、自らの広大な領土によって中国とヨーロッパの間に介在し、さらに北極海に沿った未開の北方地域を支配しているロシアが、現在の皇帝の努力と彼に与えられた東方教会総主教の助力によって、ヨーロッパの成果を取り入れようとしていることも神の御意志と考えてよいであろう。(26)

神の摂理のもとに世界規模の普遍的文明圏を構想しつつ、その新規参入者にしていまなお「未開」を抱えたロシアに期待する態度がここには鮮明に語られている。

学識者であり同時に宮廷官僚でもあったライプニッツがロシアに期待する理由は、国家的学術機関たるアカデミー組織化に向けられた情熱と、ベルリンでの失意によっても説明される。二十代の若者時代にすでに百科全書的普遍学を構想した彼は、新規の知識の発見・探究とともに、そうした知識の総合化・体系化、さらに実際的応用による生活合理化を担いうる組織的保障として科学アカデミー構想を唱えるとともに、絶対主義時代らしく良きポリツァイの担い手たるべき国家の体現する公共の福祉と神の栄光をそこにみた。(27) そして、そうした彼の目論見を実現すべき最初の機会が、ブランデンブルグ選定候(プロイセン王)と、選定候妃にしてライプニッツの弟子でもあったゾフィー・シャルロッテの庇護下でのベルリン科学協会創設とその会長職への就任であった。しかるに、ハノーファー、ヴォルフェンビュッテル、プロイセンに加えてウィーンにまでいたる複数の領邦宮廷を股にかけて勤務したことを一因とした軋轢や、同僚学者たちとの行き違い、そして決定的には勅意による実質上の更迭もあってベルリンのアカデミーに失望するにいたったのである。(28) それゆえ、ライプニッツの構想する普遍学の発展にとって、旧学識の固陋な態度をはじめ学問をめぐる利害関係や旧弊に損なわれることのない「タブラ・ラサ」

として映じたロシアは、ことのほか魅力的なものであった。そうした期待をライプニッツは、「ロシアにおける陶冶の導入に関する覚え書き」なるピョートルへの提出を前提に執筆された文書の冒頭で、以下のように表明する。

ツァーリの全権代表閣下の要請により、私はここに、ツァーリ陛下の広大なる国家に真正の学問を導入する件について若干の考えを紙面にしたためることといたしました。と申しますのも、私にとって人々の一般的福祉と向上、さらに神の栄光をいささかでも促すことほど喜ばしいことはございませんし、いわんや、この帝国は地上の多大の部分、すなわち私どもの半球の北方部分のほぼすべてをおおっております。加えて私が考えますに、この国はほとんど手つかずの原野をなしていて、まっさらな容器のようになんら異臭を帯びておりませんから、私たちのところに忍び寄った過ちの多くが未然に防がれ、正されることが可能であります。とりわけ、賢明なる君主の知性がすべてを指導されるならば、そうなるでありましょう[29]。

ここにも表明された白紙状態のロシアというイメージはたびたび語られるものだが、それは直接ピョートルに宛てて書かれた一七一二年一月一六日付書簡でも「学問に関するあらゆることがまっさらな、いわば白紙状態(weis papier)にある[30]」と記されていた。

このような、いわば純粋な学問的利益への関心からなされるロシアへの期待に加えて指摘しておかなければならないのは、政略家としてのライプニッツの現実的判断であり、その中核を占めたのは、カトリックの大国フランスを抑え込む全ヨーロッパ的包囲網をいかにして構築するのか、このことにあった。また、ビザンチンの継承者としてヨーロッパへの覇権を自明視するオスマン・トルコとの対抗も彼の関心事であった。そうした観点からみたとき、プロテスタントの大国スウェーデンが北方戦争のために国力を濫費することなく、むしろ同時期に戦われていたスペイン継承戦争で対仏同盟に加わることが期待されたし、他方でロシア側には、戦争以前に果たされるべき国内の文明化に専心するとともに、オスマン帝国のヨーロッパ侵攻への防壁としての備えに尽力し、あわせてドイツ諸領邦との同盟に参加して対仏包囲網の一角を担うことが望まれた。そのために、北方戦争早期終結を期待する書簡を方々に書き送り、あるいは、みずから勤務する小領邦の公女とピョートル一世の皇太子アレクセイとの成婚に向けた隠密の交渉の一端も担っていた。ちゃっかりと、自身をロシア帝国枢密顧問官に取り立てるようもとめることも忘れなかった。それから二世紀を隔てた第一次世界大戦のさなかに、フランスやロシアの植民地化をねらったドイツ帝国主義の狡猾なエージェントとしてライプニッツを描く論考が発表されたことがあったが、[31]これは、ライプニッツの政治的言動を二〇世紀初頭の情勢と二重写しにしたものだったし、現代ロシアのとある学者が彼を指して「誰よりもドイツの強大化にもとづいたドイツの帝国的イデオロギー形成にとりくんだ政治家[32]」と評するのも同根である。

四　ロシアとの接触と科学アカデミー設立提案

このようにさまざまの思惑に突き動かされてロシアへの関心を深めたライプニッツは、ドイツ諸領邦駐在のロシア外交官や、モスクワに滞在しあるいは滞在経験をもつ人々など、多方面の回路やエージェントを駆使してあらゆる情報の収集に努めるとともに、直接ピョートル一世とのコンタクトをとることにも腐心した。おびただしい数の書簡や文書を書き送ってロシアとの接触を図ろうとしたのである。それらの書簡や下書きは、ハノーファーやモスクワの文書館に保存されて後世に伝えられたが、一世紀半余を隔てた一八七三年には、ロシアの科学アカデミー会員でペテルブルグ大学歴史学教授ウストリャーロフらの請願を受けたアカデミー当局の委嘱により、モスクワ大学の世界史教授ヴラジーミル・ゲリエの手で編纂され、ライプニッツ宛書簡ともども原語のまま一書に集められて、『ロシアならびにピョートル一世に関連するライプニッツ書簡・資料集』として出版された。[33]ゲリエは博士学位請求論文となる「ライプニッツとその時代」を『国民教育省雑誌』に発表したのに続いて、[34]ロシア関係の書簡類の内容を詳細に紹介・検討した論文「ピョートル一世に対するライプニッツの関係」も公刊し、[35]これら『書簡・資料集』を含む一連のライプニッツ研究の成果はドイツ語でも刊行された。[36]

『書簡・資料集』に収められた資料群は合計二四四点、そのうち最初のものは一六九二年七月二五日付けであるが、一気に数が増えるのは、ピョートル一世の「大使節団」がドイツに滞在した一六九七年と、一七〇八年以降のことである。一六九七年は、ピョートルがおそらくライプニッツに触発されて科学アカデミー設立にはじめて心を動かされた年として知られている。また、最多はトルガウでの謁見なった翌年の一七一二年で、直接ピョートルに宛てたものも含めて五七点以上が収集されている。一七一一年が二一点、一三年が二〇点であり、この三年間だけで一〇〇通もの書簡のやりとりが交わされているのである。この時期にライプニッツが、ロシアとの関係を集中的に深めようとしていたことがわかる。こうした甲斐あって、一七一二年に彼はロシアの枢密顧問官に取り立てられ、ピョートルへの情報提供者としての役割も期待されることとなった。また、ライプニッツから直接ピョートルに宛てた書簡は全部で四通で、[37]これ以外にも十数通がピョートル周辺の人々に宛てられており、ピョートルの手に届くことを期待したものだったという。その内容は、ひとり科学アカデミー設立提案にとどまらず、対オスマン・トルコ戦争に関わる情報提供から、ピョートルの歓心を買うことを意図して、スキタイ族に関する稀覯資料の提供を申し出るものまで多彩であった。

また、ライプニッツは、これら書簡類のみならず直接ピョートル一世に謁見する機会をねらっており、一六九七年の「大使節団」到来時にすでに接触を試みて失敗したあとも、折りあるごとにツァーリとの面談の機会を得ようと、みずから仕えるハノーファーその他の領邦君主やその家族らとのつながりを駆使して奔走した。その甲斐あって、一七一一年、エルベ河畔の街トルガウでのロシア皇太子アレクセイとブラウンシュヴァイク＝ヴォルフェンビュッテルの公女シャルロッテの婚姻を機に最初の謁見がなったのを皮切りに、翌一二年一一月のピョートルのカールスバート滞在時にも面談がかなっている。この際の内容は「政治機密」[38]として秘匿されているが、おそらく皇太子婚姻問題などでこじれた対オーストリア関係修復がライプニッツに期待されたものと推測されている。カールスバートからドレスデンにいたるピョートルの旅程には、ライプニッツも随行した。さらに、一七一六年五〜六月にピョートルが湯治のためにピルモントに滞在した際にも両者の面談は実現し、これまた会談の詳細は不詳だが、たびたび繰り返してきた科学アカデミー設置などの提案や国制上の助言などを行なったのは確実である。[39]

では、アカデミー設置に関するライプニッツの提案とは具体的にはいかなるものだろうか。多数残された書簡類に記された内容はその時々で異なり、しかも学術振興以外に政治・外交・宮廷などの多岐に及ぶ論点を含んでいるので、ここではそれらのうちアカデミー設立提案に直接関わるものを概括して示すこととしよう。

まず第一に、学術教育を司る参議会《コレーギヤ》あるいは学術機関としての科学アカデミーを設けるとともに、その構成（建築家、医師、化学者、力学者、歴史家等々）や運営方法を財政問題にまで立ち至って提起した。パリ王立科学アカデミーやロンドン科学協会の在外メンバーであり、ベルリンで会長を務めた輝かしい経歴を誇示して、自身を長に取り立てるようもとめることも忘れていない。ちなみに、ピョートルによる官制改革の中核をなす参議会制度導入そのものがライプニッツの示唆によることはすでに通説化しているが、[40]これについてのゲリエの評価は消極的である。また、アカデミーに附属して設けられるべきものとして図書館、自然史博物館（クンストカーメラ）、美術館、動物園、植物園、水族館、天文台、実験室などの研究施設を挙げ、加えて印刷所・出版所の付設ももとめていた。これら諸施設の任務や内容を指示した提案は、いたって具体性を帯びたものであったし、図書館設立に向けた図書購入にはライプニッツ自身が関与した。

かかる学問振興とあわせて、それと不可分の若者の教育も重要な論題であった。若者をして「善行と幸福の道を歩ませる」ために、主として学問と芸術にもとづく教育の振興こそがもとめられているというのである。そのためには、成人を対象としたアカデミーを含めて年齢段階別に配列された三段階の機関、すなわち児童のための学校、若者のための大学、そしてアカデミーが必要であり、かつ自身の学問観やドイツ大学の旧学識批判に裏打ちされた各段階の教育内容についての指示も怠らなかった。そこでは、「すでに知られていることを集め、いまだ知られていないことを研究する」[41]という科学革命によってもたらされた知的精神への注意が喚起されている。さらに、外国留学による学者養成とそのための若者の選抜も学事参議会の任務として指示した。こうした三段階提案は、一七二五年の科学アカデミー設立時に実行され、ヨーロッパ諸国のアカデミーとは異なるサンクト・ペテルブルグ科学アカデミー独自の性格をもたらすこととなろう。

西欧的な学問研究とその教育に従事する人材を確保するには、さしあたりロシアがこの点で「白紙」である以上は、すぐれた外国人学者の招聘に依存せざるを得ない。こうした関心から、ライプニッツはすでにアカデミー設立以前から派遣すべき学者の説得にあたっていたが、そうした活動に加えて、招聘外国人の法的地位や処遇問題にも意を払った。

具体的な研究課題として挙げられたものは多岐に及んだ。すでに前節でも触れた言語資料収集、地磁気測定、アジア・アメリカ境界確定を繰り返しもとめたのに加えて、言語以外の民俗資料や動植鉱物標本の収集、沿岸部や内陸部各地の観測拠点設置と天体観測、東方教会史や教父の著作と公会議に関する資料群の収集、異教地域へのミッション、さらに重商主義的関心からする国内産業に関する調査と記述などがそれである。そこには、百科全書的普遍学を構想するとともに、統一された教会のもとで神意に即して達成されるべき普遍的世界の実現を希求し、さらに功利的学問を擁護した万能人にふさわしい関心の広がりがあった。

おわりに

ピョートル一世がサンクト・ペテルブルグ科学アカデミー創設を最終的に決断するにあたって、ライプニッツの再三発した提案がどれほど顧慮されたのか、このことは必ずしもつまびらかではない。ロンドン科学協会訪問、あるいはパリ科学アカデミー名誉会員への推挙などこれ以外の要因も忖度されているからである。とはいえ、『書簡・資料集』序言のなかでゲリエが語ったように、「精神活動やその帰結の領域では、物理的世界のように単一の明断な原因でもって説明できることのほうが稀[42]」なのであって、この新たな事業にライプニッツのごとき人物がなにがしかの形で関与したという、その事実だけでも特筆に値するものである。しかしそれはゲリエが続けて言うように、偉大な天才の参加を得られたことを誇る、という意味においてではない。そうではなく、この時代にヨーロッパの政治的・知的空間の体験した拡大と変容を典型的、いやむしろ突出的に体現したエージェントたるライプニッツがその場に居合わせたということ、このことこそが重要なのである。学術情報発信地としてのサンクト・ペテルブルグの形成は、まさにヨーロッパ文明の「普遍化」衝動と、そこに地歩を占めはじめていたロシアとの合作、あるいは緊張をはらんだ相互融合の一こまとして達成されたものであった。ロシアの西欧化とは、ロシアとの相互浸透のなかにあったヨーロッパ再定義のプロセスでもあったのである。

ライプニッツ本人は、ピルモントでのピョートルとの三度目の邂逅ののちまもなく亡くなって、アカデミー創立を自身の目で見ることはなかった。しかし彼が執拗にもとめたこの事業は、学問上の後継者でもあるクリスチャン・ヴォルフの熱心な協力も得て多数の外国人学者招聘などの具体化が進み、ピョートル逝去直後の一七二五年に実現した。そしてそれは、ヴォルフ本人からは「学者の天国」なる比喩でもって語られるヨーロッパ的理想の体現者として表象される一方、後世の悪意ある歴史家からは「ドイツ人の植民地」[43]と称され、あるいはそうでない場合も「ロシア領内のヨーロッパ科学の飛び地」[44]、あるいは「一八世紀ロシア社会の比較的処女的な条件の上に移植された西欧科学文化の比較的薄い皮膜のごときもの」[45]と観念されるにいたったのだが、そうした把握の仕方が妥当かどうかを実際の推移に照らして検討することは、すでに本章の射程を超えたいま一つの問題である。別稿を参照願えればと思う[46]。

（1）　T・G・マサリク、石川達夫訳『ロシアとヨーロッパ：ロシアにおける精神潮流の研究』I〜III、成文社、二〇〇二〜二〇〇五年。
（2）　社会文化史次元におけるかかる見直しについては、たとえば、ハルトムート・ケルブレ、永岑三千輝訳「ヨーロッパ社会史の研究史と統合の社会史」永岑三千輝・廣田功編『ヨーロッパ統合の社会史：背景・論理・展望』日本経済評論社、二〇〇四年、所収を参照のこと。
（3）　クシシトフ・ポミアン、松村剛訳『ヨーロッパとは何か：分裂と統合の一五〇〇年』平凡社、一九九三年。谷川稔編『歴史としてのヨーロッパ・アイデンティティ』山川出版社、二〇〇三年。
（4）　大出晁『知識革命の系譜学：古代オリエントから一七世紀科学革命まで』岩波書店、二〇〇四年、一九一頁。
（5）　佐々木力「ヨーロッパ学問史の中のライプニッツ」『思想』九三〇号、二〇〇一年、七頁。
（6）　島田雄次郎『ヨーロッパの大学』玉川大学出版会、一九九〇年（原著は至文堂、一九六四年）、一二二頁。ステファン・ディルセー、池端次郎訳『大学史』下、東洋館出版社、一九八八年、第一六章も参照のこと。
（7）　たとえば、以下を参照せよ。John Gascoigne, *Sciences, Politics and Universities in Europe 1600–1800* (Ashgate, 1998), pp.

247–248.

(8) Cf. James E. McClellan III, *Science Reorganized: Scientific Societies in the Eighteenth Century* (Columbia University Press, 1985), Appendix 1, 2.

(9) McClellan III, *Science Reorganized*, p. 5.

(10) McClellan III, *Science Reorganized*, p. 82.

(11) Cf. Hilde de Ridder-Symoens, ed., *A History of the University in Europe, Volume II Universities in Early Modern Europe (1500–1800)* (Cambridge Univerisity Press, 1996).

(12) スウェーデン大学史に関しては以下を参照。H. Piirimäe (koost.), *Tartu Ülikooli Ajalugu I 1632–1798*, Tallinn, «VALGUS», 1982. *Сийливаск К.* (ред.) История Тартуского Университета 1632–1982, Таллин, «Периодика», 1982. Karl Siilivask, ed., *History of Tartu University*, Tallinn, «PERIOODIKA», 1985. Lennart G. Svensson, *Higher Education and the State in Swedich History* (Almqvist & Wiksell International, Stockholm, 1987). Maija Kallinen, *Change and Stability: Natural Philosophy at the Academy of Turku (1640–1713)* (Suomen Historiollinen Seura, 1995). Matti Klinge, *Eine nordische Universität: Die Universität Helsinki 1640–1990* (Helsinki, OTAVA, 1992). Sten Lindroth, *A History of Uppsala University (1477–1977)* (Uppsala University, 1976).

(13) История Вильнюсского Университета (1579–1979), Вильнюс, «Мокслас», 1979. *Vilniaus Universiteto Istorija 1579–1994*, Vilnius, Valstybinis Leidybos Centras, 1994.

(14) Vello Helk, *Jesuiidid Tartus, 1583–1625: Vastureformatsiooni eelpost Põhja-Euroopas* (Ilmamaa, Tartu, 2003).

(15) Max J. Okenfuss, *The Rise and Fall of Latin Humanism in Early-Modern Russia: Pagan Authors, Ukrainians, and the Resiliency of Moscovy* (Leiden, E. J. Brill, 1995). 拙稿「人文学の受容とその限界：東スラブの正教世界と「ラテン文化」受容の問題」南川高志編『知と学びのヨーロッパ史：人文学・人文主義の歴史的展開』ミネルヴァ書房、近刊予定、所収も参照。

(16) 近藤和彦「近世ヨーロッパ」『岩波講座　世界歴史第一六巻　主権国家と啓蒙』岩波書店、一九九九年、一〇頁。

(17) I・ウォーラーステイン、川北稔訳『近代世界システムII：農業資本主義と「ヨーロッパ世界経済」の成立』岩波書店、一九八一年、第六章「「ヨーロッパ世界経済」：その辺境と外部世界」参照。

(18) 土肥恒之「ロシア帝国とヨーロッパ」『岩波講座　世界歴史第一六巻　主権国家と啓蒙』一〇三－一二一頁。

（19）　栗生沢猛夫「モスクワの外国人村」『人文研究』（小樽商科大学）第六九輯、一九八五年。*Корвигина В. А.* Немецкая слобода Москвы и её жители в конце XVII – первой четверти XVIII века, М., 1998. 一七世紀の西欧からの「出来者」の法的地位と実像についての新著としては次も参照のこと。*Орленк С. П.* Выходцы из западной Европы в России XVII века: Правовой статус и реальное положение, М., 2004.

（20）　土肥恒之『よみがえるロマノフ家』講談社、二〇〇五年、七頁。

（21）　鳥山成人「一七世紀モスクワ国家と周辺世界」田中陽兒他編『世界歴史大系　ロシア史1：九～一七世紀』山川出版社、一九九五年、三六三頁。

（22）　西村稔『文士と官僚：ドイツ教養官僚の淵源』木鐸社、一九九八年、九八頁。

（23）　ライプニッツの伝記としては、さしあたり以下を参照のこと。E・J・エイトン、渡辺正雄他訳『ライプニッツの普遍計画：バロックの天才の生涯』工作社、一九九〇年。R・フィンスター、G・フォン・デン・ホイフェル、沢田允茂監訳『ライプニッツ：その思想と生涯』シュプリンガー・フェアラーク東京、一九九六年。

（24）　*Герье В.* Отношение Рейбница к Петру Великому // Журнал Министерство Народного Просвещения (в след. ЖМНП). Ч. CXLVII, 1870, отд. 2. С. 2-3.

（25）　下村寅太郎他監修『ライプニッツ著作集　一〇　中国学・地質学・普遍学』工作社、一九九一年。孫小礼、周程訳「ライプニッツと中国」、リタ・ヴィドマイアー、カリン・山口他訳「ライプニッツの中国学：昨日と今日」、いずれも『思想』九三〇号、二〇〇一年、所収。

（26）　下村他監修『ライプニッツ著作集　一〇』九四頁。

（27）　*Шарф К.* Основание Берлинской и Петербургской Академий наук и их отношения в XVIII в. в Европейской перспективе. в кн. Немцы в России: Три века научного сотрудничества. СПб., 2003. С. 14-15.

（28）　エイトン『ライプニッツの普遍計画』四三四―四三五頁。*Шарф.* Основание Берлинской... С. 14-15.

（29）　*Герье В.* Сборник писем и материалов Лейбница относящихся к России и Петру Великому. СПб., 1873. С. 95-99; *Герье.* Отношение Рейбница... С. 372.

（30）　*Герье.* Сборник писем... С. 207.

（31）　C. Bessonet-Favre, "Leibniz et la colonisation germanique de la Russie," *Mercure de France*, 1918, 16 VI.　橋本伸也訳「ラ

イプニッツとロシアのドイツ植民地化」橋本伸也『啓蒙期ロシアにおける西欧型近代科学の移入と外国人学者の役割』科研費報告書(広島大学)、二〇〇三年、所収。これは、ロシア語からの重訳で、ロシア語訳は *Копанева Н. П., Коренева С. Б.* (ред.) Г. В. Лейбниц и Россия. СПб., 1998 に掲載されている。

(32) *Копанева, Коренева* (ред.) Г. В. Лейбниц и Россия. С. 35.

(33) *Герье.* Сборник писем...

(34) *Герье В.* Лейбницы и его век, жизнь и деятельность // ЖМНП. Ч. CXXXIII-CXXXV, отд. II, 1867.

(35) *Герье В.* Отношение Рейбница к Петру Великому, // ЖМНП. Ч. CXLVII, 1870, отд. 2.

(36) W. Guerreier, *Leibniz in seinem Beziehungen zu Russland und Peter dem Grossen* (St. Peterburg und Leibzig, 1873).

(37) 橋本『啓蒙期ロシアにおける西欧型近代科学の移入と外国人学者の役割』にはこれら四通の書簡のドイツ語原文と仮訳を掲載した。

(38) *Герье.* Отношение Рейбница... С. 345.

(39) Там же, С. 378-389.

(40) 田中陽兒他編『世界歴史大系 ロシア史2 一八世紀—一九世紀』山川出版社、一九九四年、二六頁。

(41) *Герье.* Отношение Рейбница... С. 383.

(42) *Герье.* Сборник писем... С. XXV-XXVI.

(43) Bessonet-Favre, “Leibniz et la colonisation germanique...”

(44) *Романовский С. И.* «Обрусение» российской науки как национальная проблема // Вопросы истории естествознания и техники. 1999, №3. С. 49.

(45) McClellan III, *Science Reorganized*, p. 82.

(46) 橋本伸也「帝政期ロシアの御雇い外国人教師」前川和也編『空間と移動の社会史(仮題)』ミネルヴァ書房、近刊予定、に収載。前掲『啓蒙期ロシアにおける西欧型近代科学の移入と外国人学者の役割』にも所収。

科学都市としてのサンクト・ペテルブルグ

梶　雅範

はじめに――ロシアにおける自然科学の導入と時代区分[1]

散発的な自然研究の試みはあったものの、自然研究の伝統をもたなかったロシアにとって近代科学は日本と同様、外来の学であり、本格的な導入はピョートル一世（一六七二～一七二五、在位一六八九～一七二五）の改革とともにはじまる。そのためピョートル一世によって建設されたサンクト・ペテルブルグの歴史は、事実上、ロシアにおける科学の歴史と重なる。そして二〇世紀初頭の帝政崩壊まで、ロシアの科学研究の中心もサンクト・ペテルブルグにあった。

サンクト・ペテルブルグにおける科学の歴史を以下の四つに時代区分して、順にみていくことにしよう。

（一）科学アカデミーの時代（一七二五～一八一九）
（二）大学の時代（一八一九～一九一四）
（三）転換の時代（一九一四～三四）
（四）新科学アカデミーの時代（一九三四～）

一　科学アカデミーとサンクト・ペテルブルグ

ピョートル一世は、自身の改革を押し進める人材養成のために職業学校を次々につくった。それは、航海学校（モスクワ）や海軍アカデミー（サンクト・ペテルブルグ）、砲兵学校、技術学校、医学校などであった。[2]

さらに「クンストカーメラ」と呼ばれる博物館が創設され、一七二二年にはクンストカーメラ用の建物が図書室とともに建設され、広く一般の人々に公開された[3]。しかし、ピョートルによるロシアへの自然科学導入の仕上げは、科学アカデミーの創設であった。科学アカデミーとは、一七世紀に西欧ではじまった新しい自然哲学運動(これが近代科学を生んだ)の拠点として大学の外につくられた、自然に関心のある学者の共同体であった。当初はイタリアで、教会に対抗して都市の政治や経済や文化を支配するようになった世俗の富豪・君主・貴族がパトロンとなって、新しい自然哲学に関心のある学者を集めたサロンのような集まりであった。ただ、そのままではパトロンの死去や移り気で消滅してしまうような不安定な存在であった。その種の組織で、はじめて安定的な組織づくりに成功したのは、一六六〇年にロンドンで設立された団体である。会は一六六二年に時の国王チャールズ二世の勅許状をもらいロンドン王立協会(Royal Society of London)と名乗った。王立とはいうものの国王から金が出ているわけではなく、会の財政は会員の会費によってまかなわれた(したがってroyalを「王認」と訳す研究者もいる)。ロンドン王立協会にならい、しかし、個人のイニシアティヴに頼るのではなく、文字どおりの王立の協会をつくったのがフランスであった。フランスでは、一六六六年に王立科学アカデミー(Académie Royale des Sciences)が設立された。ロンドンの協会とは違って、国家の後援のもとに科学と技術の公的諮問機関として、フランス国王の威光を全ヨーロッパに誇示するための学術組織として発足し、少数の選ばれた学者たちが国家から俸給をもらい研究に専念した。

　ピョートルが企画したサンクト・ペテルブルグ科学アカデミーも、当然、フランスの王立科学アカデミー型の組織だった。直接の範は、パリ王立科学アカデミーに範をとったプロイセンのベルリン科学アカデミーであった。ロシアのアカデミー発足にあたっては、前章で詳しく述べられたようにベルリン科学アカデミーの設立にも重要な役割を果たしたドイツの有名な哲学者ライプニッツ(G. W. Leibniz, 1646–1716 ドイツの哲学者・数学者・外交官)とそ

図1　科学アカデミーの絵，1789年の水彩画，ヴァシリエフスキーのネヴァ河沿いの河岸通り。中央に科学アカデミーの建物，右手の塔のある建物がクンストカーメラ。『エルミタージュ美術館展』2004年，51頁

の弟子のヴォルフ(Ch. Wolff, 1679-1754 ドイツの哲学者)が助言者となった。「ロシアに科学アカデミーをつくることは、お金の無駄だ」と臣下の一人に批判されて、ピョートル一世は次のように答えたという。「いま科学アカデミーをロシアにつくることは、水なしに水車小屋を建てるようなものだが、自分がはじめれば、後継者たちが運河を掘って水を引いてくれるだろう」[4]と。

科学アカデミーは一七二四年一月二八日にピョートルによる承認を受けたが、発足する前にピョートルは亡くなり、ピョートルの死後一七二五年一二月二七日に正式発足した。事実上何もないところにアカデミーという組織をいきなりつくったので、その中身はすべて「輸入品」であった。アカデミー会員(教授)はもちろん全員外国人で、主としてドイツ語圏から招聘された。アカデミーだけでなく、あわせて附属の大学(哲学部・法学部・医学部からなり西欧と違い神学部がなかった)がつくられた。しかし、ラテン語で行なわれる大学の

講義を理解できるロシア人はいなかったので、最初期にはこの学生も外国からの「輸入品」であった（つまり外国人だった）。さらに大学に進学する学生を自前で養成するために、附属のギムナジウムを設立した。しかし教師がドイツから呼ばれた外国人だったために、ドイツ語修得の負担が重く本来のラテン語学習まで手が回らずその十分な機能を果たさずに終わったといわれている。

初期の科学アカデミー会員たちには、ベルヌーイ兄弟やオイラーなどのちに科学史に大きな名を残すことになる優秀な若手学者が含まれていた。なかでもレオンハルト・オイラー（L. Euler, 1707-1783 スイス生まれの数学者）は、一八世紀最大の数学者とうたわれる人物である。彼は一七二七年六月に二〇歳で着任して、一七四一年までの一四年間をサンクト・ペテルブルグで過ごし、一時ベルリン科学アカデミーに移ったものの、一七六六年に再び戻り一八年間を過ごして一七八三年にサンクト・ペテルブルグで没した。したがってその墓もサンクト・ペテルブルグにある。[5]

図2　第1次ペテルブルグ時代の終わり頃にあたる30歳のオイラーの肖像画。フェルマン『オイラー：その生涯と業績』から口絵

オイラーには、執筆の日付の確定されている論文だけで七六〇編あるといわれているが、うち三分の二が二つのペテルブルグ時代に執筆されている。[6]

オイラーがベルリンに一時去った時期に活躍したのが、ロ

図3　サンクト・ペテルブルグ大学本館前のロモノーソフ像（ロモノーソフ生誕275年記念につくられたもので，1986年11月21日に除幕式）。著者撮影

シア人最初の自然科学者ミハイル・ヴァシーリエヴィチ・ロモノーソフ（M. B. Ломоносов, 1711-65　一八世紀を代表するロシアの自然研究者・人文学者）である。(7)彼は、偶然も幸いして当時のロシアで望みうる最高の教育を受けた。

　ロモノーソフは、サンクト・ペテルブルグが建設されるまでロシアにとって西欧への唯一の窓口であった、北ロシアの白海に面した港町アルハンゲリスクの近郊に住む裕福な農民の息子として生まれた。一九歳のときにモスクワに出、貴族と身分を偽ってモスクワのスラヴ・ギリシア・ラテン・アカデミー(8)に入学した。ここで、当時のヨーロッパの学術共通語であったラテン語を学んだことが、彼に西欧の科学に近づくパスポートを与えた。在学四年目の一七三五年に科学アカデミー附属の大学の学生に選抜されサンクト・ペテルブルグへ送られたが(9)、そのラテン語能力の高さが認められて、翌年、鉱山学・冶金学・化学の修学のためにヨーロッパに派遣された。

　五年にわたるドイツ留学から一七四一年に帰国したが、それはピョートル一世の娘エリザヴェータ（エリザヴェータ・ペトローヴナ、一七〇九〜六一、在位一七四一〜六一）が即位した直後であった。ピョートル一世の死後に続いたドイツ系の官僚支配に反発した勢力によるクーデターで即位したエリザヴェータは、反ドイツ・ロシア化の政策を推進した。ロモノーソフはそうしたロシア化の波に乗って、一七四五年ロシア人としてはじめてアカデミーの正会員に昇進し化学教授に任じられた。

ロモノーソフの科学研究は多方面にわたるが、いずれも未完成で、その理論傾向は一七世紀に流行した粒子哲学(10)を徹底させる方向にあった。しかし、粒子哲学は、多様な化学現象の説明や電気・磁気・熱といった当時注目されていた新現象の説明には、必ずしも有効ではなく、一八世紀半ばにはそれぞれの現象に対応する性質を担う重さをもたない流体の存在を想定する考えが流行していた。そのため、こうした理論動向からはずれるロモノーソフの考え方は、当時の科学理論に対してほとんどインパクトを与えず、科学アカデミー内の理解も得られなかった。ロモノーソフは、化学実験室をロシアではじめてつくり(一七四八)、ガラス製造の研究やモザイク画の技法の研究をした。当時はロモノーソフのそうした実験的・実用的な研究が評価された。また、彼の計画にもとづいてモスクワ大学が設立された(一七五五)。

図4　ピョートル一世のモザイク画。ロモノーソフの工房の作品。著者撮影

ロモノーソフは、アカデミー内部では極端なロシア派として知られ、敵をつくりやすい攻撃的な性格も災いして同僚から疎んじられ、後継者もなくその科学研究は死後忘れ去られてしまった。むしろアカデミーの外で、文法論・作詩理論など人文学的業績で知られ記憶された。彼の科学研究の再評価がはじまったのは、ロシアでも二〇世紀初頭のことである(11)。

ともあれ、ロシア人の自然科学系のアカデミー会員が誕生したことは、ピョートル一世が期待した自然科学研究の伝統がロシアにも定着しはじめたことを意味する。

二　大学とサンクト・ペテルブルグ高等教育の整備と専門学会

一九世紀の初め、ロシアではデルプト大学(一八〇二)、ヴィルノ大学(一八〇三)、カザン大学(一八〇四)、ハリコフ大学(一八〇四)というように相次いで大学が設立された[12]。他の西欧諸国と同じくロシアでも、一九世紀の科学研究の中心は科学アカデミーから次第に大学に移っていった。

そうした動きに先立ってサンクト・ペテルブルグでは、すでに一八世紀以来、各種の高等技術専門学校が設立されていた。鉱山学校(一七七三)、内科外科アカデミー(一七九八)、高等師範学校(一八〇四)、交通技師団高等専門学校(一八一〇)、高等技術専門学校(一八二八)、土木学校(一八三二)、林業高等専門学校(一八二九)といった具合である。このうちの高等師範学校が一八一九年に改組されてサンクト・ペテルブルグ大学が設立された[13]。

三世代のロシアの化学者たち

すでに述べたように、一九世紀には自然科学研究の中心は科学アカデミーから次第に大学に移っていった。この点を具体的に、ロシアで最初に集団的な専門研究者が育ち世界的な成果をあげた自然科学分野である化学を通してみてみよう。一九世紀半ばまでに、化学者には三つの世代を特定できる[14]。

第一世代の化学者の大部分はドイツ語圏出身者で、ロシアに招聘されて新たに大学に設立された化学講座の教授となった。当時のロシアの大学での教育水準は低く、彼ら自身も研究指向はもたず、研究するとしても地元の産業界からの依頼にもとづく実用的な研究であった。

ロシアで第一世代の化学者たちに教育された第二世代の化学者は一八三〇年代に西欧留学に派遣され、そこではじまっていた研究者養成教育の体験をして帰国した[15]。彼らは留学先で一定の研究成果をあげたが、帰国後は過重な講義負担と貧しい実験施設のために十分な研究は展開できなかった。

その代表として、ヴォスクレセンスキー(В. В. Воскресенский, 1808-83 ロシアの化学者)、ジーニン(Н. Н. Зинин, 1812?-80 ロシアの化学者)を挙げることができる。サンクト・ペテルブルグ大学を本務校としながら多くの専門学校教授を兼任したヴォスクレセンスキーは、一八四五年を最後に、それ以降まったく研究論文を発表していない。当初、カザン大学という地方大学で教えたジーニンのほうが、研究者としての寿命は長かった。

図5　ヴォスクレセンスキーの肖像画。Yu. I. ソロヴィヨフ『ロシア化学史』1985年，109頁から

ヴォスクレセンスキーのことを軽妙な調子で描写した文章が残っている。一八六四年に、『世紀(Эпоха)』という月刊誌[16]に掲載された「大学における父と子」と題する一文である[17]。筆者はアヴェールキエフ(Д. В. Аверкиев, 1836-1905 ロシアの評論家・劇作家)といい、のちに劇作家として名を知られるようになった人物である。この文章を発表した当時は、まだ二七歳であった。

アヴェールキエフは、一八五三〜五九年にペテルブルグ大学理学部に在学した。「大学における父と子」は、このときの経験をもとに書かれている。文章の前半は、理学部教官の批評である。文中では教官の名前は、伏せてある。しかし文章を読めば、明らかに一八五〇年代後半にペテルブルグ大学で講義をしていた教官のことを述べていることがわかる。そのなかに、化学教授と化学講師のことが対照的に描かれて出てくる。

アヴェールキエフによれば、化学教授の講義と講義実験は、毎年まったく同じことの繰り返しだった。化学的な説明が一字一句同じなだけでなく、洒落や講義実験の失敗まで同じだった。講義の内容は単調で、事実の羅列に終わり体系というものがない。その一方で、有機化学を講義していた若い化学講師の講義のことは、「組織的で明快なまったく科学的な説明、素晴らしい批判、諸事実から引き出される厳密で興味深い結論」というように絶賛している。

ここで描かれているのは一八五〇年代後半のペテルブルグ大学における、ヴォスクレセンスキー教授と私講師として大学で主に有機化学を講じたメンデレーエフである。

やや誇張気味なところがあるものの、二つの世代の化学者のことについて実際に講義を聴いた学生の筆によって描かれていることが貴重である。さらに、一八六四年という世間的にはまだ無名の時期にメンデレーエフのことが高く評価されているのも興味深い。

もっともヴォスクレセンスキーのことも、無能な教授としてのみ描かれているわけではない。アヴェールキエフは、ヴォスクレセンスキーによるテオブロミンの発見を、リービヒが、「［ヴォスクレセンスキー］がテオブロミンを発見したのでなく、テオブロミンが［ヴォスクレセンスキー］を発見した」といって高く評価したという話を伝えている。ヴォスクレセンスキーはギーセン大学のリービヒの研究室に留学して研究したリービヒの弟子であり、テオブロミンは彼が一八四二年にカカオの実から単離した新しいアルカロイドであった。

アヴェールキエフはさらに、ヴォスクレセンスキーの学位論文が、これまでにロシアで提出された学位論文のなかでも最良のもののひとつであるとたたえている。その学位論文はギーセン留学時代にはじめられ、サンクト・ペテルブルグで完成されたキナ酸とその誘導体についての実験的研究に関するものである（一八三八）。この研究でヴォスクレセンスキーはキナ酸の新しい単離法を案出してその組成式を確立し、さらにキナ酸から今日でいう p-ベンゾキノンを合成してそれをキノイルと命名した。

しかし一八四二年以降はヴォスクレセンスキーは論文を発表せず、化学の新しい論文や著作に目を通すことも怠っているとアヴェールキエフはいう。

このことに関連してアヴェールキエフは、次のようなエピソードを伝えている。ヴォスクレセンスキーは田舎で過ごす夏期休暇中に、一八五〇年代の化学の理論的改革をリードしたフランスの化学者ローラン(Auguste Laurent, 1808-53 フランスの化学者)、ゲルアルト(Charles Gerhardt, 1816-56 フランスの化学者)の著作[18]を読もうとしたが、町に本を忘れてきてしまう。それを田舎に送らせようとしているうちに休暇が終わり彼は町に帰ったが、本はそれと入れ違いに田舎に送られてしまった。それが何度かの休暇にわたって繰り返され、結局本は読めなかった。

エピソードの真偽のほどはわからないが、リービヒに将来を嘱望された彼が、大した研究業績もあげずに終わってしまったのはなぜだろうか。それについてアヴェールキエフは、はっきりとは何もいっていない。しかし上のエピソードは、その原因を示唆するものだと思う。ローラン、ゲルアルトの著作を読むのが、なぜ「休暇」のときなのか。原因は講義負担の過重である。ヴォスクレセンスキーはペテルブルグ大学や高等師範学校の教授を務めたばかりでなく、さらにほかに三つの学校で教えていた。それがヴォスクレセンスキーに落ちついて独自の研究を進めたり、化学の最新の発展を追ったりする十分な余裕を与えなかったのである。ヴォスクレセンスキーは、独自の実験的な研究に一歩踏み出しながら、それ以上進めなかった第二世代の化学者の典型であろう。

第二世代の化学者に学び、一八五〇年代以降に研究者として出発した世代が、第三世代の化学者といえる。彼らが本格的な活動をはじめたときに、ちょうどロシアは「大改革時代」とのちに呼ばれることになる改革期に入っていた。それは、一八五三～五六年のクリミア戦争での敗北でその後進性を再び痛感したロシア支配層が、

図６　1860年代の化学者。1867年暮から68年正月にかけてサンクト・ペテルブルグで開催された第１回ロシア自然科学者会議化学部門参加者。サンクト・ペテルブルグ国立大学付属メンデレーエフ博物館文書館所蔵の写真。もともとメンデレーエフ所有のもの

農奴解放（一八六一）を頂点とする一連の政治的・経済的および社会的改革を行なった時代である。この時期にロシアでは大学をはじめとする諸高等教育機関が整備・拡張され、そうした諸機関にポストを得た化学者たちが職業的な自覚をもち研究を重視する集団となった。こうした集団性が、ほとんど一人ですべてをやらなくてはならなかった彼らの師の世代との大きな違いであった。彼らは、自ら組織化してロシア化学会を立ち上げた。一八六八年一〇月のことである。彼らの中心は、当時、二十代、三十代のここでいう第三世代の化学者であった（八〇～八四頁を参照）。

第三世代の化学者メンデレーエフ

ここでいう第三世代の化学者の典型として、メンデレーエフ（Д. И. Менделеев, 1834-1907 ロシアの化学者）の出自と一八六九～七一年の化学元素の周期律発見までの生涯と業績についてみてみ

図7　周期律を発見した当時35歳のメンデレーエフの肖像画(1869年)。サンクト・ペテルブルグ国立大学付属メンデレーエフ博物館文書館所蔵

よう(19)。

メンデレーエフは、一八三四年、西シベリアの小都市トボリスクに生まれた。父イヴァン・パーヴロヴィチ・メンデレーエフ(一七八三～一八四七)は、サンクト・ペテルブルグの高等師範学校の一期生で、当時トボリスクのギムナジウム(大学につながる中等教育機関)の校長を務めていた。末子だったメンデレーエフ自身は、父の死後一八四九年にギムナジウムを卒業すると母と姉の一人(ほかの兄姉はすでに独立していた)とともに、トボリスクを引き払ってモスクワを経て、サンクト・ペテルブルグに出てきた。当時、ギムナジウムを卒業すると大学に進学できたが、進学できるのは学区内の大学であり、トボリスクから進学できるのはカザン大学に限られていた。母は、親族や同郷人のいないカザンを嫌ってモスクワかサンクト・ペテルブルグの大学に進学させようと運動した。メンデレーエフは最終的に、サンクト・ペテルブルグ大学ではなく、父の出身校で、どの学区からも学生を受け入れる高等師範学校(理科)に入学を許可された。ここは、授業料が無料で在学中の衣食住は制服と寄宿舎があって保証されており、しかも、サンクト・ペテ

ルブルグ大学の本館に学校が間借りしていたので、教官はサンクト・ペテルブルグ大学教授や科学アカデミー会員であった。上京後、母と姉を相次いで亡くししかも、在学中病気がちであったメンデレーエフにとっては理想的な学習環境といえ、後年の回想でも同校の教育を高く評価している[20]。

メンデレーエフは、一八五五年に最優秀の金メダルを得て同校を卒業した。この頃、すでに述べたようにロシア社会は大きな変革期に入ろうとしていた。一年ほど南ロシアのギムナジウムに赴任していたが、翌年、修士論文をサンクト・ペテルブルグ大学に提出して首都に戻り、続けて提出した講師資格論文も認められて、一八五七年一月にはサンクト・ペテルブルグ大学講師となった。さらに、一八五九年四月には二年間の西欧留学に派遣された。こうして派遣された西欧は、化学の変革期にあった。この点について少し説明しよう。

メンデレーエフの留学中、一八六〇年の九月三日から五日の三日間、フランスとの国境に近い、西南ドイツの町カールスルーエにヨーロッパ各地から化学者たちが集まってきた。その数、約一四〇人。ドイツ各地のみならず、イギリス、フランス、スウェーデン、ベルギー、オーストリア、スペイン、イタリア、ロシアなどヨーロッパの諸国から化学者が参集した史上初の国際化学者会議であった。この時期、なぜ彼らは集まったのだろうか。

化学が独立した学問分野として成り立つにあたって、もっとも重要な役割を果たしたのは、「元素」という考え方であった。古代から生活の場面で生産の場面で、さまざまな物質が使われてきた。人類は、物質の性質と変化を利用してきたのである。この物質の性質と変化を説明するのに、古くから元素の考え方が使われてきた。

元素は、最初は物質のもつ性質の担い手として、物質がそうした性質をもつことを説明するものであった。たとえば、火、空気、水、土という四元素という考え方では、火は燃えるという性質の担い手であり、空気、水、土は、気体・液体・固体という物質の三つの状態を表すものであった。さらに、すべての物質は四元素を含み、違いは含まれる割合だけであると考えられた。あるものが燃えるのはなぜかというと、その物質が四元素のうち火という元素を多く含むからだと説明されたのである。

しかし、化学技術が進歩して、物質を分解してさまざまな物質が取り出されるようになると、分解によっても、それ以上変化しないようにみえる物質を元素と呼ぼうとする実用主義的な考え方が出てくる。同じ空気でも明らかに違った種類の空気が存在するし、同じ金属でもその間の転換ができない多種類の金属が存在することが理解されるようになったのである。

こうした、分解を続けてそれ以上分解できないと思われる到達点が元素だとする新しい元素の考え方にもとづいて、一挙に三三もの元素を特定したのが、一八世紀フランスの化学者ラヴォワジエ(A. L. Lavoisier, 1743–94 フランスの化学者)であった。ラヴォワジエのいうような元素は、一八六〇年代までに六十余りに増加した。[21]

一九世紀初頭、イギリスのドルトン(J. Dalton, 1766–1844 イギリスの化学者)が、このラヴォワジエの元素にもとづく化学的原子論を提案した。物質がそれ以上分割できない粒子である原子からできているという考え方は、古代からあった。しかしドルトンの原子論は、二つの点で従来の原子論とは違っていた。まず、それまでの原子論では原子の種類は一種ないし数種と考えていたのに対し、ドルトンはラヴォワジエの元素と同じ種類だけの原子が存在すると考えた。さらに、原子の相対的な重量を、原子のもっとも基本的な性質とした。問題はどうやって、この相対重量(原子量)を決定するかである。ドルトンの提出した決定法は、きわめて恣意的なもので解決にならなかった。解決は困難でドルトンの最初の提案から半世紀たっても、さまざまな原子量の体系が並立して化学の基礎概念の混乱は続いていたが、有機化学の発展とすでに触れたフランスの化学者ローラン、ゲルアルトによる化学の改革によって事態収拾への機は熟していた。

上述の国際会議は、まさに混乱打開のために招集されたものであった。会議のもっとも重要な議題は、どの原子量体系を採用すべきかであった。単に化学者が集まって会議を開いたからといっても、ただちに化学上の混乱が収拾されるとは限らないが、会議席上での意見交換は問題点をより鮮明にして、確かに事態収拾へ向かいはじめた。

とくにイタリアから来たカニッツァーロ（Stanislao Cannizzaro, 1826–1910 イタリアの化学者）の役割は大きかった。彼は、会議終了時に原子量の体系の基本問題の解決法を説明したパンフレットを参加者に配布した。パンフレットは、会議に参加した若い化学者たちの一部に大きな影響を与えた。

そうした若い化学者の一人にロシアから参加したメンデレーエフがいたのである。当時、彼は二六歳。カールスルーエにほど近いハイデルベルグに留学していた。会議が終了してまもなく、彼は、会議の様子を伝える手紙を自分の師ヴォスクレセンスキーに書いた。カニッツァーロの新しい原子量体系を説明したその手紙は、まもなくロシアの首都サンクト・ペテルブルグの新聞に掲載された。

化学の大きな改革の動きを目にしたメンデレーエフは、この会議に出席してから半年後に帰国した。帰国先のロシア社会も、改革に揺れていた。五年前の英仏トルコとの戦争（クリミア戦争）での敗戦によって後進性が自覚されたロシアでは、のちに「大改革」と呼ばれることになる政治・社会改革が進められていた。この改革によって大学のような高等教育機関での若手の就職の機会も増え、彼らの研究環境も整備された。メンデレーエフも、一八六四年にペテルブルグ高等技術専門学校化学教授に就任し、翌一八六五年にはサンクト・ペテルブルグ大学技術化学講座助教授に任命され年内に正教授に昇進した。さらに師のヴォスクレセンスキーの転出にともない一八六七年に一般化学講座教授に転任した。メンデレーエフは、首都サンクト・ペテルブルグの高等教育機関に就職した他の若手の化学者たちとともに、研究のためのサークルをつくった。すでに述べたように彼らは、他都市の化学者たちの協力を得て、一八六八年にはロシア化学会を創立させた。学会は、研究発表のための例会を開き、ロシア語の専門化学雑誌『ロシア化学会誌』を発行した。

図8　サンクト・ペテルブルグ国立大学附属メンデレーエフ博物館文書館における メンデレーエフの書斎の復元。著者撮影

同じ頃、メンデレーエフは、大学の講義に使えるロシア語の適当な化学教科書がないといって、みずから教科書を書きはじめた。執筆上の課題のひとつは、当時知られていた六十余りの元素をいかに体系的に記述するかであった。執筆の過程でメンデレーエフは、すでに知られていた元素族(似た性質の元素のグループ)を、国際会議で聞いたカニッツァーロの原子量を使ってまとめると大部分の元素がうまく体系化できることに気がついた。それがメンデレーエフによる周期律発見の第一歩であった。設立されたばかりのロシア化学会の例会の席上で、発見についての最初の発表がなされた。

この後、一八七一年末までにメンデレーエフは、集中してこの元素分類の研究を行なう。その発表の場として彼を支えたのは、できたばかりのロシア化学会であった。例会と学会誌『ロシア化学会誌』が主たる発表媒体であった。一八七〇年末には、有名な未発見元素の詳細な性質予言を含む重

表1　ロシア化学会初期会員の年齢構成

	20代	30代	40代	50代	60代	不明	計
創立会員　(1868)	13	13	2	2	2	1	33
1869年末の会員(1869)	16	16	9	4	2	13	60

1)「創立会員」33名は，B. B. コズローフの研究(*Козлов В. В.*, Очерки истории химических обществ СССР[ソ連化学会史概説], М.: Изд. АН СССР, 1961)によって氏名の判明している者。ロシア化学会創立25周年記念集会でのメンデレーエフの発言によれば創立会員は35名だったということだが，残る2名の氏名は判明していない。
2)「1869年末の会員」とは，ロシア化学会誌第1巻に氏名が掲載されている60名である。
3)「創立会員」,「1869年末の会員」の年齢はそれぞれ1868，69年末現在の年齢である。

表2　ロシア化学会初期会員の就職先

	大学	専門学校	軍関係学校	中等学校	その他	不明
創立会員	9	16	5	2	―	1
69年末の会員	17	19	5	2	6	11

1)「大学」は，科学アカデミーのみに所属する1名を含む。
2)「専門学校」は，軍関係を除く。
3)「創立会員」,「69年末の会員」は，表1の定義と同じ。
出典：主に，表1にある化学者の伝記的記載を資料として表にまとめた。

要な論文が発表された。メンデレーエフの研究に懐疑的だった古い世代の化学者も全面的にメンデレーエフの研究を支持するようになった。翌年半ば、メンデレーエフの研究は百頁以上の長大なドイツ語論文として発表された。メンデレーエフの周期表は、この論文発表までにほぼ完成された。メンデレーエフの元素の周期律発見は、一八六〇年代の国際的な化学研究展開とロシア国内の社会の動向とロシアの化学者集団の出現という背景のなかで、メンデレーエフという人物が生み出した偉大な成果であった。メンデレーエフの研究を支えたのは、研究発表の聴衆としてのロシア化学会の存在だった。なかでも、メンデレーエフと同じ第三世代に属し、研究指向の若い化学者たちだった。

次にこのロシア化学会について少し詳しくみてみよう。

ロシア化学会の発展

表1、2は、ロシア化学会の初期会員の年齢構成と就職先をまとめたものである。この表から明らかなよ

表3 ロシア化学会の会員数の変化

年	会員数	サンクト・ペテルブルグ以外に居住する会員	企業に勤務する会員
1869	60	6	7
1879	129	34	25
1889	237	55	25
1899	293	52	38
1909	364	50	25
1917	565	58	68

注：ロシア化学会とロシア物理学会の合同によってロシア物理・化学会となった1878年以降は，この合同学会の化学部門の会員数。
出典：*Козлов В. В.*, Очерки истории химических обществ СССР［ソ連化学会史概説］, М.: Изд. АН СССР, 1958, С. 38.

表4 ロシア化学会(およびロシア物理・化学会の化学部門)の例会と報告数

年	例会数	例会での報告数
1869	9	84
1870-79	90	736
1880-89	88	804
1890-99	95	1,104
1900-09	98	1,459
1910-19	79	614

出典：同上書，63頁。

表5 『ロシア化学会誌』(および『ロシア物理・化学会誌』の化学の部)のページ数とオリジナル論文数の変遷

巻数	年	頁数	オリジナル論文数
1	1869	272	38
2-11	1870-79	3,776	493
12-21	1880-89	5,832	616
22-31	1890-99	7,675	625
32-41	1900-09	13,469	1,066
42-51	1910-19	15,510	1,190

出典：同上書，518頁。

うに、ロシア化学会の成立とその初期の活動の中心となったのは、一八五〇～六〇年代に活動をはじめ高等教育機関にポストを得た二十代、三十代の化学者である。前節でみたように、メンデレーエフもまさにそうした一人の典型例であった。メンデレーエフを含めたそうした若い化学者たちの集団的な存在がロシア化学会を最終的に成立させたといえよう。

こうして成立したロシア化学会は、これ以降、革命にいたるまでロシア化学者を統合するとともに、ロシアにおいてもっとも活発な自然科学系の学術団体として順調に発展していくことになる。その一端は、上の表に示した会員数の増加とロシア化学会の機関誌『ロシア化学会誌』での論文数の増加の様子からもうかがうことができよう。

表3から、会員数は順調に増加しているがロシア革命前には化学者は圧倒的にサン

表6　ロシアの化学教授の土地所有

生年	1801-30	31-40	41-50	51-60	61-70	71-81	計
地主	5	7	6	5	3	5	31
地主以外	7	3	11	13	6	5	45
不明	10	7	17	13	16	20	78
計	22	17	29	31	25	30	154

所有土地面積	相続	購入	計
100 以下	4	1	5
100- 500	5	2	7
500-2,000	8	1	9
2,000 以上	5	0	5
不明	5	0	5
計	27	4	31
土地所有せず			45

1）面積の単位はデシャチーナ＝1.09 ヘクタール
出典：N. M. Brooks, "The Formation of a Community of Chemists in Russia: 1700-1870," Ph.D. dissertation, Columbia University, 1988.

クト・ペテルブルグに集中し、しかも企業内の化学者は一割前後しかいなかったことがわかる。この発展は、表4と表5に示した、例会での報告数やオリジナル論文と機関誌の総頁の増加からもみることができる。

ロシアでの化学者たちの社会的出自や経済状態について検討しよう。プロソポグラフィ（prosopography、集団伝記的分析）と呼ばれる歴史の手法がある。もともと政治史分野で用いられ、のちに社会史に導入されて流行し、科学史でも一九七〇年代初頭から使われはじめたもので、歴史においてある役割を演じた集団に属する生涯を一括して調査し、共通項目について分析して、集団が共通にもつ背景の特質を特定しようとする方法論である。

アメリカの科学史家ブルックス[22]は一八〇〇〜一九一七年にロシアの全大学および代表的な高等技術専門学校の化学教授および化学技術教授であった一六八人の化学者について、このプロソポグラフィ的分析を行なった。彼は、出身階層、宗教、財産・土地所有、家族的背景、受けた中等教育などについて分析しているが、本節のテーマと関係が深いのは表6に示した化学者の土地所有についての分析である。

一六八人の化学教授のうち、一八〇一年以降に生まれたのは一五四人である。この一五四人のうち土地・財産についての情報が得られているのは、その半数の七六人についてのみであり結論は暫定的なものにならざるを得ないが、それでも分析結果は興味深い。七六人のうちなんらかの土地を所有しているのは、三一人(四〇・八%)で、このうち土地からの収入だけで辛うじて生計を営むことが可能な五〇〇デシャチーナ(五四五ヘクタール)以上の土地を所有しているのは一四人(一八・四%)に過ぎない。つまり大部分の化学者は、教授職による給与を主たる生計手段としていた職業的科学者であったといえる。

関連して示唆的なのは、一九万五六〇〇デシャチーナ(二一三二平方キロ)の土地を所有して化学教授中、最大の地主(一九〇〇〜一〇年におけるロシアにおいて一七番目の大地主)であったルギーニン(В. Ф. Лугинин, 1834-1911 ロシアの化学者)の経歴である。ルギーニンは、短期間モスクワ大学教授を務めたことがあるが、その生涯の大部分を私設実験室での研究で過ごしたロシアで珍しい「在野」の科学者であった。その研究分野も装置類に多額の費用を要する物理化学(熱化学)であった。ハリコフの近郊に一万デシャチーナ(一〇九平方キロ)に及ぶ肥沃な農地をもっていたフルシチョフ(П. Д. Хрущов, 1849-1909 ロシアの化学者)も、ルギーニンと似た経歴をもち、専攻分野も物理化学(化学熱力学)であった。彼らは、ロシアの化学者としては、例外的な存在であったといえよう。

一九世紀の欧米では研究で生計を立てる職業的科学者が登場したことが知られている。以上のようにロシアでも、他の欧米諸国とほぼ時を同じくして科学の専門化と職業化が進展し、専門的な科学教育を受けフルタイムで専門領域の仕事に従事して生計を立てる職業的科学者が集団として形成されていたといえよう。ロシアの科学も、一九世紀後半にはそうした職業的科学者たちが理論的基盤を共有しながら、国際的な科学研究領域で研究する段階に到達していたのである。

三　転換期のサンクト・ペテルブルグの科学者たち

二〇世紀初頭の転換期のサンクト・ペテルブルグにおける科学をみてみよう。この時期、サンクト・ペテルブルグは、一九〇五年の第一次ロシア革命、一九一四年からの第一次世界大戦、一九一七年の二つの革命、内戦、ソ連邦の成立と大変動を経験した。一九一七年の革命以前に教育を受け、すでに専門家として活動していた人々は、革命という体制変革のなかで、新体制のなかでどのように生きるかの選択を迫られた。それは、祖国に残るか祖国を去るかで大きく道は分かれるが、その理由は多くの場合、さまざまな偶然が積み重なったもので、二つの別々の道をとっても科学者としての考え方はそれほど大きく違わない場合が多い。ここでは、ロシア帝国からソ連にいたる戦争と革命の苛酷な時代を生きた三人の科学者イパーチエフ(В. Н. Ипатьев, 1867–1952 ロシアの化学者)とヴェルナツキー(В. И. Вернадский, 1863–1945 ロシアの鉱物学者・地球化学者)、ガモフ(Г. А. Гамов, 1904–68 ロシア出身でアメリカで活躍した物理学者)が選択した道をみてみよう。[23]

イパーチエフ——亡命した科学者[24]

高圧下での触媒反応の研究の先駆者として、また天然ゴムの構成単位であるイソプレンの合成でも有名な化学者ヴラジーミル・ニコラエヴィチ・イパーチエフの生涯は、一九世紀後半から二〇世紀前半の激動のロシア史と深く結びついている。

一八六七年、建築家の長男としてモスクワに生まれたイパーチエフは、父の勧めで軍人の道を歩んだ。陸軍幼年学校時代、化学の面白さに目覚め、モスクワの兵学校に進学してからも独学で化学の勉強を続けた。そこを卒

図9　1928年のイパーチエフの写真。V. I. クズネツォフ，A. M. マクシメンコ『ヴラジーミル・ニコラエヴィチ・イパーチエフ，1867–1952』モスクワ，1992年，74頁から

業すると、かねてからの希望どおり、軍教育のなかではもっとも高いレベルの科学・技術教育が受けられるサンクト・ペテルブルグのミハイル砲兵学校に編入を果たした。卒業後、砲兵士官として二年勤務したあとに、高等教育課程にあたるミハイル砲兵アカデミーに進学した。一八八九年、イパーチエフ二一歳のときのことである。一八九二年五月に三番の成績で卒業すると、すぐにモスクワに帰って幼なじみのバルバラ・エルマコーヴァと結婚し、八月からはサンクト・ペテルブルグにある母校のミハイル砲兵アカデミーに化学講師として勤めることになった。このとき彼はすでに大尉になっていた。

イパーチエフの最初の本格的な研究は有機化学であった。サンクト・ペテルブルグには古典的な有機構造論の提唱者のひとりであるブトレロフ（A. M. Бутлеров, 1828–86 ロシアの有機化学者）以来の伝統があって、その弟子のひとりファヴォールスキー（A. E. Фаворский, 1860–1945 ロシアの有機化学者）の指導のもとに、イパーチエフは不飽和炭化水素とくに一つの炭素が二つの二重結合をもつアレンと呼ばれる炭化水素化合物を研究した。一八九六年に、当時ミュンヘンにいたドイツの指導的な有機化学者バイヤー（A. Baeyer, 1835–1917 ドイツの有機化学者）のもとに留学し、その研究室でイソプレンの合成に成功した。

一九〇〇年以降のイパーチエフの研究の中心は、触媒反応（接触反応）に移った。そのきっかけは、金属管内のアルコールの分解反応であった。金属管の材質が分解反応に対し本質的な影響を与えることに気づき、触媒と温度の効果について詳しく検討したのである。一九〇四年からは高圧下での触媒反応の研究を開始し、圧力が触媒反応において本質的な役割を果たすことをはじめて示した。こうして一九〇〇年から一九一四年までの間に、彼は約百報の論文、三冊のモノグラフ、二冊の教科書を刊行し、彼の研究は盛期を迎えた。このため、一九一四年にはサンクト・ペテルブルグ科学アカデミーの準会員、一九一六年には正会員に選出された。この間、軍人としても順調に出世を重ね、一九〇四年には大佐、一九一〇年には少将に昇任していた。

一九一四年のロシアの第一次世界大戦参戦は、彼の化学者としての人生の転機であった。戦争で軍人イパーチエフは化学軍需物資の供給の責任者となった。TNT火薬の原料であるトルエンを石油から熱分解反応で製造する工場や爆薬の原料となる硝酸と硫酸の工場の建設を進め、その自給に成功した。一九一五年五月にドイツが東部戦線で毒ガスを使用すると、すでに砲兵中将になっていたイパーチエフはロシア側の化学戦の指導者となってガスマスクの開発と毒ガス生産を指揮した。戦争末期には彼は、化学工業の軍事動員をいかに解除し、戦後の化学工業を復興するかの検討もはじめていた。

一九一七年の二月革命によるロシアの帝政崩壊と十月革命によるボリシェヴィキ政権の成立が彼の人生に第二の転機をもたらした。革命という大きな体制の変化に対する科学者・技術者の対応はさまざまであった。一般的にいえば、帝政崩壊は歓迎するが、ボリシェヴィキ政権には反対の立場をとる科学者・技術者が多かった。ボリシェヴィキ政権側も帝政時代に教育を受けたそのエリート層たる科学者・技術者を「旧専門家」と呼び、忠誠の点から疑いの目でみていた。

第一次世界大戦のあと内戦がはじまり、ロシアがようやく復興の道を歩みだしたのは、極端な共産主義化（戦時共産主義）の政策が放棄され部分的な市場経済の復活を認めたネップ（新経済政策）が採用された一九二一年のことである。ネップ期には、「旧専門家」たちも積極的に登用されるようになった。[25] イパーチエフも、ボリシェヴィキの思想に共鳴したわけではないが、戦後の祖国の復興という立場からロシアに残った。

イパーチエフは、新政権下で新しい研究組織の設立や化学工業の復興と発展のために積極的に働いた。研究でも高圧化学の研究を続け、一九二六年には応用化学研究所内に高圧実験室が設立された。ソ連時代のイパーチエフの経歴のピークは一九二七年五月だった。この月イパーチエフの六〇歳、研究歴三五年を祝う祝賀会が催され、ソ連の主要新聞には彼の肖像と業績の紹介が掲載された。

しかし旧専門家と新政権の蜜月は短かった。一九二八年に第一次五カ年計画が開始され、一九二九年に農業の全面的な集団化が発動され大衆動員的な強力な工業化がはじめられた。それは旧専門家たちが考える技術的・社会的合理性の常識に反するもので、彼らと政府との間の距離は大きくなるばかりだった。一九二八年には、ドンバスの反革命組織の摘発という名目で多くの技術者が逮捕され、一九二九年には独立性の強かった科学アカデミー研究所の職員や研究者が多く逮捕された。そこには彼の友人、同僚、弟子たちも含まれていた。こうしたなかで、イパーチエフも祖国を捨てる決心をせざるを得なかった。一九三〇年六月一二日イパーチエフは妻とともにロシアの国境を越え、ロシアをあとにした。この出国の名目はベルリンで六月二〇日から開かれる予定であった国際電力会議への出席であったが、国際会議後も帰国することはなかった。

妻とともにロシアを出国した彼は最終的にはアメリカに渡り、シカゴ郊外にあるノースウエスタン大学教授となり、あわせて石油会社の研究所も指導して晩年を過ごした。イパーチエフは、一九五二年一一月二九日にその地で亡くなった。妻も一〇日後、あとを追うようにして亡くなった。イパーチエフの研究はアメリカでも高い評

図10　ヴェルナツキーの写真。1921年にペトログラードに帰還した頃の書斎でのヴェルナツキー。G. アクショーノフ『ヴェルナツキー』モスクワ，2001年から

価を受けていたが、夫妻はいつでも帰国できるよう家もアパートも買うことなく、死ぬまでホテル暮らしを続けていたという。

ヴェルナツキー――祖国に残った科学者(26)

ヴェルナツキーは、一八六三年にサンクト・ペテルブルグに生まれた。一八八一年にサンクト・ペテルブルグ大学理学部に入学し、大学でとくに土壌学の創始者ドクチャーエフ(B. B. Докучаев, 1846–1903 ロシアの土壌学者)の指導を受け、土壌学・鉱物学・結晶学から出発し、一九一〇年代、二〇年代に、アメリカのクラーク(F. W. Clarke, 1847–1931 アメリカの地球化学者)やノルウェーのV・M・ゴルトシュミット(V. M. Goldschmidt, 1888–1947 ノルウェーの岩石・地球化学・結晶化学者)らの研究とともに、化学的手段によって地球全体を対象とする「地球化学」という新しい科学分野の確立に貢献した。

ヴェルナツキーは、一八九〇年から一九一一年までモスクワ大学の鉱物学と結晶学の教授を務めたが、

大学当局の反動的な政策に抗議して多くの教授たちとともに辞任したあとは、科学アカデミーの会員としてサンクト・ペテルブルグに戻った。

ヴェルナツキーは科学研究だけでなく、大学時代の友人の影響もあって意識ある知識人（インテリゲンツィア）として社会運動にも関わった。彼らは、教養ある社会層による文化的な進化が社会に秩序ある望ましい政治的変化をもたらすと信じていた。一九〇五年の第一次ロシア革命後に開設された第一国会で第一党になる自由主義政党「カデット（立憲民主党）」の設立にヴェルナツキーは参加し、一九〇八〜一八年にはその中央委員を務めた。

一九一四年にはじまった第一次世界大戦は、軍人の作戦行動よりも銃後の生産力が決定的な意義をもつ総力戦という新しい形態の戦争であり、各国で科学者を含め全国民が動員された。軍人でもあったイパーチエフは軍事科学に直接関わったが、ヴェルナツキーらは、開戦の翌一九一五年、大戦による輸入途絶からくる原料枯渇に対処するためにロシア天然生産力調査委員会を科学アカデミーのもとに結成し国家の戦争遂行に協力した。

しかし、帝政政府は、総力戦の負担に耐えきれず、一九一七年二月に倒壊してしまった。すでに述べたように、かわって設立されたブルジョワ的な臨時政府を多くの科学者たちは歓迎した。臨時政府に参加したカデットの中央委員であったヴェルナツキーも、この政府のもとで文部次官を務めた。

しかし、そのあとの同じ年のボリシェヴィキによる十月革命には、ヴェルナツキーを含め科学者の多数派は反対した。そのためヴェルナツキーも親族の多いウクライナに移り、ウクライナ科学アカデミー創設に関与し初代総裁に選出された。ウクライナの首都キエフが赤軍の手に落ちると南のクリミア半島まで逃れ、その地につくられたタヴリーダ大学（当初はキエフ大学の分校として発足しのちに独立）の学長となった。歴史学者になった息子ゲオルギー（Г. В. Вернадский, 1887–1973 ロシア出身でアメリカで活躍したロシア史家）[27]は亡命するが、ヴェルナツキーはタヴリーダ大学の学生たちの要望もあってロシアの地にとどまった。

内戦が終結した一九二一年、彼はペトログラード（一九一四年にサンクト・ペテルブルグから改称）に戻った。この時期、しばしば長期に国外滞在（主としてフランス）しながらも、ヴェルナツキーは新政権に協力の度合いを強めていった。ヴェルナツキーは「長期出張」の間、生物地球化学という新構想の研究計画に協力する機関を探したが、すでに六十代になろうとしていた老研究者の新しい研究プロジェクトに資金提供しようという外国の研究機関は現れなかった。かえって、有名な研究者を祖国に引き留めておくことにメリットを感じていた当時のソ連政府が、彼に研究の場を提供したのでヴェルナツキーは帰国した。

一九二九年には、独立性の強かった科学アカデミーに対して新会員の選挙を通じて党員ないし党に近い専門家たちのアカデミーへの浸透を図り、また多くの科学アカデミー研究所職員が逮捕・解雇され、科学アカデミーの「ボリシェヴィキ化」が図られた。ヴェルナツキーはこうした動きに対して批判的態度を貫いたが、研究グループのなかから粛清の犠牲者を出したものの、彼自身は学問的功績と国際的名声、老齢ゆえに粛清されることはなかった。こうした状況下で、彼の思索はますます哲学的傾向を強めていった。

彼が亡くなったのは、第二次世界大戦の末期、モスクワの自宅で脳出血に倒れてから二週間後、一九四五年一月六日のことである。息子が、父をアメリカに招待しようと準備している最中だった。

ガモフの場合——新世代の物理学者(28)

帝政時代のロシアにおいては、化学に比べ物理学の研究はふるわなかった。ソ連時代になって大きな学問的成長をしたのは物理学だった。その時代に物理学者としての訓練を受け頭角を現し、しかし亡命した物理学者にガモフがいる。

ジョージ・ガモフは、後半生はアメリカで活躍したので、彼がロシア生まれであったことは意外に知られてい

図11　1934年コペンハーゲンでのガモフ。George Gamow, *My World Line: an informal autobiography*, New York: Viking Press, 1970, p. 132 から。前列左からボーア，ハイゼンベルク，パウリ，ガモフ，ランダウ。20世紀を代表する物理学者たちが並んでいる。

ない。『不思議の国のトムキンス』という本を読んだことがあるだろうか。銀行員のトムキンス氏が夢の中で、光の速度が一時間二〇キロメートルであったり、万有引力定数が一〇〇万倍も大きかったりするような通常の物理定数が極端に変化した世界を体験するという物語である。一九三九年に発表されたこの本は、日本語にも翻訳されて多くの読者を獲得した。[29]ガモフはこのロングセラーの著者である。宇宙の起源についてのビックバンの最初の提唱者としても有名な彼の名前を、多くの人はこの種の科学通俗本の著者として知ったのではないだろうか。二〇冊にのぼる彼の科学の解説書はいずれも日本語に訳されており、日本ではそれらを集めたガモフ全集さえ発行されている。

三〇歳で国を出た彼は、当のロシアでも長く無視されてきた。本国で、ガモフについて本格的に紹介されたのは一九八九年のことである。一九六八年に亡くなったガモフの自伝は一九七〇年にアメリカで出版され、翌年にはすでに邦訳が出ている。しかし、ロシア語訳が出版されたのは一九九四年と最近のことである。しかし、若きガモフが祖国で無名の存在であったわけではない。

ジョージ・ガモフ（ロシア名はゲオルギー・アントーノヴィチ・ガーモフ）は、一九〇四年、ウクライナの港町オデッサに学校教師の一人息子として生まれた。父は中等学校のロシア語と文学の教師、母も歴史と地理の教師だった。[30] ガモフは一九二〇年に中等学校を卒業すると地元のノヴォ・ロシア大学に入学した。この間に一九〇五年の第一次ロシア革命、一九一七年のロシア革命を経て時代は大きく変わっていったが、ガモフの学業は妨げられることはなかった。物理学を志した彼は、一九二二年夏、当時のロシアの物理学研究の中心地ペトログラードのペトログラード大学に転学した。

当時のペトログラード（転学まもない一九二四年にレニングラードと名前を替えた）の雰囲気は、ガモフがまさにもとめていたものだった。たとえば、のちに一般相対性理論にもとづく宇宙のモデルで有名になるフリードマン（А. А. Фридман, 1888–1925 ロシアの理論物理学者）の大学での理論物理学の講義は、ガモフに深い感銘を与えた。革命後に新設された物理系の研究所では、指導的な物理学者が多くの若手研究者を集めて独自のセミナーを主宰していた。物理工学研究所のヨッフェ（А. Ф. Иоффе, 1880–1960 ロシア・ソ連の物理学者）や国立光学研究所のロジェストヴェンスキー（Д. С. Рождественский, 1876–1940 ロシア・ソ連の物理学者）などがそうした物理学者の代表で、後者がガモフの物理学の指導教官となった。

おりしも物理学は、相対性理論と量子力学の発展による革命的な変化の時代を迎えていた。量子力学が定式化されたのは一九二七年のことであることを思い出そう。この転換期にあっては教授も学生もなかった。ロシアでも、物理学のそうした変化を背景に革命政府による科学重視策にも助けられて、若手の物理学者が育っていった。ガモフはこの新世代の旗手の一人であった。

当時のガモフを友人のひとりは、「長身で(一九四センチもあった)、カナリアのような高い声で話し、ド近眼で、絵がうまくて似顔絵などすらすらと描いた」と述べている。ガモフらは理論物理学をめざす若手のグループをつくった。当時ソ連でもはやったジャズにひっかけてグループは「ジャズ・バンド」と呼ばれた。その中心は、ガモフに、ウクライナ出身のイヴァネンコ(Д. Д. Иваненко, 1904–94 ソ連の物理学者)、アゼルバイジャンのバクー出身でユダヤ系のランダウ(Л. Д. Ландау, 1908–68 ソ連の理論物理学者)を合わせた三人で、たわむれに「三銃士」を名乗った。イヴァネンコとランダウはのちに、ともにロシアを代表する理論物理学者として大成することになる。(31)

一九二五年に大学院に進学したガモフであったが、その才能を周辺で高く評価されながらもなかなか具体的な成果は出なかった。転機は一九二八年六月から四カ月のドイツのゲッティンゲン大学への留学の際に訪れた。留学は彼にとって最後のチャンスといえた。この留学でなんらかの成果をあげなければ、学究としての道は閉ざされていたかもしれない。レニングラードの仲間から離れ生活の心配からも解放されて、当時の理論物理学研究のメッカのひとつで「孤独」に研究に専念できたことがガモフに最初の大きな発見の機会を与えた。六月の初旬ゲッティンゲンに到着したガモフは早くも六月二九日には放射性原子核からアルファ粒子(放射線の一種でヘリウム原子核の流れ)が放出される機構を量子力学(波動力学)のトンネル効果によって説明する論文を書き上げていた。論文は八月二日付けで受理された。量子力学の確立期にふさわしいこの独創的で画期的な研究によって当時の理論物理学の指導的な科学者ボーア(Niels Bohr, 1885–1962 デンマークの理論物理学者)に認められ、コペンハーゲンの彼の研究所で研究を続けることができた。一九二九年の春から夏にかけての祖国への一時帰国ではガモフは大歓迎された。当時のソ連のマスコミは「労働者階級の子弟が世界でもっとも小さな機構である原子核のしくみを説明した」と書き立て、主要紙『プラウダ』にはガモフをたたえる詩さえ載った。

しかし再び留学しロックフェラー財団の奨学生としてケンブリッジ大学とボーアの研究所で研究したのち、一九三一年に再帰国したときには、祖国の状況は大きく変化していた。一九二九年にはじまった急激な工業化路線は、国民を動員するための不合理ともいえる熱狂をともなうものだった。文化的には急速にイデオロギー的な締めつけが強まり、国際交流も閉ざされていった。国際的な物理学者のコミュニティーのなかで研究を続けてきたガモフにはそれは受け入れがたいことだった。一九三二年にソ連科学アカデミーの最年少の通信会員（準会員）に選出されたことも事態を好転することにはつながらなかった。

一九三三年一〇月にブリュッセルで開かれた原子核に関する第七回ソルヴェイ会議に出席のために妻とともに出国したのち、結局帰ることはなく、後半生をアメリカで大学教授として過ごすことになった。一九三八年には「未帰国者」として科学アカデミーを除名された。そののちガモフの名前はソ連ではタブーとなった。科学アカデミーの籍が復活されたのはソ連末期の一九九〇年のことである。

四　その後――科学アカデミー体制(32)

一九一七年の十月革命によって成立したボリシェヴィキ政権は、基本的には科学・技術推進の立場をとった。彼らは、旧来の体制にはとらわれない新しい科学研究体制を模索した。一九二〇年代、科学技術政策担当者や科学アカデミー所属の指導的な科学者たちは、新科学体制のモデルをもとめて当時の各国の科学技術体制を視察してまわった。もっとも参考とされたのは、一九一一年に設立されたドイツのカイザー・ヴィルヘルム協会であった。ドイツの協会は、一九世紀にドイツでの科学研究の繁栄に大きく貢献したドイツの大学のあり方への危機感から設立された。すなわち、教育と研究の緊密な結合というヴィルヘルム・フォン・フンボルト（Karl Wilhelm von Humboldt, 1767-1835 プロイセンの政治家・人文学者）の理想から出発したドイツの近代大学は、一九世紀にはドイツを科学研究の世界的な中心地にするのに多大の貢献をした。しかし、一九世紀も末になると増加する学生に応えるための教育負担の増大から、大学での研究は大幅に停滞しているとみなされるようになったのである。このため、才能ある指導的な科学者を新設の研究所の所長として、自由なテーマで研究に専念させようというのが協会の趣旨であった。もちろん教育義務はない。このように研究のためにあらためて教育と研究の分離が図られた。

ソ連でもこの協会をモデルとしながら、ドイツとはまったく別の理由から教育と研究が分離されることになった。一九二〇年代のロシアで、主として大学で研究と教育の中心にいたのは、革命前からの科学者たち（「旧専門家」）であった。彼らは必ずしも新政権に対して友好的であったわけではない。政権担当者は、革命前の古い「ブルジョア的な」価値観が伝わることがないように旧専門家を新世代の教育から引き離し、同時にその専門性を利用するために研究に専念させようとした。そうした研究の場として科学アカデミーが利用された。ヨーロッパでは一七―一八世紀に創立された科学アカデミーはすでに名誉機関となり、研究の中心は大学に移っていた。ソ連ではこれに対して、科学アカデミーがむしろ強化され科学研究の中心に位置づけられることになった。ソ連は、ヨーロッパ諸国のなかで科学アカデミーが科学研究の中心としてとどまった唯一の国となったのである（このシステムは戦後、東ヨーロッパや中国などがソ連圏に加えられるとそれらの国々にも導入された）。一方、大学における研究の比重はきわめて小さなものになった。大学にも研究施設や附属研究所は存在したが、大学は基本的には教育機関として位置づけられた。科学アカデミーの会員が大学で教えることはあったし、科学アカデミー内の大学院制度によって研究者養成が図られたが、研究と教育の分離の程度は、他の先進諸国に比べ大きかった。

また、ソ連の政治指導部は、技術革新に対する競争の効果を過小評価し、「無駄な」研究競争の排除のために、それぞれの現場に研究所をつくるのでなく（資本主義国でいえば企業内研究所にあたる）、モスクワをはじめとする中心的な都市に大規模な中央研究所をつくった。当初、これは研究体制の合理化のために導入されたものであったが、これは研究と生産の分離につながり、ソ連の産業の技術革新を遅らせることになった。
ソ連では以上のような理由から、科学アカデミーないし各省庁に所属する科学研究所が多数設立されて科学研究の中心になった。こうして一九三〇年代に教育中心の大学、基礎研究中心の科学アカデミー、応用研究中心の各省庁の研究所という体制が確立し、その後のソ連ではこの基本は変わることなく、その量的な拡大が進められた。

こうしてピョートル一世がつくった科学アカデミーは、ますます科学研究の中心としての役割を大きくしていった。一九三四年、この機関がモスクワに移転したとき、科学研究の一極中心としてのサンクト・ペテルブルグの役割は終わった。

サンクト・ペテルブルグは、このあと一九三〇年代の大粛清、第二次世界大戦（独ソ戦、とくにレニングラード包囲戦）という苛酷な試練を経験し、重要な科学研究都市としての地位は維持するがその特出した地位は失われた。しかし、ロシア各地に重要な研究拠点がつくられ、「水路なしの水車」にたとえられたピョートル一世の科学アカデミーは水路がはりめぐらされた一大研究ネットワークに成長した。ピョートルの夢は実現したのである。

（1）　ロシアでは、ピョートル一世時代に導入されたユリウス暦（いわゆる露暦）が一九一八年まで使われた（ロシア正教会ではいまでも使われている）。本章でも日付は、一九一八年までは露暦による。現行のグレゴリオ暦に換算するには、一九世紀には一二日を二〇世紀には一三日を加算する。

（2）　Loren R. Graham, *Science in Russia and the Soviet Union: A Short History* (Cambridge University Press, 1993), p. 17.

（3）　Энциклопедический словарь, том 33, Репринтное воспроизведение издания Ф. А. Брокгауза-И. А. Ефрона 1890г., Терра, 1991. С. 30.

（4）　前掲（2）Graham, p. 31.

（5）当初、ヴァシリエフスキー島のルター派スモレンスキー墓地に埋葬されたが、生誕二五〇周年にあたる一九五七年にアレクサンドル・ネフスキー修道院の一八世紀の墓地にあるロモノーソフの墓の近くに改葬された。
（6）エーミール・アルフレート・フェルマン、山本敦之訳『オイラー：その生涯と業績』シュプリンガー・フェアラーク東京、二〇〇二年。
（7）ロシア語のロモノーソフの伝記は非常に多いが日本語のものはない。ここでは、英語だが入門として手軽な前掲(2)Graham, pp. 20-27, 263 (n. 22) を挙げておく。
（8）ピョートル一世の前のツァーリであるフョードル三世の一六八二年の特許状にもとづいて、ロシア正教会によって一六八七年に設立されたロシア最初の高等教育機関。一八一四年にモスクワ北郊のセルゲエフ・ポサードに移転した。現在もモスクワ神学アカデミーとしてロシア正教の最高学府の地位を保っている。
（9）当時は、アカデミー附属大学におけるロシア人の学生はいつも不足していたので、ラテン語を習得したロモノーソフらは願ってもない人材だった。
（10）粒子哲学というのは、自然界が粒子からなると考えて、そうした粒子の形、大きさ、力学的運動だけからすべての自然現象を説明しようとする自然観である。
（11）はじめてロモノーソフの化学や物理学に関する基本的な著作が出版されたのは、一九〇四年のことで、化学者で化学史家でもあったВ・И・メンシュートキンによる。*Меншуткин Б. Н.* М. В. Ломоносов как физико-химик［物理学者・化学者としてのロモノーソフ］, СПб., 1904.
（12）ヴィルノ(ヴィリニュス)大学は、一五七〇年にイエズス会によって設けられた学校を出発点とする。一八〇三年四月四日に大学に昇格したが、一八三〇年のポーランド反乱の拠点のひとつになったとして一八三二年五月一日に閉鎖になり、かわって、一八三三年一一月八日、キエフ大学(聖ヴラジミール大学)が創立された。
（13）高等師範学校は一八二九年に新たに再開校された。すでに述べたようにサンクト・ペテルブルグには科学アカデミーの開設時に設けられた附属大学があり、これをサンクト・ペテルブルク大学の歴史家はみずからの大学の起源としており、大学の創立年について近年論争となっている。ここでは、そうした論争には立ち入らず、従来の通説に従って一八一九年をサンクト・ペテルブルク大学の創立年としておく。
（14）梶雅範『メンデレーエフの周期律発見』北海道大学図書刊行会、一九九七年、三〇―五六頁。また *Соловьев Ю. И.* Ист-

ория химии в России [ロシア化学史], М.: Наука, 1985も参照。

(15) ギーセン大学のリービヒ(Justus Liebig, 1803–73)を代表とする。リービヒのもとには、ロシアから一八三六～五〇年の間に一三人の留学生が学んでいる(William H. Brock, *Justus von Liebig* (Cambridge University Press, 1997), p. 64)。そのなかには、本章でも触れるヴォスクレセンスキー、ジーニンも含まれる。

(16) この雑誌は、短命であったが(一八六四年三月～六五年三月)、ドストエフスキー兄弟(Михаил Михайлович Достоеский, 1820–64; Федор Михайлович Достоевский, 1821–81 弟のほうが有名な作家のドストエフスキーである)が、編集・発行したものとして(発行中に兄は死去)、ロシア文学史上名高い。ドストエフスキー文学の転機となった作品といわれる『地下室の手記』は、この雑誌が初出である。

(17) *Аверкиев Д.* Университетские отцы и дети // Эпоха (1-2), 325–349 (1864); (3), 301–324 (1864). この題名自体は、一八六二年に発表されて大評判となった、ツルゲーネフ(И. С. Тургенев, 1818–83)の小説『父と子』からとったものであることはいうまでもない。この部分の記述は、梶『メンデレーエフの周期律発見』四二―四六頁を改稿したものである。

(18) 彼らの業績については、Alan J. Rocke, *Chemical Atomism in the Nineteenth Century: From Dalton to Cannizzaro* (Ohio State University Press, 1984), pp. 191–214を参照のこと。

(19) 詳しくは、梶『メンデレーエフの周期律発見』を参照のこと。

(20) ただし、寄宿制のために細かく生活が規制されており、同じころ同校の文科の学生だった文学者ドブロリューボフ(Н. А. Добролюбов, 1836–61)は、兵舎のような同校の学生管理体制を徹底的に批判している。なおメンデレーエフの化学の師となったヴォスクレセンスキーも、高等師範学校の出身で、同校がサンクト・ペテルブルグ大学に改組されて一時閉校されたあとに再開校されたときの第一期生(一八二九年入学)である。

(21) 熱素や光素のように一部は否定されたものや、ラヴォワジエが元素とみなしたものがさらに複数の元素に分けられることもあった。

(22) N. M. Brooks, "The Formation of a Community of Chemists in Russia: 1700–1870," Ph.D. dissertation, Columbia University, 1988.

(23) 八四～九四頁の記述は、以下の拙稿を改稿したものである。「イパーチエフ：祖国の運命に翻弄された化学者」『科学技術ジャーナル』第六巻第六号、通巻六三号、三〇―三一、一九九七年六月号、「ヴェルナツキー：科学者と国家」『Science &

Technology Journal』第一〇巻第一二号、通巻一一七号、四六―四七、二〇〇一年一二月号、「ロシア時代のガモフ：草創期のソ連物理学」『科学技術ジャーナル』第六巻第一〇号、通巻六七号、三〇―三一、一九九七年一〇月号。

（24） イパーチエフについては、*Кузнецов В. И. Максименко А. М.* Владимир Николаевич Ипатьев, 1867–1952, М.: Наука, 1992 および彼の自伝 *Ипатьев В. И.* Жизнь одного химика: Воспоминания [Издание автора], том 1-2, Нью Йорк, 1945（英訳 *The Life of A Chemist: Memoirs of Vladimir N. Ipatieff*, Stanford University Press, 1946）を参照のこと。

（25） 中嶋毅『テクノクラートと革命権力：ソヴィエト技術政策史 1917–1929』岩波書店、一九九九年は、転換期における「旧専門家」のなかでも技術者とボリシェヴィキ政権との関係の変化について、詳しく分析している。

（26） ヴェルナツキーの伝記は多いが、とくにここでは、*Аксенов Г. П.* Вернадский (Жизнь замечат. людей; Сер. биогр.; Вып. 800), М.: Молодая гвардия, 2001; *Мочалов И. И.* Владимир Иванович Вернадский (1863–1945), М.: Наука, 1982; Kendall E. Bailes, *Science and Russian Culture in an Age of Revolutions: V. I. Vernadsky and His Scientific School, 1863–1945* (Bloomington and Indianapolis: Indiana University Press, 1990) の三冊を挙げておく。

（27） ゲオルギー・ヴェルナツキーは、プラハを経由して一九二七年にアメリカに渡った。紆余曲折の末、一九四六年にイェール大学教授になった。*Болховитинов Н. Н.* Жизнь и деятельность Г. В. Вернадского (1887–1973) и его архив, Slavic Research Center Occaional Papers No. 83, Sapporo: Slavic Research Center, Hokkaido University, 2002.

（28） ガモフについては、*Лисневский Ю. И.* Георгий Антонович Гамов. Жизнь в России и СССР // Вопросы истории естествознания и техники №1, 48–55 (1989); *Френкель В. Я., Чернин А. Д.* Возвращается Г. А. Гамов // Природа, 1989, №9, 82–102 および自伝 George Gamow, *My World Line: an informal autobiography* (New York: Viking Press, 1970)（邦訳は『わが世界線＝ガモフ自伝』鎮目恭夫訳、白揚社、一九七一年。また露訳もある *Гамов Дж.* Моя мировая линия: Неформальная автобиография, Пер. с англ., М.: Наука, Гл. ред. физ.-мат. лит., 1994）を参照。

（29） G. A. Gamow, *Mr. Tompkins in Wonderland; or, Stories of c, G, and h. Illustrated by John Hookham* (Cambridge University Press, 1939). 邦訳は『不思議の国のトムキンス』、一九四二年に伏見康治・山崎純平訳で出され、戦後は白揚社から出され長く読まれた。さらに最近、有名なサイエンス・ライターによる改訂版が出された（G. A. Gamov, R. Stannard, *The New World of Mr. Tompkins* (Cambridge University Press, 1999)；邦訳『不思議宇宙のトムキンス』（青木薫訳）、白揚社、二〇〇一年）。

(30)　トロツキー（Л. Д. Троцкий（本名はБронштейн），1879-1940　ロシア、ソ連の革命家・政治家）は、ガモフの父にオデッサの中学校（聖パウロ実科学校）で文学を習っている。トロツキーは、彼をいいかげんで怠惰な教師として描いている。トロツキー『わが生涯』森田成也訳、岩波文庫、岩波書店、二〇〇〇―二〇〇一年、（上）、一六四―一六七頁。
(31)　ランダウは一九六二年にノーベル物理学賞を受賞した。
(32)　前掲（2）Graham, pp. 173-196 参照。

革命の時代のペテルブルグ／ペトログラード

土屋好古

はじめに

ロシアは二〇世紀初頭に三度革命と呼ばれる事件を経験した。それは一九〇五年のいわゆる第一次革命と、一九一七年の二月革命、十月革命である。これらはいずれもペテルブルグ（ペトログラード）が発火点となった。その意味で、ロシア帝国の首都であり、第一の工業都市でもあったペテルブルグはまた革命の街であり、したがってソ連建国の父であったレーニン死後その名を冠してレニングラードと改名されたのも当然ともいえることであった。本章では、まず革命の時代の前提となったペテルブルグの発展と第一次世界大戦の影響に触れ、そのうえでこの都市空間と革命がどのように結びついていたのかを描いてみたい。

一　ペテルブルグの近代化

人口

一八九〇年代ロシアは蔵相ヴィッテのもと、鉄道建設を動輪として急激な工業発展を遂げたが、都市ペテルブルグも一八九〇年以降急速に成長した。二〇世紀に入ってからの人口推移は次の表1に示すような状況であった。一八九〇年代半ばから自然増加が常態となりはじめたが、しかし一八七〇年から一九一四年の時期には移住が人口増加の五分の四以上を占めていた。[1]こうした成長によって、第一次世界大戦前（一九一〇／一一年）の段階でペテルブルグは、ロンドン、パリ、ベルリン、ウィーンにつぐヨーロッパ有数の大都市になっていた。[2]

移住者の多くを占めたのは二〇歳から四〇歳の男性、つまり労働人口において中核的な年齢層の人々であった。

表１　ペテルブルグにおける人口の推移

年	人口	出生	死亡	自然増加	人口増加	1900年比
1900	1,418,000	43,300	36,520	6,780	——	100
1901	1,461,600	43,669	36,414	7,255	43,600	103.3
1902	1,503,200	46,906	34,342	12,564	41,600	106.3
1903	1,545,900	47,191	38,467	8,724	42,700	109.3
1904	1,589,900	49,128	39,169	9,959	44,000	112.4
1905	1,635,100	49,177	42,935	6,242	46,800	115.6
1906	1,681,600	51,156	43,718	7,438	45,500	118.8
1907	1,729,500	57,304	44,232	13,072	47,900	122.4
1908	1,778,600	54,497	52,370	2,127	49,100	125.8
1909	1,829,200	55,916	46,724	9,192	48,600	129.0
1910	1,881,300	56,230	46,969	9,261	52,100	132.8
1911	1,950,300	56,966	41,635	15,331	69,000	137.6
1912	2,035,600	56,099	45,957	10,142	85,300	143.5
1913	2,124,600	56,155	45,446	10,709	107,000	151.0
1914	2,217,500	55,460	47,597	7,863	74,900	156.5
1915	2,314,500	51,956	52,866	−910	97,000	162.5
1916	2,415,700	46,188	55,980	−9,792	101,200	170.0
1917	2,420,000	38,700	61,000	−22,300	104,300	171.0

出典：Очерки истории Ленинграда. Т. 3, (М.-Л., 1956), С. 105.

その結果都市の人口構造は歪んだものになった。女性は、とくに世紀転換期以降移住現象においてより重要な役割を果たすようになったが、それでも一九一四年の時点で男性のほうが女性よりも多かった(3)。

一九〇〇年ペテルブルグ住民約一四〇万人のうち、同市生まれの者は三二％であり、一九一〇年でもその比率はほぼ同じであった。ほとんどの移民は最近到着した者たちで、男性が優勢で、農民が圧倒的に他の身分を凌駕していた（以下で農民と記すのは、「農民身分」のことである）。またこの大量の移民の多くが市に永続的に根づいたわけではなかった。一九〇〇年にペテルブルグに五年以下しか住んでいない移民の数は、四一万四九五一人であった。このグループは、一九一〇年の数値では一一年から一五年の居住として出現するが、その数は四一万四九五一人から一四万三五九一人に減少していた。この移民のカテゴリー

表2　1909-12年ペテルブルグ・モスクワにおける住居の連続性と移動——1,500人のサンプル調査

	同住所		別住所		リストなし	
	数	%	数	%	数	%
ペテルブルグ	553	36.9	448	29.9	499	33.2
モスクワ	484	32.3	359	23.9	657	43.8

出典：Bater, “St. Petersburg and Moscow on the Eve of Revolution”, p. 48.

の約六五％が一九〇〇年から一九一〇年の間に市を離れるか死亡したことになる。移民の通常の年齢を考えると、ほとんどが首都を離れた可能性が高い。

さらに一九〇〇年に五年以下しか市に住んでいなかった農民の数と、一九一〇年に一一年から一五年居住していた農民の数を比較すると、約三二万五〇〇〇人から一一万五三〇〇人へと減少している。つまりこの場合もまた約六五％がペテルブルグを離れるか、死亡したことになる。「町人身分（メシチャーニン、以下町人）」は一九一〇年全住民の一五・五％を占めていて、より都市志向的で、行動において農民ほどうつろいやすくなかったが、それでも半分以上は首都への移住者であった。農民に用いられたのと同じ手続きをとると、一八九六年から一九〇〇年に首都に来た町人の六〇％近くが、一九一〇年にはもはや住んでいなかった。つまり、農民よりも町人のほうが地元生まれの率は高かったが、明らかにこの身分もまた移行的な分子をもっていた。住民の移住は決して下層階級に限られなかったのである。別のデータでこれを確認しよう。

一九〇九年の市の住所氏名録（そこに掲載されているのは住民のなかでより安定的な分子だと想定される）から引き出された男性一五〇〇人を一九一二年の版で追跡すると、約三分の一は後者では確認できない。ペテルブルグのサンプルは市を離れるか死亡したようであるが、このような短期間に非常に多くが死亡することはなさそうである。もちろん単純にこの住所録から除かれた可能性もあるが、これはそれほど大きな数ではないと考えられる。つまりより安定的だと想定される住民の間でも、移動は深く染み込んだ習慣であった。さらに追跡できた人々の間でも、ある住所から別の住所への移動が一般的であった。表2がそれを示している。ペテルブルグの住民は全体として、かなりの流動性をもっていたとい

えよう。

労働力

さて上記人口推移の表において、一九一〇年のペテルブルグにおける人口はおよそ一八八万人であるが、そのうち雇用労働力はおよそ七五万人であった。雇用労働力のなかでは製造業・建設業労働者と家僕がもっとも多く、それぞれ約三二％、三五％を占めていた(4)。工場労働者とそれ以外の勤労者の数を比較すれば、後者のほうがはるかに多かったのだが(5)、工場労働者は一九世紀後半以降革命運動の宣伝と煽動、組織化の対象としての経験を有していた。そのことがのちに述べるような革命時における状況をもたらしたのである。表3は、ペテルブルグ製造業の構造を示すものであるが、ここからさらにペテルブルグでは金属産業の役割が重要であったことをみてとることができるだろう。

表3　1913年のペテルブルグ産業構造

産業	企業数	%	雇用者数	%
金属	284	29.7	77,816	40.0
化学	89	9.3	16,446	8.5
食品・タバコ	100	10.5	20,528	10.5
皮革・獣脂	49	5.1	8,455	4.3
製紙・印刷	312	32.6	23,230	11.9
繊維	86	9.0	43,931	22.6
その他	36	3.8	4,178	2.2
計	956	100.0	194,584	100.0

出典：Bater, “St. Petersburg and Moscow on the Eve of Revolution”, p. 37.

労働力の性質という点についていえば、上述の人口流動性から、しばしばロシアの労働者が基幹的な階級を形成していたのか、あるいは農村との強いつながりを保ち続けた人々であったのかが議論されてきた。この問題についていまだ明確な結論は出ておらず、ここでそれを詳細に論じる余裕もないが、ペテルブルグの労働者に関しては農村とのつながりは希薄化していた、その意味で基幹的労働者階級が形成されていたか、少なくとも形成されつつあったとみる傾向が強いように思われる。たとえば、一九〇五年革命期のペテルブルグ労働者を研究したスーは、ペテルブルグがロシアの労働力全体に特徴的とされる種類の農民的労働者を生み出した条件とはまったく異なる状況にある、と指摘している。その特徴のひとつが、ペテルブルグへの出稼ぎの距離の大きさであった。一九〇〇年にペテルブルグに居住する農民のうち、トヴェーリ県に登録地をもつ者が一九％、ヤロスラヴリ県に登録地をもつ者が一二・六％で、もっとも多く、それにつぐのはペテルブルグ県の九・七％、ノヴゴロド県の八・一％であった。トヴェーリ、ヤロスラヴリ両県はペテルブルグの隣県ではなく、モスクワに近い地域である。スーは、長距離の移民とペテルブルグの労働力需要が、季節で農村と工場を往復するようなタイプの労働者とは異なった特徴を、ペテルブルグの労働者に与えていたと考えている。(6)

またエコノマキスは、トヴェーリ県とヤロスラヴリ県の移民を比較して、前者が工場労働者を多く供給していたのに対して、後者は商業従事者を多く出していたこと、前者の出稼ぎは組織されたものではなく、個別的な移民が多数であったこと、ペテルブルグでの稼ぎも農村の世帯を支えるものではなく通常は自分が家を離れて生きていくために消費されたこと、などを明らかにした。(7) また農村とのつながりの証拠となる既婚者の性別アンバランスについても、それは工業労働者よりもむしろ不釣合いに男性を吸引する職業に起因する可能性があるとして、一八九七年辻馬車御者の七二％が既婚であったがそのうち家族と同居していたのは一％以下であったのに対して、工業労働者は既婚率が高いわけではないが、既婚印刷労働者の三八・二％、同金属労働者の三〇・九％、同化学労働者の二八・五％が家族と同居していたことを指摘している。(8) 実際一九一〇年においてもっとも男性人口比率の高かったのは、工場労働者の多い地区ではなく中心部に近いスパスカヤ地区第三区であった。(9)

住環境

急激な人口増加などは、ペテルブルグの都市環境に大きく影響した。たとえば、住宅事情についてみてみると、一八九〇年代の半ばになってようやく人口増大に対応した新しい建物が完成しはじめ、高層建築も一般化して、アパートの実質数は一八六九年の約八万八〇〇〇から一九〇〇年の一五万五〇〇〇へと増大した。しかし一アパートあたりの住民の数は、むしろ一九〇〇年のほうが多く、過密が進行していたといえる。その後一九一〇年までに状況は若干改善したが、やはり一アパートあたりの住民数は、一八六九年のそれを上回っていた。過密は、とりわけ下層住民の間で深刻で、アパートの部屋を共有したり、もっとも劣悪な場合には五人あるいはそれ以上の人々がベッドを共有していた。一九一四年には、約六万人が地下室に最悪の状況のもと居住しており、しかも地下室にすら住居をみつけられない住民数が増大していたのである[10]。

深刻な過密とあいまって、上下水道の不備などのため、公衆衛生が一八九〇年から一九一四年の間に市当局が直面したもっとも重要な問題のひとつであった。長期的には死亡率は低下していたが、一九〇九年の乳児死亡率（新生児の一年以内の死亡）は一〇〇人あたり二五人であり、それは主要なヨーロッパやアメリカの都市の倍であった。伝染病の定期的な爆発は、ペテルブルグにおける生活の一部であり続けた[11]。都市の住環境と伝染病の流行は相関しており、たとえば一九〇八年チフスが流行したときに、およそ七七〇〇人の罹患者のうち三五％がホームレスか木賃宿の住人であった。ペテルブルグは、ロシアのなかでもとくに状況が悪く、二〇世紀への転換期に人口一万人あたりチフス患者一六五人であったのに対し、オデッサでは二五人、モスクワでは二一人、ワルシャワでは一三人であった。ペテルブルグにおける一九〇八年のチフスによる死者の数は、ドイツの人口一万人以上の都市における死者全体よりも多かったのである[12]。都市行政が、人口の増大に十分に対応して都市環境を整備できなかったということのような状況はまた、後述するように犯罪増加の一因にもなった。中心部の壮麗優美な姿とはうらはらに、ペテルブルグは、第一次世界大戦前夜に多大な都市問題を抱えたままであった。

二　第一次世界大戦のインパクト

戦争と労働力の動員

一九一四年七月一五日(西暦二八日)オーストリアがセルビアに宣戦布告し、それがヨーロッパ諸国の連鎖的な参戦をもたらして第一次世界大戦がはじまった。ロシアは、オーストリアのセルビアに対する宣戦布告に対しては部分動員を行ない、さらに七月一七日(同三〇日)には総動員令を発した。七月一九日(同八月一日)ドイツがロシアに宣戦を布告すると、翌日ロシアもドイツに宣戦布告を行なった。開戦とともにペテルブルグはドイツ風だということで、その名前をペトログラードと改められ、戒厳令下に置かれた。

戦前ペトログラードの工業は、輸入原料に依存していたが、戦時下で海路は封鎖され、増大した原燃料需要と食糧需要はもっぱら国内に依存しなければならなくなった。しかも国内輸送のかなりが軍用に供されたため、以下で触れるようにペトログラードでは食糧難・物価騰貴が帝国のなかでももっとも先鋭的に現れることになった。(13)

部分動員と総動員令は、ペトログラードにおけるすべての職業と社会諸階層の成人男性約一三万八〇〇〇人を職場から離脱させた。病気を理由に免除が認められたのはわずかに九一六六人であり、そのうち五四五〇人は軍需産業の被雇用者であった。(14)先に触れたペトログラード工業の構造が、労働者の召集者比率を減じることになった。軍需産業の労働者は、召集延期の恩恵をこうむったからである。一九一四年七月一八日から一九一七年三月一日の間に、軍当局は一九度にわたり召集令状を発行した。ソ連のある研究によれば、徴兵年齢に該当した工場労働者の数は推定一一万六二〇〇人、そして一九一六年一〇月一日までで免除を受けた首都の一六万四〇〇〇人のうち一一万五〇〇〇人が工業で雇用されていた。彼らの計算によれば、一九一四年から一九一六年の間に戦前の工業労働力のうち約四万人が軍にとられたが、軍需産業の働き手の多くが稀少な技術の持ち主という理由で、召集を延期する許可を得た[15]。

ペトログラードでは、戦争中、全体としては労働力需要が供給を上回っていた。とりわけ熟練労働者の不足は深刻で、雇用主たちはさまざまな方法でその解決を図らなければならなかった。その方策のひとつが、徴兵猶予である。当初戦争の長期化を見通していなかったペトログラード工場主協会では、その機械部門が一九一四年一二月までに諸企業の納品日程維持に危機感をもつようになり、事務職および工場人員を軍務から解放することを軍当局に請願することを決議した。一九一五年三月までに市の五二一工場が召集免除のために一四万四八八一人分の名簿を協会に伝えた。その二カ月後、協会は動員局が二五％の召集延期という数字を挙げたのに対して、機械産業における四〇％の召集延期を要求した[16]。

二つ目の方策は、代替労働力の確保であった。一九一五年七月末の第一回戦時工業委員会大会は、戦争中の女性および若年労働力雇用に対するすべての制約の廃止に賛成する決議を採択した。この戦時工業委員会の主張は、最終的に大臣協議会によって認められることになった[17]。こうして一九一五年九月二九日の勅令で、軍需産業における婦人・若年者の就業制限が撤廃され、それ以後女性労働力が大幅に増加した。一九一三年ペテルブルグ県下の工場監督官管轄下の工場で、全労働者の二五・七％であった女性労働者は、一九一七年初めには三三・三％を占め、金属機械産業においても二・七％から二〇・三％へと大幅に増加した[18]。年齢構成も変化した。これは、若年労働力の雇用に加え、徴兵年齢にある労働者が徴兵の影響を受ける一方、四〇歳以上の男性労働者が流入したことによる。データは必ずしも信頼できるものではないが、一九〇〇年に一六歳から三九歳の労働者の比率が七六％であったのに対し、一九一八年にはそれが六五％になっていた。他方四〇歳以上の比率は一四％から三一％へと増大した[19]。

第三の方策は、高賃金による他工場からの労働者の引き抜きであった。一九一五年工場監督官は、そうした行為はペトログラードの重工業において常態になっている、と記している[20]。

原燃料問題[21]

労働力不足と並んで、生産に対する大きな障害は原燃料の問題であった。ドンバスからの月々の石炭車輌総数は、一九一四年一一月(九二二六両)から一九一五年一月(四五〇〇両)の間に激減し、春になってようやく少し回復した(一九一五年四月、八一三二両)。ドンバス炭鉱の生産は、労働力喪失のために一九一四年七月以降急減し、なお も入手可能な生産物は軍のために確保されていた。一九一五年夏若干の回復のあと、次の顕著な悪化がはじまった。一九一五年九月から一二月の間にはドンバスからわずかに二九両の車輌がペトログラードに到着したに過ぎなかった。一二月半ばまでに工場の石炭備蓄は尽きかけており、すべての軍需企業に電力を供給していた電力会社「１８８６」は、電力供給削減に追い込まれた。プチーロフ工場は多くの部門を閉鎖せざるを得なくなった。一九一六年の最初の三カ月に原燃料の不足はさらに悪化し、いくつかの工場が完全に操業を停止した。一九一六年一二月までに、完全に操業停止に追い込まれた工場は少数であったとはいえ、七九の工場が停滞状態にあった。

生産拡大[22]

しかし、開戦の衝撃と労働力や原燃料不足にもかかわらず、軍需に乗った企業、とくに重工業は、やがて戦前の好況期以上の規模で拡大に突入した。その他の部門に対する戦争の影響はさまざまであったが、全体的には、ペトログラードの企業は生産と利益を増大させた。市の大企業二一企業の純利益は、一九一三年の一二五〇万ルーブリから一九一六年の五四〇〇万ルーブリに上昇し、市の工場労働力は一九一四年一月から一九一七年一月の間に二四万二六〇〇人から三八万二六八二人へと増加した。これは帝国全体の工業労働力の実におよそ一二％にあたる数であった。最大の成長は金属加工で一三六％増、ついで化学が八五％増であった。減少が大きかったのは、食品加工とくに酒造業であった。食品加工の労働者数は同時期三〇・四％減少している。

この間ペトログラードでは人口自体も増加した（表1参照）。こうした人口増加や労働者数の増加をもたらしていたのは、まず農村から職をもとめて出てきた若年者や女性、それに四〇歳以上の男性であったが、さらに一九一五年夏からの焦土作戦によるポーランド地域からの避難民や、リガからの工場疎開などの影響もあった。

労働条件(23)

生産拡大とはうらはらに、労働条件は総じて悪化した。労働時間は長くなり、休日は減少した。すでに一九一四年秋には工場問題ペトログラード事務局に義務的超過労働の許可をもとめる主要武器工場からの請願が殺到していて、一九一五年までには軍需産業で超過労働はあたりまえになっていた。二月革命前夜に、重工業では週に一九時間の超過労働が行なわれていた。また午前七時から午後二時までの日曜労働も普通になっていた。金属産業では一日あたりの労働時間が一一時間から一二時間、繊維産業では一二時間から一三時間が標準的になり、労働週は五四時間から六〇時間、場合によっては七〇時間以上になった。

このような労働強化と熟練労働者を除くほとんどの労働者にとっての実質賃金の低下や、栄養不足などによって産業事故や罹患率が上がった。たとえば、エリクソン疾病基金では、一九一五年初めの一月あたりの患者に対する支出総額が五〇〇ルーブリであったのに、それが六月には三六〇〇ルーブリ、七月には六七六七ルーブリに急増した。プチーロフ工場では、一九一五年一月から九月の間に、二万二〇〇〇人の労働者のうち、四〇〇〇人が仕事中に負傷した。また一九一六年ペトログラード金属では、疾病基金の会員八一三六人のうち、一六九八件の事故と、七三九五件の病気があり、レスネルでは、会員七七一六人のうち、一九七二件の事故と、九〇八二件の病気を記録した。

食糧供給

戦争がもたらしたもっとも深刻な問題は、食糧供給であったと言って過言ではないであろう。一九一五年春まで、ペトログラードの食糧供給は、戦前の私的商業網に依存していたが、都市市場の状況悪化のため、市会が直接食糧購入に介入するようになった。戦前には食肉需要の五分の二はシベリアからの供給によって満たされていたが、開戦後最初の九カ月鉄道が切断されたため、一九一五年春から市の食糧供給委員会はヴォルガ地方へ肉牛買い付けのために使節を派遣し、さらに六月からは穀物の買い付けもはじめた。夏までに委員会は四五の市営食肉店網を通じた住民への唯一の食肉供給者になった。委員会はまた一〇のパン屋を監督し、一九一六年秋からは製パン所一カ所を監督するようになった。市当局は、また一九一四年末から市内で販売されるすべての食糧品に対する法定価格を導入して、小売価格の規制に努めた。

しかし、唯一のもっとも効果的で公平な行政的手段であった配給制は、一九一五年一二月二八日食糧供給特別協議会（一九一五年八月設立）の議論のなかで否定された。その理由は、このような手段の失敗がもたらす結果は政府にとって非常に危険なものとなるだろう、というものであった。もうひとつの致命的な誤りは、特別協議会が、守備隊と労働力の増大を無視した平時の市民の必要にもとづいて、首都に毎日到着するのに必要な鉄道車輌数を計算し、一九一五年一二月一二日、それを四〇五両に固定したことであった。

さらに市の財政基盤は、必要な規模で食糧調達することを妨げた。法定価格の決め方が恣意的であったうえ、大商人は品質の劣った商品を固定価格で販売した。鉄道の軍用優先のため、ペトログラードに届く食糧は安定を

表4　ペトログラード消費者協同組合における食糧価格

（コペイカ）

	1914.7.1	1915.12.1	1916.9.1
ジャガイモ（1プード＝16.38 kg）	41	――	110
小麦粉（同）	250	402	472
パン（同）	266	420	460
塩（同）	29	101	113
バター（1ポンド＝約454 g）	52	101	187
砂糖（同）	13	20	24
卵	31	46	60

出典：McKean, *St. Petersburg between the Revolutions*, p. 337.

欠いた。一九一六年夏以降で先の食糧供給特別協議会が定めた市の基本的食糧需要を満たすための必要車輌数を上回ったのは、一九一六年九月と一〇月のみであり、一二月と一九一七年一月には大幅な不足であった。

これらに加えて、インフレ、投機などによってペトログラードの食糧供給は、非常に不安定になった。一九一五年初めにはバターとオーツ麦が尽きた。同年秋には鉄道の遅れのため、食糧品店は週二、三回しか店をあけず、二千人から三千人の客の行列があたりまえになった。一九一六年一月砂糖備蓄は四日分の供給分に落ち込み、二カ月後には労働者地区では数日間まったくパンがなくなった。二月革命の三カ月前には、食糧供給品のペトログラードへの輸送ばかりでなく、備蓄とインフレの状態についても、破滅的に悪化の方向に転じた。一九一七年一月に一三八万四〇〇〇プード弱と見積もられていたライ麦粉の備蓄は、ちょうど一カ月後六六万四〇〇〇プードにまで落ち込んだが、それはかろうじて一二日分に相当するものであった。茶、魚、ジャガイモ、肉、卵はほとんど備蓄がなく、労働者地区では、パンの供給が再び非常に稀になった。人々は、消費者協同組合などを組織して、この状況に対処したが、成果は少なかった。他方闇市場や、投機、金持ちや戦時利得者のめだった消費が、人々の怒りを引き起こし、食糧の深刻な不足と実質賃金の低下によってそれはさらに深められた。(24)

食糧供給の不安定さは、当然のことながらその価格の高騰をもたらした。表4は、一九一四年七月から一九一六年九月までのペトログラードにおける食糧価格の高騰を示している。
　このような食糧価格の上昇は、工場労働者もさることながら、それ以外の勤労者層に非常に大きな打撃となった。彼らは工場労働者と違い、ストライキによって賃上げを獲得できず、また食糧の特配もなかった。その結果、戦時中に貧困家庭の妻や娘による売春が増大した。売春行為は、平時の四倍から五倍になり、兵営周辺では性病患者が一〇倍に増えたといわれている。[25]
　戦中の困難のなか、開戦直前のいわゆる七月闘争以後なりをひそめていた労働運動が、一九一五年夏に再び姿を現しはじめた。さらに一九一五年八月大臣たちの反対を振り切って皇帝ニコライ二世がみずから最高司令官に就任して大本営におもむいたことは、帝都としてのペトログラードにとってその中心に空白を生じさせるという象徴的意味をもった。これに加えて、ラスプーチンをめぐる種々のスキャンダルは、帝政の権威を大いに減じることになった。ペトログラードは、このような状況のなかで一九一七年二月を迎えたのである。

三　革命のなかのペトログラード

革命と都市のトポス

　二月革命は第一次世界大戦が引き起こした上述のような困難のなか、二月二三日国際婦人デーに、ヴィボルク地区の女性労働者が「パンをよこせ」と訴えてストライキに入ったことを契機としてはじまった。二五日にはストが全市に拡大し、やがて鎮圧するべき軍隊も労働者側についた。国家ドゥーマ臨時委員会が設置される一方、労働者と兵士からなるペトログラード労働者兵士代表ソヴィエトが形成され、ここにいわゆる「二重権力」状況が生まれることとなった。三月二日国家ドゥーマ臨時委員会は臨時政府を成立させた。この間モギリョフの大本営からプスコフに到着したニコライ二世は、説得を受けて譲位を決意し、弟ミハイル大公に譲位する意向を示したが、三月三日ミハイルがこれを固辞したため皇帝の位に就く者がなく、帝政はここに終焉したのである。

ここでは、革命の過程総体についてではなく、革命のなかの都市空間という本章の関心に即して、革命期のペトログラードにおけるローカルな状況を、近年の研究成果によりながら描きたい。革命とは古い権威や既存の秩序が崩壊し、同時に新しい秩序が構築されていくプロセスであり、それは多かれ少なかれ社会のあらゆる領域に及ぶものであった。そしてそのプロセスは、具体的な制度や機構だけでなく価値や行動様式、そしてそれらを表象する象徴にも及ぶことになる。

ファイジスとコロニツキーは、二月革命の日々にペトログラードの人々は、高度な組織性と団結を示したが、それは社会主義革命政党の指導などの要因によるのではなく、群衆がそれ自身のメカニズム、指導者、抗議の文化的コードを有していてそれが群衆を組織化された回路へと導いたのだとみている。また人々の多くはストやデモの経験をもっていたし、ペトログラードの労働者は積極的行動の長い伝統と一九〇五年革命の記憶を共有していた。(26) 二月革命の日々、ペトログラードには、赤旗と革命歌が満ちあふれるが、それもまた革命運動の伝統のなかにあった。

このような人々の共有された記憶や認識は、また街の「場」をめぐる闘争においても機能していた。ペトログラードには歴史的に形成されてきた街頭デモの空間文化的コードが存在した。ペトログラードは、必ずしも明確に上流階級とそれ以外の人々が居住し働く地区が截然と分離していたわけではないが、それでも工場労働者が都市周辺部に多く集中していたことは疑いがない。逆にネフスキー大通りはカザン広場に代表される政治的デモの伝統的場所であり、そこには政府の中心的機関が立ち並び、大臣たちの住居や参謀本部、海軍省などツァリーズムの拠点が存在していた。ネフスキー大通りに出ることは、運動が全市的規模になりつつあるということを意味していた。こうした事情によってペトログラードの中心部へ行進すること自体が、労働者階級の団結と自己主張の表明となった。その意味でペトログラードの中心的街路であるネフスキー大通りは、明らかに群衆にとっての焦点となっていた。

二月革命の日々においても、ネフスキー大通りは警察側にとっては防御すべき場であり、革命側の群衆にとっては奪取すべき場となった。すでに二月革命の初日から、ストライキ参加者たちの目標は、「ネフスキー大通りへ突破し、ブルジョア地区を行進する」ことであった(27)。

二月二三日の日中、ナルヴァ門における集会には、プチーロフ工場労働者やエカチェリンゴフスカヤ工場労働者などが集まったが、群衆のなかから「ネフスキーへ！　隊列を組んで行進しよう！」「ネフスキーへ！　パンを！　平和を！　戦争打倒！」という声が響きわたったという。市中心部へ向かおうとしたプチーロフ工場労働者たちは、カリンキン橋で警察の部隊に阻止されたので、小さなグループに分かれてフォンタンカ川やオブヴォードヌイ運河沿いなどを迂回しながら中心部へ向かった(28)。同日主にヴィボルク地区の労働者を中心としたデモ隊が、途中警察の阻止にあいながらもこれをくぐりぬけ、ネフスキー大通りに入っている(29)。二四日昼過ぎにはネフスキー大通りの中心、カザン広場に約三千人の群衆が一時間ほど集まり、革命歌を歌い、「パンを与えよ」「ツァーリ打倒」などと叫んだ(30)。

ネフスキー大通りのなかでもとりわけ重要な地点は、このカザン広場であろう。カザン大聖堂の前に位置し、ネフスキー大通りに面して半円形に大きく開かれたこの場所は、ペトログラードの中心に位置して、市会の建物もすぐそばにあり、政治空間的に重要であると同時にデモンストレーションには絶好の場所であった。ここで最初に政治集会が開かれたのは、一八七六年一二月六日のことである。二〇〇人から二五〇人の労働者が参加したこの集会は、ロシア労働者の最初の政治集会とされているもので、マルクス主義に転向する前の革命的ナロードニキ、プレハーノフが演説し、赤旗が翻った。群衆は「「土地と自由」万歳」「人民万歳、ツァーリに死を」と叫びながらネフスキーを行進したが、警察に逮捕された。[31] 一八九七年三月、一九〇一年三月には学生のデモがあった。一九〇二年三月にはマルクス主義組織「労働者階級解放闘争同盟」のペテルブルグの左派が組織したデモがあり、労働者を中心に五千人近くが参加して、多くの逮捕者が出た。[32] このように、カザン広場は帝政末期のペテルブルグにおける政治集会の重要な場であった。一九〇五年の第一次革命のときにも、それは同じであった。

このような政治デモの記憶は、どのような立場にあろうともペテルブルグ／ペトログラードの人々に共有されていた。反体制的政治行動を志す人々にとって、ネフスキー大通り、とりわけカザン広場が重要な目的地になったのである。

二月革命時にもうひとつ人々の結集点となったのは、ニコラエフスキー駅の向かい、ズナメンスカヤ広場であった。ネフスキー大通りとリゴフスカヤ通りが交差するこの場所は、アレクサンドル・ネフスカヤ地区などからの労働者が市中心部へ向かう際に結集するには絶好の場所であった。ここにはアレクサンドル三世の騎馬像があったが、そのことが革命時におけるこの広場に政治的象徴的意味を付与していた。[33]

上述の二月二三日のネフスキー大通りにおけるデモに関して、各所からネフスキーに入ってくる労働者についての報告のなかに、すでにズナメンスカヤ広場からデモの群衆が現れたことが記されている。[34] 二月二四日午後三時には多数の労働者がここに結集した。警察の労働者を解散させようとする努力はむなしく、またそこにいたカザークたちはデモに攻撃を加えることはなかった。アレクサンドル像のところで、途切れることのない政治的集まりが進行し、弁士たちは「戦争打倒！」「ツァーリズム打倒！」「民主共和国万歳！」などと叫んだ。[35] ツァーリの騎馬像は、赤旗と赤いリボンで覆われ、台座には大きな字で「カバ」(労働者が騎馬像につけたあだ名)の文字が刻まれた。この行為は、旧権力を象徴する旗や紋章に対する攻撃と同様に、その法体系に対する示威的な挑戦という性格を帯びていた[36]。

カザン広場やズナメンスカヤ広場を含むネフスキー大通りでのデモは、二月革命の初期に毎日のように繰り広げられたが、二月二六日(日曜日)政府当局は革命に対して弾圧で応え、ズナメンスカヤ広場ではもっとも多くの犠牲者を出した。死傷者数の詳細は不明だが、ズナメンスカヤ広場で午後四時半にデモ隊が一掃されたとき、現場には四〇人の遺体と、ほぼ同数の重傷者が残されていたという[37]。この日の弾圧は、しかし革命を鎮圧する方向には進まず、むしろ軍隊のなかに民衆に対する弾圧への嫌気を引き起こし、二七日にはじまる軍隊の革命側への移行をもたらしたのであった。

革命は、人々が結集する新しい地点も生み出した。二月二七日の後半には、革命側についた兵士たちが国会＝タヴリーダ宮殿へ向かうようになった。これは自分たちの反乱に対する是認をもとめるものであった。それ以前には国会に行くということに対して大きな反響はなかったのだが、これ以後群衆がタヴリーダ宮殿に向かうようになった。この日からタヴリーダ宮殿は、「神聖な建物」「ロシア革命の城砦」となり、革命のシンボルのひとつとなって、「自由の神殿」「革命の聖堂」と称された。タヴリーダ宮殿は、臨時政府の公債や一〇〇〇ルーブリ新紙幣にも描かれた[38]。

場の名前

革命の結果ペトログラードの空間に生じた変化のひとつは、地名の変更であった。地名の変更は、もとより革命によるものだけではない。そもそもペトログラードという都市名が、第一次世界大戦の開戦を受けて、ドイツ風のサンクト・ペテルブルグから改名されたものであるし、戦争に際してはそのほかにも多くの通りの名前や、ドイツ風苗字・父称・名前がロシア風に改められたという[39]。しかし、革命は地名の意味自体を変更するという形での変化をもたらした。それは新しい社会を創造するという意志の表れであった。

ペトログラード市会では三月八日、皇帝を想起させるニコライやアレクサンドルにちなんだ地名を偉大な自由の日々と結びつく新しい名前にすべきだという提案がなされ、ニコラエフスカヤ通りは「二月二七日通り」、宮殿橋は「自由橋」などとなることになった。さらに一月後、市当局はミハイロフスカヤ通りを「友愛通り」、アレクセーエフスカヤ通りを「再生通り」、宮殿河岸を「自由河岸」、宮殿広場を「二月二七日広場」、アレクサンドロフスキー公園を「人民公園」とする「君主主義的」名称の変更リストを発表した。[40] また一九一七年中には、マリインスカヤ広場を「二月二七日」広場と改称するという決定もあったが、これは実行されなかった。[41] ペトログラードにほど近いツァールスコエ・セロー（「皇帝＝ツァーリの村」の意）は、公式にはその名前を維持していたが、人々の会話のなかでは、しばしばソルダツコエ・セロー（兵士の村）と呼ばれていたという。[42] これらの地名変更は、その後の十月革命による混乱などもあったためか、継承されなかったようだが、ボリシェヴィキ政権も地名変更という点では二月革命後の行ないを受け継いだ。十月革命から一年を期して、ズナメンスカヤ広場は「蜂起」広場、宮殿橋は「共和国」橋、ニコラエフスキー橋は一九〇五年セヴァストーポリでの反乱を指揮した海軍中尉の名前をとって「シュミット海軍中尉」橋、ミハイロフスカヤ通りはドイツ社会主義者の名前をとって「ラッサール」通り、大小コニューシェンナヤ通りは、それぞれアレクサンドル二世暗殺（一八八一）に関わったテロリストの名前をとって「ジェリャーボフ」通り、「ペロフスカヤ」通りなどと改称された。ネフスキー大通りさえ、「一〇月二五日」大通りとされたが、[43] おそらくこれは定着しなかったであろう。

革命と秩序

旧権力の象徴に対する攻撃は、監獄への襲撃ももたらした。一九一七年二月二七日革命が軍隊にも波及したその日、ヴィボルク地区の労働者と兵士によってクレストゥイ監獄から受刑者が解放された。ほぼ同じ頃未決拘置所も兵士と労働者によって解放された[44]。翌二八日には、ネフスキー関外にある重労働刑服役者移送用監獄も解放された[45]。これらの監獄には当時合計で約七六〇〇人が収容されていたという[46]。このほか、実質的にはほとんど空であったペテロ・パウロ要塞の監獄にも二七日、群衆が押し寄せ、群衆と守備隊の間で衝突がおこり、最後にはこの要塞上に赤旗が掲げられた[47]。

このような監獄襲撃は、政治的意味をもっただけでなく、革命のなかで新しい社会を創造するという道徳的願望に裏打ちされていた。二月革命直後にある女性は、ペトログラード・ソヴィエトに、「矯正できない犯罪者は存在しないのだから、すべての牢獄を廃止することがロシア革命のキリスト教的使命です」と書き送った[48]。こうした理想は、臨時政府の要員にも広く共有されていた。臨時政府は、三月一二日死刑を廃止し、さらに三月一七日には旧政権のもとで犯罪を犯した者たちに対する量刑の軽減・取り消しを指令した[49]。皮肉なことに、このような革命期の道徳的願望や理想に裏打ちされた行動や施策は、ペトログラード社会における秩序崩壊の一因となった。革命の都市ペトログラードで進行した、犯罪の蔓延というもうひとつの社会過程について、最後に一瞥しておこう。

二月革命後のペトログラード社会について、犯罪の蔓延と凶悪化という観点からはじめて光を当てた長谷川毅によれば、その現象には三つの要因があった。その第一が、右で述べたように革命中に監獄が解放され、それによって政治囚とともに一般の犯罪者が多数市内に散らばったということである。これに、革命の際に反乱に加わり兵舎を離れた兵士と前線からの脱走兵が加わって、犯罪集団が形成された。公的な組織に所属しない脱走兵たちは、食糧配給を受けることはできず、生き延びるためには犯罪に手を染めるしかなかった。一九一七年七月にペトログラードには五万から六万の脱走兵がいたと見積もられている。第二に、革命の反乱中に非常に多数の武

表5　ペトログラードにおける凶悪犯罪件数

犯罪	1914年	1915年	1917年				
			3-4月	5-6月	7-8月	9-10月	計
殺人	14	19	13	21	30	26	90
同1日あたり	0.038	0.052	0.24	0.45	0.55	0.58	0.448
武装強盗	0	3	23	26	24	14	87

出典：Hasegawa, “Crime, Police, and Mob Justice...,” p. 50, Table 3.1 より。

器が反乱者に与えられたが、おそらくそのなかのかなりが犯罪者の手中に落ちた。このことが安易で暴力的な犯罪を増加させた。第三に、旧体制の警察組織が解体されたあとに創り出された民警組織が十分に機能しなかった(50)。このようにみてくれれば、革命が直接間接にペトログラードの犯罪増加の要因となっていたことが明らかであろう。

ところで、長谷川は第一次世界大戦中のペトログラードにおける犯罪率の低さを強調し、それとの対比で二月革命後の犯罪増加を浮きぼりにしている。まず長谷川が挙げる数字をみよう（表5）。

たしかに、この数字をみると一九一四年、一九一五年と比べて二月革命後に殺人や武装強盗という凶悪犯罪が激増していることがわかる。さらに殺人の比率は時間をおって増大している。しかもこの数字は、長谷川が新聞から採取したデータにもとづいていてかなりの欠落が予想されるとともに、犠牲者数がはかれないので、彼がもっとも注目すべき現象として取り上げているサモスード（後述）による犠牲者が含まれておらず、長谷川自身が注意を促しているように、実際の数よりもかなり少ないであろう。このような対比から、長谷川は、ペトログラードが二月革命後犯罪都市に転化した、とするのである(51)。

だがこの点については留保が必要である。上述のように、ペテルブルグ／ペトログラードは、一九世紀の後半以降急速に人口を増大させた。しかし、都市の行政はこうした急速な人口増大に十分には対応できず、その結果多くの大都市でみられるような社会病理をこの街にも生み出すこととなった。そのひとつが犯罪である。二〇世紀初頭から

表6　ペテルブルクにおける犯罪――ペテルブルク地方裁判所起訴数

年	殺人	武装強盗	強姦	窃盗
1900	227(189)	427	182	2,197
1901	253(210)	446	207	2,572
1902	252(210)	476	180	2,836
1903	285(237)	656	――	――
1904	337(280)	611	168	3,094
1905	422(351)	1,211	194	3,630
1906	584(486)	1,747	229	4,697
1907	580(483)	1,521	249	4,210
1908	501(417)	1,181	229	4,108
1909	575(479)	1,143	284	4,356
1910	510(425)	989	313	4,245
1911	642(535)	973	285	4,983
1912	668(556)	1,111	328	5,164
1913	794(661)	1,328	338	5,777
1914[1]	616(513)	841	262	6,073

1）1月から7月までの期間。
出典：Neuberger, *Hooliganism*, p. 289, table 5 により作成。

ペテルブルグではフーリガン現象がめだつようになった。ロシア語で「フリガーンストヴォ」と呼ばれるこの現象は、ほとんどが下層階級の十代の若者からなる街頭集団によってなされるもので、一九〇五年の第一次革命によって既成の権威が失墜すると、一九〇六年には凶暴化し、金品の要求が頻繁となるだけではなく、暴力事件も顕著に増加した。一九〇六年春以降革命の衰退にともなって警察がその機能を回復し、フリガーンストヴォは少なくともペテルブルグ中心部では鎮静化したかにみえるが、一九一一年以降いっそう暴力的な形をとって再び姿を現すことになった(52)。

このように、ペテルブルグは第一次世界大戦以前に決して安全な都市ではなかったのである。この点をさらに確認しておこう。表6は、ペテルブルグ地方裁判所に起訴された主要な犯罪の数を示すものである。ただしこの数字は、必ずしもペテルブルグ市だけのものではない。長谷川の英語論文の注によれば、二〇世紀転換期のペテルブルグ市内と郊外地区の殺人数は、一八九六年市内一一七件、郊外一〇件、計一二七件、一八九九年市内一二七件、郊外一七件、計一四四件、一九〇〇年市内一七八件、郊外一一件、計一八九件、一九〇二年市内一五六件、郊外一六件、計一七二件、一九〇三年市内二〇六件、郊外二四件、計二三〇件であった(53)。これと表6の数字の一九〇〇年二二七件、一九〇三年二八五件を比べると、地方裁判所における起訴数のほうが一九〇〇年で一・二倍、一九〇三年で一・二四倍多いことがわかる。サンプルが少ないのであくまでも一応の目安に過ぎないが、ひとまず殺人についてはペテルブルグ市内・郊外地区の推定件数として、地方裁判所における起訴数を一・二で除して割り出した数字で、丸カッコで示しておこう（小数点以下切り捨て）。

以上から、第一次世界大戦中の低い犯罪率はむしろ例外的であり、長谷川が強調する二月革命後の犯罪の増大は戦前の傾向が、革命期に生じた上述の要因によっていっそう顕著な形で顕現したものだと考えるべきであろう。

さて、犯罪が蔓延し、凶悪化する一方、新しくできた警察機構が十分に機能しないという状況のなかで、ペトログラードの人々の間にサモスードという現象、つまり犯罪者に対する一種のリンチ＝私刑が広がったりしたが、そうしたなかにあって比較的犯罪率が低かったと考えられるのが工場地帯であった。ほかの階層と比較して、労働者は相対的に社会的にも政治的にもまとまりを保っており、工場委員会、地区ソヴィエト、市民警とは別に組織された労働者民警、赤衛隊などをもち、それらが労働者地域における公共の秩序維持に貢献したのである。(54) 長谷川は、この意味でロシア革命は労働者の革命であったと指摘しているが、赤旗、革命歌などといったいわば社会主義的革命運動の文化の横溢、本章では触れることはできなかったが工場の生産現場における工場委員会の役割などとあわせて考えれば、すでに十月革命以前に少なくともペトログラードにおいて革命は労働者の社会主義革命へと向かっていたのかもしれない。

むすびにかえて

一九一七年の二つの革命の主舞台となり、新しい体制の揺籃となったペトログラードは、しかし十月革命後の新政権の方針によって、一九一八年三月首都の座をモスクワに譲った。一九二四年一月二一日レーニンが死去すると、二六日にペトログラードは革命発祥の地としてレーニンの名を冠してレニングラードと改名された。この改名は、革命の都市ペテルブルグ／ペトログラードの栄光をたたえるものであったが、新国家の中枢の代名詞がモスクワの「クレムリン」であったことからもわかるとおり、次第にこの街の影はうすくなりかつての輝きを失っていった。一九二〇年代には人口においてもモスクワの後塵を拝するようになった。[55] 首都として二百年以上にわたってロシアの中心であったペテルブルグ／ペトログラードは、一九一七年新しい社会を生み出そうとする祝祭的雰囲気と古い秩序の崩壊から生じた混沌・混乱のなか、最後のきらめきを放ちながら、帝政の終焉とともに歴史の舞台の後景へと退いたのである。

(1) James H. Bater, "St. Petersburg and Moscow on the Eve of Revolution," in Daniel H. Kaiser ed., *The Workers' Revolution in Russia, 1917: The View from Below* (Cambridge University Press, 1987), pp. 39-41.

(2) ブライアン・ミッチェル編、中村宏・中村牧子訳『マクミラン新編世界歴史統計(1)　ヨーロッパ歴史統計』東洋書林、二〇〇一年、七四—七六頁。

(3) 以下この項 Bater, "St. Petersburg and Moscow on the Eve of Revolution," pp. 41-48.

(4) Robert B. McKean, *St. Petersburg between the Revolutions: Workers and Revolutionaries, June 1907–February 1917* (Yale University Press, New Heaven and London, 1990), p. 3 Table 1-ii.

(5) 和田春樹「二月革命」江口朴郎編『ロシア革命の研究』中央公論社、一九六八年、三五二頁。

(6) Gerald D. Surh, *1905 in St. Petersburg: Labor, Society, and Revolution* (Stanford University Press, 1989), pp. 10-20.

(7) Evel G. Economakis, "Patterns of Migration and Settlement in Prerevolutionary St. Petersburg: Peasants from Iaroslavr and Tver Provinces," *Russian Review*, 56: 1(1997), pp. 14-17.

(8) Economakis, "Patterns of Migration...," p. 122.

(9) James H. Bater, *St. Petersburg: Industrialization and Change* (London, 1976), p. 316, map 56.

（10）Bater, *St. Petersburg*, pp. 327–329, 335–336.

（11）Bater, "St. Petersburg and Moscow on the Eve of Revolution," pp. 51–52.

（12）Bater, *St. Petersburg*, pp. 351–352.

（13）和田「二月革命」三三八頁。

（14）McKean, *St. Petersburg between the Revolutions*, p. 319.

（15）McKean, *St. Petersburg between the Revolutions*, p. 320; 和田「二月革命」三三九頁。

（16）McKean, *St. Petersburg between the Revolutions*, pp. 320–321.

（17）McKean, *St. Petersburg between the Revolutions*, p. 321.

（18）和田「二月革命」三三九頁；McKean, *St. Petersburg between the Revolutions*, pp. 331–333.

（19）McKean, *St. Petersburg between the Revolutions*, pp. 332–333.

（20）McKean, *St. Petersburg between the Revolutions*, p. 322.

（21）McKean, *St. Petersburg between the Revolutions*, pp. 323–324.

（22）McKean, *St. Petersburg between the Revolutions*, pp. 324–329.

（23）McKean, *St. Petersburg between the Revolutions*, p. 336.

（24）ここまでこの項 McKean, *St. Petersburg between the Revolutions*, pp. 343–346.

（25）和田「二月革命」三五二頁。

（26）Orland Figes and Boris Kolonitskii, *Interpreting the Russian Revolution: The Language and Symbols of 1917* (Yale University Press, 1999), pp. 34–36.

（27）Figes and Kolonitskii, *Interpreting the Russian Revolution*, p. 37; E. N. Burdzhalov, *Russia's Second Revolution: The February 1917 Uprising in Petrograd*. Translated and edited by Donald J. Raleigh (Indiana University Press, 1987), pp. 110–111.

（28）Burdzhalov, *Russia's Second Revolution*, p. 111.

（29）和田「二月革命」三九四―三九五頁。

（30）和田「二月革命」三九八頁。

（31）История рабочего класса СССР: Рабочий класс России от зарождения до начала XX в. (Москва, 1983), С. 268. 最近高田和夫がこのカザン・デモを再検討し、労働者の参加やプレハーノフの関与などについて、従来の研究を批判する見解を打ち出している。本章ではカザン広場という場の重要性に関しては、高田の議論があっても揺るがないと考えて従来の説を示したが、その内容については高田の指摘は重要である。高田和夫『近代ロシア社会史研究：「科学と文化」の時代における労働者』山川出版社、二〇〇四年、二四三—二五五頁。

（32）История рабочих Ленинграда. Том 1 1703-февраль 1917. Л., 1972, С. 251–253.

（33）Figes and Kolonitskii, *Interpreting the Russian Revolution*, p. 37.

（34）Burdzhalov, *Russia's Second Revolution*, p. 112.

（35）Burdzhalov, *Russia's Second Revolution*, p. 125.

（36）Figes and Kolonitskii, *Interpreting the Russian Revolution*, pp. 37, 41–43.

（37）和田「二月革命」四〇八頁。

（38）Figes and Kolonitskii, *Interpreting the Russian Revolution*, p. 38; *Колоницкий Б. И.* Символы власти и борьба за власть: К изучению политической культуры российской революции 1917 года. СПб., 2001. С. 29–30.

（39）*Колоницкий.* Символы власти и борьба за власть. С. 245–246.

（40）Figes and Kolonitskii, *Interpreting the Russian Revolution*, p. 57; *Колоницкий.* Символы власти и борьба за власть. С. 229–230.

（41）Топонимическая энциклопедия Санкт-Петербурга. СПб., 2002. С. 214.

（42）*Колоницкий.* Символы власти и борьба за власть. С. 232.

（43）Топонимическая энциклопедия Санкт-Петербурга. С. 83, 167, 227, 246, 247, 251.

（44）和田「二月革命」四一四—四一五頁；Burdzhalov, *Russia's Second Revolution*, pp. 168–169.

（45）Burdzhalov, *Russia's Second Revolution*, pp. 169–170.

（46）Burdzhalov, *Russia's Second Revolution*, p. 168.

（47）Figes and Kolonitskii, *Interpreting the Russian Revolution*, pp. 56–57.

（48）Figes and Kolonitskii, *Interpreting the Russian Revolution*, p. 55.

(49) Tsuyoshi Hasegawa, "Crime, Police, and Mob Justice in Petrograd during the Russian Revolution of 1917," in Rex A. Wade ed., *Revolutionary Russia: New Approaches* (N.Y. & London, Routledge, 2004), p. 55.

(50) Hasegawa, "Crime, Police, and Mob Justice...," pp. 48, 55.

(51) 英文論文に加えて、長谷川毅『ロシア革命下ペトログラードの市民生活』中公新書、一九八九年、三一二―三一三頁。

(52) Joan Neuberger, *Hooliganism: Crime, Culture, and Power in St. Petersburg, 1900-1914* (University of California Press, 1993); 土屋好古「近代ロシア社会の基層秩序：逸脱行為・都市サブカルチャー・統合政策」『ロシア近代社会における基層秩序』スラブ研究センター研究報告シリーズ No. 48、九一―一〇頁。

(53) Hasegawa, "Crime, Police, and Mob Justice...," p. 69, n. 25.

(54) 長谷川『ロシア革命下ペトログラードの市民生活』三一三―三一四頁。

(55) ミッチェル編『ヨーロッパ歴史統計』七五頁。

ペテルブルグの言語学

——二〇世紀言語学への貢献

三谷恵子

はじめに

ことばについての研究は長い歴史をもつが、現代的な意味での言語学を、一定の方法論にもとづき言語そのものを分析対象とする独立した学問分野と特徴づけるならば、その主流はまず、一九世紀の印欧語比較言語学によってつくられたといえるだろう。そしてまもなく、音韻変化の法則性の追求にもっぱら関心をよせたその研究に限界をみたボードアン・ド・クルトネやソシュールらから、二〇世紀の構造主義言語学が生まれた。構造主義言語学は、観察される言語事象をもとに、要素間の関係を共時的体系として確定し、言語の構造を明らかにしようと試みるもので、その支流はアメリカ、ヨーロッパの各地に広がった。しかしやがてアメリカでは、構造主義言語学の帰納法を批判し、言語生得説とデカルト的合理主義を掲げ普遍文法の追求を目的としたチョムスキーの生成文法が現れた。生成文法は二〇世紀後半の言語理論の主役となったが、一方でその形式主義への反発から、より経験主義的な観点を重視する言語研究、たとえば言語の伝達機能から言語形式のあり方を説明しようとする機能主義言語学や、人間の知覚作用全般との関連で言語を考えようとする認知言語学などが出てきた。認知言語学の扱う範囲は、語や句の意味分析のレベルから、文や談話の分析に広がり、オクスフォード学派と呼ばれるオースティンやサールらにはじまる発話行為論の知見をも吸収しながら、最近のスペルベル、ウィルソンらの関連性理論に代表されるようなコミュニケーション論にまでつながっている。

こうした現代言語学の発展のなかで、ロシアの言語学者たちは何を残してきたのだろうか。日本では、プラハ学派として活動したトルベツコーイやヤーコブソンなどわずかの例外を除けば、ロシアの言語学者たちの業績はもとより、その名さえほとんど知られていないのが現実だろう。ペテルブルグがモスクワと並ぶ言語研究の重要な拠点であり、そこではモスクワ学派とは異なる立場の主張がされていたことや、悪名高きマールの言語学がどのような遺産を残したか、などということも、ごくわずかな範囲の人々にしか知られてはいない。

この小論では、ペテルブルグの言語学者たちが何を問題とし、それにどう答えようとしたのかを振り返り、その足跡を現代言語学史のなかに位置づけることで、ペテルブルグに展開した言語学の今日的意義を考えたい。

一　ペテルブルグの言語研究の主な流れ

ペテルブルグの学者たち

一九世紀後半から二〇世紀初頭にかけてのペテルブルグには、スレズネフスキー、ヤギッチ、ソボレフスキーといった学者たちがいた。スレズネフスキーの『ロシア語史についての考察』と題された連続講義(一八四九)に示されるように、この時期の多くの研究は、印欧語比較言語学の時代の所産であり、スラヴ・ロシア文献学やロシア語史研究の重要な成果として今日に残されている。二〇世紀のペテルブルグに現代言語学のひとつの流れを生み出すことになるボードアン・ド・クルトネもまた、スレズネフスキーのもとで歴史言語学を学んだ一人だった。

二〇世紀初めのペテルブルグ、とくにクルトネがペテルブルグ大学に在職した一九一〇年代は、彼の言語研究への取り組み方——たとえば一八七五年の『レジヤ方言音声学試論』(1)で示唆され、のちに『あらゆる言語の混成的性格』(一九〇〇)(2)で述べられたように、言語を、たえず融合し変化する有機体として捉え、その動態的諸相をあらゆる可能な角度から分析しようとする姿勢——に共感した研究者たちの活動によって、言語学史に記憶されている。そこに含まれるシャフマートフ、シチェルバ、ポリワーノフ、ヤクビンスキーなどは、それぞれ異なる言語を対象として多様な研究の成果を残した。またポリワーノフ、ヤクビンスキー、あるいはベルンシュテインといった言語学者たちは、一九一六年に結成された「詩的言語研究会(オポヤズ)」のメンバーとして、その前年に結成されたモスクワ言語学サークルとともに　ロシア・フォルマリズムの運動を担ったことでも知られている。

「ボードアン主義」と自分たちの傾向を称したポリワーノフは、日本語を含む東洋語学の分野の研究者として、また最後はマール主義の犠牲となって悲劇的な死を強いられた言語学者として名を残したが、クルトネの言語観を受け継いだ彼の考察には、社会言語学的なものも少なくない。彼は言語と社会の動態的関係を、話し手の層の変化という要因を介して捉えるべきものとし、社会構造の変化が、現代の社会言語学の言いようでいえばたとえば威信言語のあり方に深く関与することがあるように、言語変化を方向づける要因となることを指摘した。またキエフ出身のヤクビンスキーは、死後に刊行された『古代ロシア語史』(一九五三)や、南スラヴ語の音韻変化についての考察などで歴史言語学に貢献する一方、ポリワーノフと同じように、社会と言語との関係についても鋭い洞察の目を向けた。とくに『会話の言葉について』(一九二三)では、言語の社会的変種やレジスタ[3]、あるいは身振りや表情といった非言語行動がコミュニケーションに果たす役割、話者の心理と言語使用のあり方、コミュニケーション阻害の要因など、この時代のロシアにあってすでに、コミュニケーション論花盛りの今日しばしば話題とされることがらを数多く提示している。

クルトネ門下では年長者だったシチェルバは、音声学者としてスタートし、独自の音論を展開して、音声学と音韻論を不可分のものとして扱うペテルブルグ音韻学派の系譜をつくりだした(これについては二節で述べる)。しかしシチェルバの研究領域は音声学、音韻論にとどまらず、文法論全般、正書法、そして言語の社会的機能など広範な分野に及び、また辞書編纂者として手がけた露仏辞典は今日なお意義ある業績として残されている。

マールの遺産

ペテルブルグの言語学の重要な流れとしてはまた、マールに起点をもとめることのできる言語類型論、そしてマールの弟子たちの文法研究から発展した機能主義文法研究が挙げられるだろう。

二〇世紀初頭までの印欧語中心のヨーロッパの言語研究のなかでは、ドイツのシュハルトやオランダのウーレンベックのように、印欧語とは異なるタイプの言語をも視野に入れて言語史研究を行なう研究者はどちらかというと例外的な存在だった。半ばグルジア人であったマールは、こういった研究者の言語研究に触発され、もともとペテルブルグで培った考古学という台木に、独自の解釈をほどこしたマルクス主義社会経済論を接ぎ木した「ヤフェト理論」「新言語学説」という特異な言語進化論的〈学説〉を展開した。社会経済の発展と言語形成の発展に平行性があり、人類の発展の最終段階である共産主義社会において言語も発展の最終段階を迎えると主張するマールの〈学説〉は学問的には一顧だに値しないはずのものだった。しかし、振り返ってみれば、一九世紀の印欧語比較・歴史言語学も、あるいはまたフンボルトなどによって着手された古典的類型論も、諸言語の地理的分布とその系統関係を明らかにしようとする試みのなかで、しばしば言語の〈進化〉という問題に関与してきたのである。言語の変化の過程に、社会構造の変化や文明の進歩という要因を特定の思想的観点から結びつけたとき、言語研究はただちに社会進化論的、あるいは優生学的議論に発展する。言語の史的研究とはそうした危険性を含んだものであったことを考えれば、マール理論が当初、発想の斬新さもあって一部の学者たちに受け入れられたこともそう奇異なことではないともいえるだろう。しかしほどなくその荒唐無稽さが露呈されるにしたがってマール理論は学術的支持を失い、しかしその反対に政治的影響力は増大した。マールの学説は内容そのものではなく、多くの学者が処刑や追放などの被害を受けるという、スターリン体制下のソ連社会を象徴するエピソードとして歴史に残されたのだった。マール体制の直接の犠牲とならなかった学者たち、たとえばシチェルバも、マールが企画した世界の言語の数詞に関する論文集が頓挫した際には、「ヤフェト理論の発展を妨げ続ける面々」の一人として名を挙げられるなど、折に触れて批判の矛先が向けられることが少なくなかった。

マールの〈言語理論〉自体は言語学の発展に何の実質的貢献ももたらさず、スターリンみずからの批判によって一九五〇年に終焉を迎えたが、カフカースの諸言語とその文化に対する情熱から誕生したともいえるマールの主張は、「ロシア文化に深く根ざしていたカフカースという主題に対する関心に新たな弾みを与え」[4]、多くの研究者を引きつける原動力となった。マール主義とその時代への評価は、言語学というよりは歴史学、社会学が下すべき課題だろうが、カフカース諸語やバスク語などの能格型言語への関心が、ロシアの言語類型学や、マールの門下生として出発したメシチャニノフやカツネリソンらからはじまる文法研究の発展の契機となったことは確かである。マールの存在を言語学史に肯定的に位置づけることができるとすれば、かろうじてその意味でのみといえるだろう。

メシチャニノフやカツネリソンは、マールの空想から脱却したあとも、文法と意味の関係について考察を続け、そこから生み出された研究は、八〇年代以降ボンダルコのもとでまとめられるペテルブルグ機能文法の原点となった。ペテルブルグ機能文法は、語形や構文が発話のなかで「何のために」「どのような意味で」用いられるか――これがつまり彼らのいう「機能」である――という観点から問題提起し、ある意味が表現されるとき、どのような形式が可能なのか、またそこにいかなる代替表現があるのか、などについて詳細に記述している[5]。二〇世紀言語学のなかで「機能文法」「機能主義」と呼ばれる研究は多岐にわたり、プラハ学派をはじめフランスのマルティネ、イギリスのハリディ、アメリカのチェイフ、オランダのS・ディックなど代表的なところを挙げただけでも、具体的な研究方法や理論の構築の仕方、また「機能」という用語を適用する言語現象の範囲など、あらゆる点で異なるといっても過言ではないほどである。実際、彼らに共通するのはただ、しばしば対比される生成文法が言語の形式面をもっぱら研究対象とするのに対し、情報伝達の意図という視点から言語を分析しようという目的をもつという一点に限られるといってもいいだろう。こうした中にあって、ペテルブルグ機能文法は、表現形式とその機能の関係を研究課題とするという主張においては確かに「機能主義」だが、言語研究の大きな流れからみれば、諸形式を機能という視点から言語構造全体のなかで互いに関連づけ、体系的に記述しようという意図において構造主義的であり、構造主義言語学の発展形として捉えることもできるものである。

ペテルブルグの言語学のいまひとつの流れである類型論研究は、先に述べたとおりマールに遡り、マール主義のもとで出発したメシチャニノフや日本語学者のホロドヴィチから、フラコフスキー、ネジャルコフらに継承された。帝政時代から東洋研究の中心地であったペテルブルグの土壌を生かし、彼らはカフカース諸語やシベリア・極東諸言語、アルタイ諸語のフィールド研究を基礎とした「レニングラード／ペテルブルグ類型研究グループ」を形成した。類型論といえば、形態論的特徴に注目したシュレーゲルやフンボルトの古典的類型論、グリーンバーグに代表される語順類型論などが知られているが、ペテルブルグ類型論では使役、受動、結果性、命令などの文法範疇が諸言語でどのように表現されるかに注目し、その類型を明らかにしている。このアプローチは機能文法の場合と同じく、諸言語のさまざまな表現形式を機能という観点から記述しようというもので、その成果は機能文法の記述のなかにも取り込まれている。

二　ペテルブルグの音韻論

ペテルブルグ音韻学派

ペテルブルグ音韻学派は別名シチェルバ学派ともいわれ、シチェルバによって基礎がつくられ、ベルンシュテ

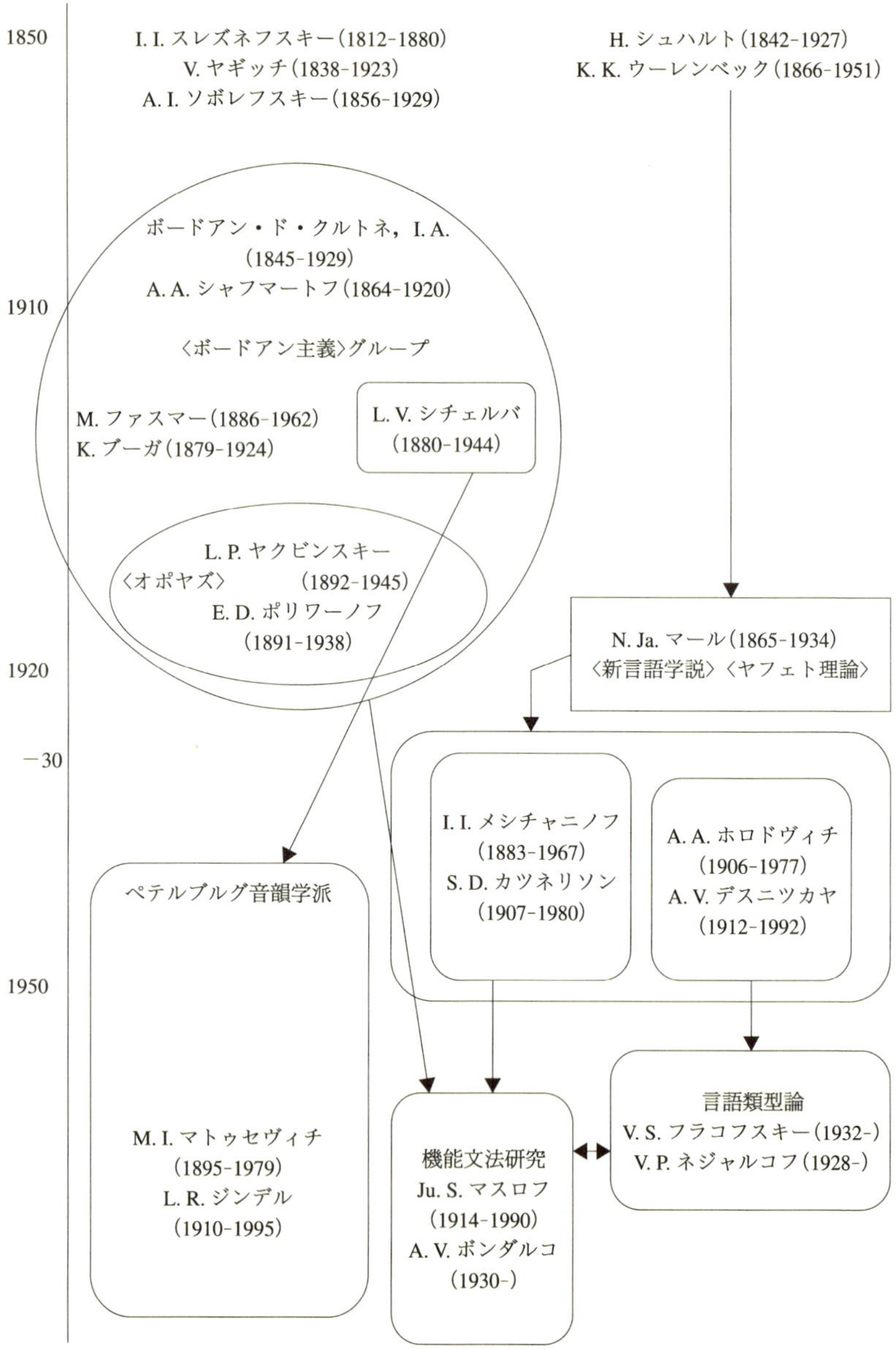
1850
1910
1920
—30
1950
I. I. スレズネフスキー(1812-1880)
V. ヤギッチ(1838-1923)
A. I. ソボレフスキー(1856-1929)
H. シュハルト(1842-1927)
K. K. ウーレンベック(1866-1951)
ボードアン・ド・クルトネ，I. A.
(1845-1929)
A. A. シャフマートフ(1864-1920)
〈ボードアン主義〉グループ
M. ファスマー(1886-1962)
K. ブーガ(1879-1924)
L. V. シチェルバ
(1880-1944)
L. P. ヤクビンスキー
(1892-1945)
〈オポヤズ〉
E. D. ポリワーノフ
(1891-1938)
N. Ja. マール(1865-1934)
〈新言語学説〉〈ヤフェト理論〉
I. I. メシチャニノフ
(1883-1967)
S. D. カツネリソン
(1907-1980)
A. A. ホロドヴィチ
(1906-1977)
A. V. デスニツカヤ
(1912-1992)
ペテルブルグ音韻学派
M. I. マトゥセヴィチ
(1895-1979)
L. R. ジンデル
(1910-1995)
機能文法研究
Ju. S. マスロフ
(1914-1990)
A. V. ボンダルコ
(1930-)
言語類型論
V. S. フラコフスキー(1932-)
V. P. ネジャルコフ(1928-)

図1　20世紀ペテルブルグの言語学：主要な流れと関与した人々

イン、マトゥセヴィチ、ジンデルなどペテルブルグ大学で音声学、音韻論に従事した人々によって引き継がれた研究の流派である。以下では、まずこの学派の基礎にあるシチェルバの音素論について述べ、ついでその音素の扱い方を、同時代に異なった立場から音韻論を展開していったモスクワ音韻学派、プラハ言語学派の立場と比較する。なお、それぞれの学派の主張といっても、当該学派に属する人や時期によって、用語の定義や主張内容が異なる場合も少なくない。したがってここで述べることがらも、その全貌ではなく、代表的な考え方を紹介するものである。

ここで、以下の話に先立って、音素、形態素、形態音素について、現代言語学の基本的な考え方を述べておこう。まず音素とは、意味を区別する機能をもった音の単位である。たとえばロシア語で дом「家」と том「巻」は異なる意味をもつ語として理解されるが、それはどこで区別されるかというと語頭の д[d]と т[t]の違いによってである。そこでロシア語では、д や т は「意味を区別する機能をもった音」つまり別個の音素ということになる。これらは/d//t/のように表記される。また形態素とは、意味の最小の単位である。город「町」はそれ自体でひとつの自立語だが、この город という形はこれ以上細かく分割すると意味をなさなくなるので、ひとつの形態素でもある。それは「町」という語彙的意味を担い、/gorod/と表記される。また、後ろに何も語尾がつかない(ゼロ形態素という)ことが「単数主格」という文法的意味を表す。さらに、アクセントを変えずに город に -a、あるいは дом に -y といった語尾をつければ、これらの語尾は「単数生格」「単数与格」という文法的意味を表す。つまり -a や -y も意味の最小の単位、形態素である。形態音素とは形態素を構成する音の単位で、語形変化や派生などの際に交替して現れる複数の音をひとつにまとめる機能をもつ。たとえば город—городище(город の指大形)—городок(指小形)—городской(形容詞)という派生を考えると、город という名詞形態素の最後の子音にそれぞれ[t][d'][d][ts]という異なる音が現れる。これをひとつの形態音素{d}の交替として扱うことで/gorod/という形態素が保持されることになる。

音韻論とは、現実には多種多様に発音される言語音を、いかに当該言語の形態や意味と対応させながら理論的に整理し音韻体系として記述するかを追求する研究であり、これから述べるシチェルバの音韻論やそのほかの二〇世紀初期の音韻論はまさにその先駆的な試みだったのである。

シチェルバの音韻論

シチェルバは初期の研究『質と量の関係におけるロシア語母音』(6)で音素を「当該言語のもっとも短い、一般化された音声的表象で、当該言語のなかで意味的表象と連合することができる要素」、また「われわれの心的活動の産物」と特徴づけている。このような音素観の出発点になったのは、シチェルバ自身が同書の冒頭で述べているように、クルトネのさまざまなアイデア、なかでも『音交替理論の試み、心理音声学からの一章』(一八九四／五)に述べられていることがらだった。クルトネ自身の考えた「音素」には、〈語源的および形態論的関係において把握される音のまとまり〉にはじまり、〈形態素の中で交替する分割できない音声的単位〉、〈音声学的特性が一般化されたものであると同時に、形態素の中の可動的要素であり形態論的範疇の中の特徴として理解される単位〉、そして上記の『音交替理論の試み』で示された〈音声世界に属し、同じ音が発せられるときに与えられる印象の融合によって心の中に生じる分割できない表象、すなわち言語の諸音の心理的等価物〉など、現代言語学の概念に対応させれば、音、音素、形態音素、さらに形態素に対応するものが混沌として含まれていたが、初期のシチェルバにはこの最後の〈心理的表象としての音の単位〉という考えが大きく影響したようである。他方、〈形態素の中の可動的要素〉という考えは、あとで述べるように、形態論に依拠した音韻論を展開したモスクワ音韻学派に受け継がれた。

ところで後年のシチェルバは、弟子たちの言いようでは、クルトネ流の心理主義的立場から脱却し、伝達機能をもつ弁別的な音の分節単位という面を重視するようになったという。実際に、後年の著述にみられる「語および語形を識別し、意味を区別することのできる音の単位」、「個々の音素は、当該言語の中で他の音素と異なることによって定められる」といった特徴づけ[7]には、心理主義的な色合いは認められない。しかし、シチェルバにおいて音素と異音(実際の発話環境のなかに現れる音素の実現形)の関係は、一貫して「なんらかの特別な要因のために少ずつ異なって発せられる言語音」が、それでもなお共通の音声的特徴をもち、「その特別な要因を取り除けば一つの典型的な音に収束するように存在する」ものとして捉えられている。そうした「音色(оттенки)」つまり異音が、〈コミュニケーションのなかで同じひとつのものとして識別され、他の音素と差異化される〉という理解は、たとえばサピアが主張した「心理的実在としての音素」つまり「当該言語の話者が実在しない音(音素)を認め、実在する音(実際に発音される異音)を否定しようとする認知的構成物[8]」という特徴づけともきわめて近い。後年のシチェルバの〈弁別的機能をもって体系内に自立的に存在する音の単位〉という意味での音素を、音を選択する話し手の立場からの定義とすれば、初期のシチェルバの〈意味と結びついて心のうちに結ばれる音的表象〉という言い方は、さまざまな音を聴覚映像として受け取りそこからひとつの音の単位にたどりつく聞き手の情報処理の過程を表したものともいえるだろう。シチェルバが「心理的表象」あるいはそれに類した表現を自らの音韻論から排除していった経緯には、彼自身のなかで音素に対する根本的な解釈の変化があったからというよりは、むしろ心理主義的傾向に批判的な当時のソヴィエト社会の状況があったのではないかと推測される。

なお、音素のみならず言語現象の諸相の「心理的実在」という考え方は、クルトネやサピアにおいては直感的に捉えられたものであったかもしれないが、今日、言語形式と表象との心理的関係という主題はあらためて、認知科学(認知心理学、認知言語学)の領域で議論され、その妥当性が検討されていることも忘れてはならないだろう。

シチェルバの音素観の形成には、クルトネのほかに、シチェルバが二〇代後半の頃ドイツのジーファース、フランスのルスロやパッシィのもとで実験音声学の研修を積んだなかから得られた知見も関与していると考えられる。とくに、シチェルバの音素の特徴づけとして重要な「語または語形を識別する単位」、言い換えれば、意味を識別する音の単位という考えは、[9]クルトネにおいてもある程度考えられていたことだが、パッシィが一八八〇年代にフランス語の正書法との関連で述べた「意味を区別する音の物理的単位」という記述からも連想されるものである。パッシィは音声学者の立場から、意味を区別する音の単位を物理的現象として捉えたのだが、この考えは、シチェルバのなかで、クルトネから学んだ音素観と融合し、一九一一年にパリ音声学会で発表した『ロシア語の発音についての小報告』のなかで「意味的価値をもつ音」として表明された。ちなみにこれがパッシィのもとにいたダニエル・ジョーンズに「音素」の概念を知らしめ、彼の音素に対する考え方を方向づけるものとなったといわれる。[10]

モスクワ学派、プラハ学派との違い

シチェルバの主張する「語もしくは語形を識別する自立的な音の分節単位」とはどのようなものかをみていくことにしよう。

右の定義からまず、語を識別できる最小の分節単位は音素として取り出されることになる。たとえばロシア語のaやиは単独で語(接続詞)なので語識別の機能を担う。それ以外にもこれらの音は、шла-шли のような動詞の過去形の範列でそれぞれ女性形、複数形という語形識別の機能をもつ。そこでこれらは音素として認定される。次に、このように認定された音素を含む音連続、たとえば там「あそこ」と дам「私は与える」を考えると、これらは т と д のみが異なる最小対語[11]になるので、ここから音素/t/と/d/が取り出される。このやり方は通常、音素のレパートリーを取り出すために用いられる基本的な方法だが、シチェルバの特徴は、こうしてひとたび取り出された音素はどのような環境に現れても音素とみなされる点にある。これが「自立的な単位としての音素」の意味である。この意味は次のような場合に明瞭になる。

ロシア語では、語末の有声阻害音（閉鎖音、摩擦音）は休止の前で無声化する。たとえば города['gorada]に対して город['gorot]となる。またこの同じ語が単数前置格になると、городе['goradʲɪ]と最終音節の子音は口蓋化する。つまり город においては[t][d][dʲ]の3種の子音が最終子音の位置に交替して現れる。これをどのような単位で扱うかが音韻論上の問題となるわけだが、シチェルバ方式では、先に述べたように、音素とは語または語形を識別しうる音の単位であり、/t/ /d/はロシア語で、それぞれ音素として認定される要素である。単数前置格で用いられる e の文字で表される音ももちろん語形識別の機能を担うのでやはり音素/e/として取り出され、これに先立つ口蓋化子音[dʲ]もまた、たとえばすでに音素として取り出された/a/ /d/を含む音連続として рады['radɨ]（рад「嬉しい」の複数形）を考えると、これには ради['radʲɪ]「ために」という最小対語が存在するので、非口蓋化音/d/との対立で口蓋化音/dʲ/を音素と認定することができる。こうした手続きから、города の最終子音[t][d][dʲ]の交替は、/t/ /d/ /dʲ/の音素交替として扱われることになる。

このシチェルバの音素の考え方を、異なる立場の研究と比較してみよう。まず、モスクワ音韻学派、すなわちアヴァネソフ、レフォルマツキー、シドロフ、パノフなどに代表され、一九三〇年頃からモスクワで研究の流れをつくったグループでは、先に触れたように、クルトネの〈形態素の中の可動的要素としての音素〉という見方を受け継ぎ、意味の最小単位である形態素を音韻分析の単位とみなす。彼らにとって音素は形態素の構成要素であり、音素の線状配列が形態素を形成する。そこでたとえば город の場合、その音素配列は/gorod/のように一義的に定められ(12)、語形変化によって交替して現れる最終子音[t][d][dʲ]は音素/d/の、異なる環境で現れる異音

(allophone)となる。

同一形態素内で交替して現れる音を一つの音素の異音とみなすモスクワ学派のこのような考え方は、基本的に形態音韻論的アプローチであり、形態素内の音交替の現象と、体系として自立的に存在する音素とを切り離して考えるシチェルバ方式とでは、必然的に「異音」の定義も異なるわけである。ではシチェルバで異音はどのように定められているのだろうか。シチェルバの異音（シチェルバでは「音色(оттенки)」）の扱いは簡単である。それは、もっとも環境に影響されない場合に現れる音（たとえば硬子音の間のアクセントのあるaやo、これらの母音の前で発音される硬子音、あるいは口蓋化子音の間のアクセントのあるиなど）と、それ以外の音に区別され、前者は「基本的音色」とされる。それ以外の異音は「個別的音色」であり、環境に条件づけられて異なって実現される「義務的音色」と、個人の発音特徴などに依拠する「随意的音色」に分けられる。

これに対してモスクワ学派では、音素に「有意的機能」と「知覚的機能」が与えられる。有意的機能は「意味識別的機能」とも呼ばれ、ある語または語形を、有意味な単位として他から区別することのできる機能、知覚的機能は環境によって異なって現れる音が、同じ一つの音素に帰属することを示す機能である。前者は、それによって形態素が保持されるもの、後者は相補分布[13]して現れる異なる複数の音を音素として認定することを保障するものである。どちらの機能についても、「強い位置」と「弱い位置」が想定され、有意的に強い位置では、音素の弁別的特徴[14]が他の音素との対立において最大に発揮され、弱い位置では対立する弁別的特徴が失われる（のちに述べるプラハ学派の「中和」の状態になる）。知覚的に強い位置では音素は環境にもっとも影響されずに現れ、弱い位置では環境に影響されて音が変化する。有意的・知覚的に強い位置では、「基本相」と呼ばれる異音が現れる。有意的に弱い位置に現れる異音、つまり他の音素との対立が中和して現れるような異音は「変異音」、知覚的に弱い位置の異音つまり基本相と相補分布する異音は「変種音」とされる。この考え方をあてはめると、

表1 モスクワ学派とプラハ学派の異音の扱い

モスクワ音韻学派の異音			プラハ学派の異音
	強い位置	弱い位置	「中和」の位置
有意的機能	/gorod/ 基本相	変異音 вариант [ˈgora**t**][ˈgora**dʲ**ɪ]	原音素 archiphoneme /T-D/　/D-Dʲ/
知覚的機能		変種音 вариящтия [ruˈ**k**a]に対する[ruˈ**kʲ**e]	組み合わせ異音 combinatory allophone

/gorod/の最終子音の[t]や[dʲ]は/d/の有意的機能に関して弱い位置に現れる変異音となり、一方たとえば рука の[k]に対する в руке の口蓋化音[kʲ]は知覚的機能に関して弱い位置に現れる変種音となる（モスクワ学派の立場では[k][kʲ]は相補分布する異音とみなされる。注(16)を参照）。

このように、ペテルブルグ音韻学派とモスクワ音韻学派は相異なる音素論を主張したわけだが、ほぼ同時代に生まれたプラハ音韻論もまた独自の展開をみせた。トルベツコーイに代表されるプラハ学派の音韻論は欧米の音韻研究ではもっともよく知られており、音素を弁別的特徴の束と考える点に独自性をもつ。/d/と/t/はたとえば、非鼻音性の歯茎閉鎖音という特徴をもち、有声／無声の特徴で対立する。しかし род[rot]「氏族」─рот[rot]「口」の場合のように、この有声性の対立が無効になる場合がある。こうした現象を「中和」と呼び、中和の位置に現れる音素を「原音素(archiphoneme)」としたのである。原音素は、中和の位置に現れる音素の関与的特徴の束、右の場合であれば〈非鼻音＋歯茎＋閉鎖〉として特徴づけられ、このときの原音素は/T-D/のような記号で表される。

先に述べたモスクワ学派の音素の扱いをプラハ学派のものと比較してまとめると表1のようになる。

音素を形態論から切り離して扱うシチェルバ理論には、中和や原音素といった概念はそもそも必要でなく、取り入れられることはなかった。一方、モスクワ音韻学派には中和と原音素の着想が受け入れられ、有意的に弱い位置を中和の位置とし、そこに生じる音に対してまず〈原音素〉とほぼ同義で〈超音素 hyperphoneme〉というものが想定された。モ

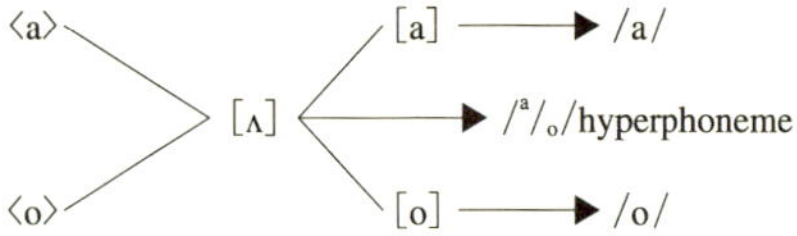

図2　モスクワ学派の主張した超音素

スクワ学派の超音素はその後、研究者によって少しずつ異なって解釈されていったために、一義的な特徴づけを与えることは難しいが、おおよそれは、常に対立が中和した状態で現れ、ただ一つの音素に還元できないような変異音に対して想定される抽象的な単位と特徴づけられる。ロシア語でいえば、文字aやoで表記される母音が、同一形態素の中で弱い位置にしか現れない場合、言い換えれば同一形態素の中で、強い位置で現れる異音([a]もしくは[o])が交替して現れることがない場合、これら無アクセントの音は、音素/a/ /o/のどちらか一方に還元できないと考えるのである。たとえば、語頭音節の母音にアクセントのない коза[kʌˈza]では、同じ語の変化形で козы[ˈkozɨ]～коз[kos]のように、強い位置で現れる基本相の音が交替する。つまりアクセントのない弱い位置に現れる[ʌ]は明らかに[o]と範列をなすので/o/の異音であると特定され、この語は/koza/と音素表記することができる。一方 баран[bʌˈran]や собака[sʌˈbaka]などでは、語形変化しても語頭母音にアクセントがくることはないので、語頭に現れる弱い位置の[ʌ]は範列をなすべき基本相の異音をもたないことになる。そこでこのような音に対して超音素$/^{a}/_{o}/$を想定し、これを用いて$/b/^{a}/_{o}/$ran/や$/s/^{a}/_{o}/$bak$/^{a}/_{o}//$といった音素表記をあてるのである。

形態音韻論との関係

前節にみたように、モスクワ学派やプラハ学派の扱いは、形態素内の音交替を考慮に入れるという点でシチェルバのペテルブルグ学派と異なるわけだが、この点に関してもう少し考えてみよう。まず、こんどはкнигаを例にとって考えてみると、シチェルバ流の考えでは、/g/ /k/さらに/gʲ/も独立した音素として認められるので(注(16)を参照)、книга～книг～книгеの交替は先のгородの場合と同じく、これら三つの音素の音素交替である。一

表2 モスクワ学派とプラハ学派の音素と異音

モスクワ学派の立場			プラハ学派
	強い位置	弱い位置	
有意的機能	基本相 /gorod/ [d] /knʲiga/ [g]	変異音 [ˈgorat] [ˈgoradʲɪ] [ˈknʲik]	原音素 /T-D/ /D-Dj/ /G-K/
知覚的機能		変種音 [ˈknʲigʲɪ]	組み合わせ異音 [gʲ]

方モスクワ学派では、先に述べた方針をあてはめると、[k]は、[d]に対する[t]の場合と同じように、[g]に対する変異音になると考えられる。しかし[g]に対する[gʲ]の関係は[d]に対する[dʲ]と同じではなく、рука の[k]に対する в руке の[kʲ]と同じ関係、つまり音素/g/の変種音という関係になる。またプラハ学派ではこれは「組み合わせ変異音」となる。つまり次の表2のように、город の場合とは異なるタイプの異音の組み合わせが成立していることになる。

このように、モスクワ学派やプラハ学派の扱いでは、名詞の最終子音の音交替という同じ現象でも、子音によって異音のタイプが異なるなど、記述が複雑な様相を呈することになる。これ自体は問題ではないとして、たとえば次の場合はどうだろうか。ロシア語の книга にあたるセルビア語は књига で、この語は књига～књиге(単数生格／複数主格)～књизи(単数与格／前置格)と変化する。[g]と[z]は、гóра「山」―зóра「夜明け」のような最小対立があり別の音素として認定されるので、シチェルバ方式では、[g]と[z]の交替は/g/と/z/の音素交替である。これに対してモスクワ音韻学派の考えでは、[z]は[g]と相補分布する関係ではないので、変種音ではありえない。しかしまた、変異音とするのも、対立が中和する位置に現れる異音というその定義からすれば、適切ではないと考えられる。一方、プラハ学派の考えでも、[z]が[g]の組み合わせ異音であるとはいいがたく[15]、またモスクワ音韻学派の場合と同じく、中和の位置とも考えがたい。この一例に示されるように、変異音や変種音という考えで形態素内の音交替をすべて説明することには限界がある。

モスクワ音韻学派は、こういった問題を解消すべく、形態音素ならびに、特定の位置における音素交替という考えを取り入れて理論を整備していった。日本語の「棚」—「本棚」のような連濁現象における[tana]と[dana]の音交替の記述に形態音韻論が必要であるように、形態素を基本的な単位とし、そのなかで音韻論を組み立てようとするとき、形態音素という単位の導入は、それを相変わらず「音素」と呼ぼうと、「音素列」(アヴァネソフ)、「範列的音素」(パノフ)と呼ぼうと、不可欠である。もともとモスクワ音韻学派の音素は形態音素的な性格をもったものであり、変異音がシチェルバのいう音素に相当する単位であったのだから、モスクワ学派において形態音韻論が発展していったのは当然の流れだっただろう。また、音素を形態素内の交替という観点から捉えることがなかったペテルブルグ学派においてはそもそも形態音素といった単位は必要でなく、形態音韻論の発展にいたらなかったのもやはり当然だったのである。

表3　ロシア語の音素の数

GRJa	母音　6　　子音 35	合計　41
RG80	母音　強い位置　5　　弱い位置　2 子音　強い位置　37　弱い位置　37	合計　81

ロシア語の音素はいくつあるか

現代ロシア語の音素の数について、ソ連時代を代表するソ連科学アカデミー版の一九六〇年のロシア語文法(GRJa)ならびに八〇年の文法(RG80)を調べると、次の表3に示すように記述されていることがわかる。

GRJaの音韻論は、四〇年代初めに刊行が予定されていたロシア語文法のためにシチェルバが執筆していたものをヴィノグラードフらが継承したので、シチェルバの考えを反映しているとみてよいだろう。これに対してRG80は強い位置と弱い位置の区別を設け、弱い位置に現れる音に対して、超音素あるいは原音素という用語こそ用いないものの、実質これらに相応する音素(母音であれば超音素にあたるa, $a1$)を認めるなど、基本的にはモスクワ音韻学派の立場に依拠している。強い位置／弱い位置という扱い以外にも、両者の間には音素の扱いに相違がみられる。RG80では（強い位置での）子音音素がGRJaに比べ二つ多いが、これはжж（ex. дрожжи「イースト」）、зж（ex. визжать「甲高い声で叫ぶ」）などで実現される[ʒʲː]およびщ（ex. щи「スープ」）の[ʃʲː]を独立音素として認めているためである。[16] 一方GRJaでは母音の数が一つ多く六となっているが、これは〈ы〉[ɨ]を独立音素/y/として〈и〉/i/と区別するためである。シチェルバは、[i]と[ɨ]がロシア語において相補分布する（[i]は語頭および口蓋化子音のあと、[ɨ]はそれ以外の位置に出現する）という事実を認めながらなお、この両者を別の音素とした。その理由として彼は、ロシア語の母語話者であればこの二つの音を容易に聞き分けられる、通常/y/は語頭に立たないが、それでもакать, екать「a/eで発音する」などという語と平行的にыкать「ыで発音する」という語を想定してこれを発音することができる、通時的には/y/と/i/とは別の音素であり、ロシア語では/y/の/i/への融合（/y/の非音韻化）がまだ完全に終わっていないという見方ができる、などを挙げた。

音素の認定の方法として、一般的には、問題となる複数の音が相補分布するかどうかという基準が用いられる。しかし音声学的な類似があるかという基準もまた重要なものであり、音声学者は一般に、音声学的事実を重視しがちであるといわれる。第一に音声学者だったシチェルバには、この二つの母音の間にある音声学的へだたりを重視するほうが、両者を単一音素として扱うより重要と考えられたのだろう。

いままでみてきたように、音素を自立的な音の分節単位として扱うシチェルバ方式の立場の問題点は、より上位の分節単位である形態素と音素とが関係づけられないという点にある。音素を、語形識別あるいは意味弁別のための音の単位として規定しながら、意味の最小単位である形態素の同一性を保証するという要件を切り離してしまうのは、モスクワ学派的な立場からみればいかにも理論的に不完全だろう。/t/がтомをдомから識別する機能によって音素であることを保証されるなら、反対に、たとえば、[rot]という音連続の最終音は、род, рот

のいずれの語にも該当するという点で語識別の機能をもたず、このとき/t/は音素の資格に値しないことになってしまう。シチェルバ理論ではこれをうまく説明できない。とはいえ、モスクワ学派やプラハ学派の方式が矛盾を抱えていなかったわけでもない。古典的音韻論の限界がいずれの場合にもあるとするなら、必要以上に音素の記述を複雑にするモスクワ学派や、原音素のような抽象的かつ余剰な要素を音素目録に追加するトルベツコーイ式のやり方のほうがより優れているとは一概にはいえないだろう。その意味では、音声学的実体にあった音のまとまりを音素として捉える簡単明瞭なシチェルバ式の考え方にも、利点はあると考えられる。形態素との関係は、モスクワ音韻学派の場合がそうであるように、形態音韻論的なレベルを導入し、異音-音素-形態音素という各レベルを有機的に結びつければ、この範囲での問題は回避できたのではないか、とも思われるのである。

おわりに

音韻論においては、チョムスキー&ハレの *Sound Pattern of English* にはじまる生成音韻論、あるいは自律分節音韻論、韻律音韻論、語彙音韻論、さらにはレイコフの主張する認知音韻論など、さまざまな音韻理論が提唱されてきた。それらは、単なる音の線状配列の研究から、音節構造やプロソディーなどをとりこみ、形態素や語などより上位の分節単位と音素とを関係づけるためのより精密な理論の構築の試みであったといえるだろう。これらの理論からみると、音素の捉え方というレベルで呻吟していたシチェルバの時代の古典的音韻論は、たしかに、いかにも古色蒼然とした〈音素論〉あるいは〈単音論〉といったようなものに映る。しかしクルトネにはじまりシチェルバらによって体系化された音素論から音韻論が出発したことに間違いはなく、その歴史的意義は色褪せるものではない。また、音素という抽象的な単位をそもそも認めないような立場を別とすれば、いかなる理

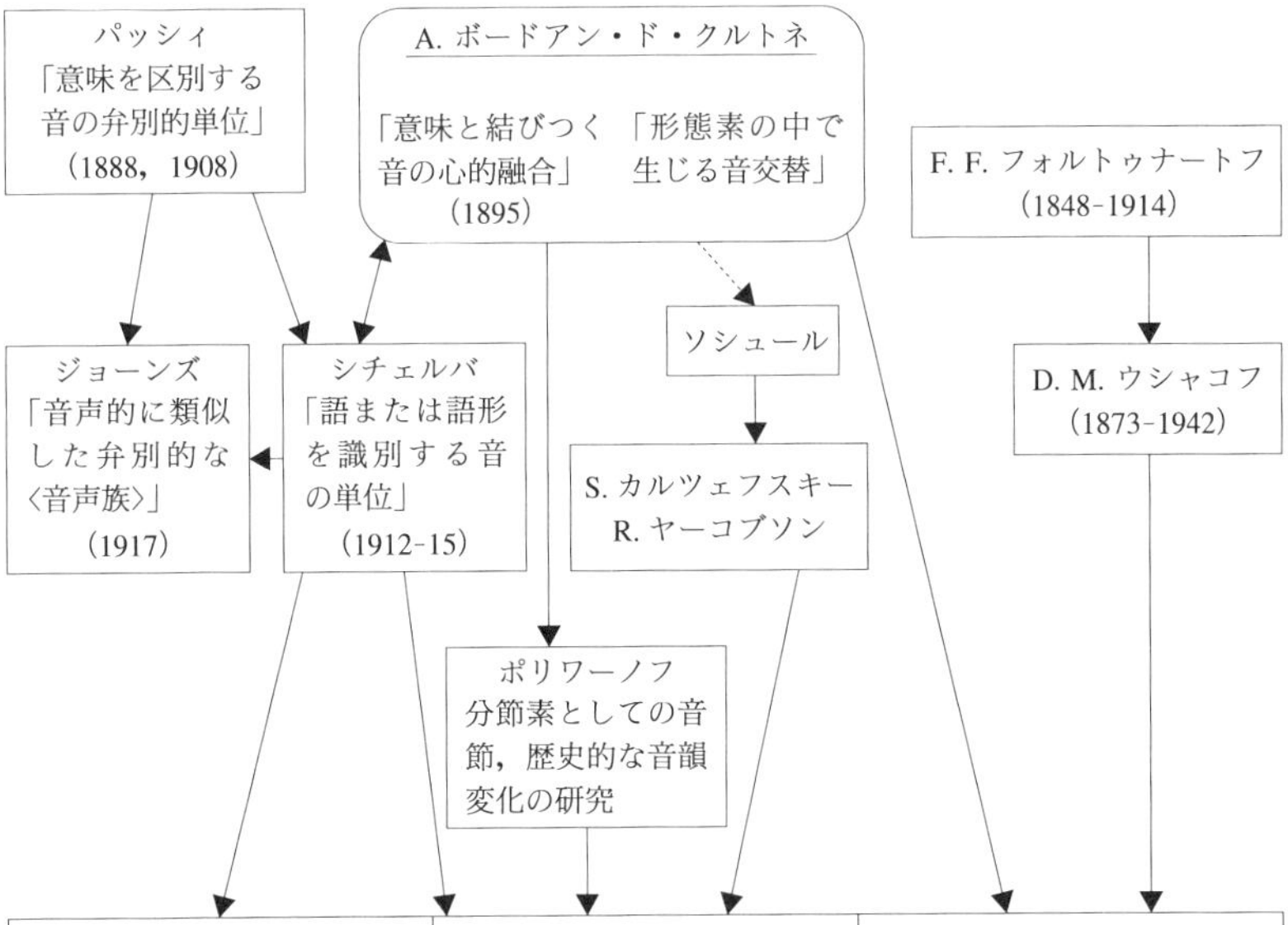

ペテルブルグ音韻学派	プラハ音韻学派	モスクワ音韻学派
M. L. マトゥセヴィチ L. R. ジンデル L. V. ボンダルコ	R. ヤーコブソン N. I. トルベツコーイ	P. S. クズネツォフ V. N. シードロフ R. I. アヴァネソフ
〈音素の捉え方〉		
語(形)識別のための音の単位	弁別特徴の束	形態素の構成要素
〈音交替の扱い方　例：kniga['kn^{j}iga]～knig[kn^{j}ik]～knige[kn^{j}ig^{j}ɪ]〉		
音素交替 /kn^{j}iga/～/kn^{j}ik/～/kn^{j}ig^{j}e/	/kn^{j}iK-G/～/kn^{j}ig/ /K-G/は原音素 [g^j]は/g/の組み合わせ異音	/kn^{j}iga/ [k]は変異音 [g]は基本相 [g^j]は変種音
キーワード		
音素の自立性	中和，弁別素性	強い位置，弱い位置

図3　初期音韻論の発展の系譜

論を用いようと、音韻論において音素の特定と音素目録の設定は出発点である。その意味でシチェルバにみられるような「単音論」的な音韻論も今日なお、その意義を再確認するべき価値をもつといえるだろう。

ペテルブルグ言語学は、現代言語学のさまざまな潮流の源となる研究を生み出してきた。音韻論の場合に象徴されるように、それは単に言語学史の一頁に跡を残すだけのものではなく、実にさまざまな意味で、現在発展中の言語研究の刺激となり、また新たな視点から参照されるべきものを多くもっているのである。

（1）　イタリア北部、オーストリアとの国境に位置するレジア地方で用いられているスラヴ語方言について研究したもの。クルトネ以前のレジア方言研究は、チェコのドブロフスキー、スロヴェニアのコピタルなどによって着手され、いくつかの語彙やテクストが収集された。その後、クルトネの師スレズネフスキーも一八四一年にレジア地方を訪れて調査を行ないその成果をまとめている。しかしクルトネの研究はレジア方言を詳しく扱ったモノグラフとしては最初のものとして、いまなお重要な資料となっている。

（2）　"О смешанном характере всех языков". ペテルブルグ大学で開設された「印欧諸語との関係におけるスラヴ語比較文法」の初回講義。

（3）　言語使用域といわれることもある。言語が使用される場や状況を広く指す言葉で、「書き言葉のレジスタ」「レジスタの違いによる言葉の使い分け」などのように用いる。

（4）　*Десницкая А. В.* Сравнительное языкознание и история языков. Л.: Наука, 1984. С. 8.

（5）　Бондарко 編集によって一九八七年から刊行されている一連の Теория функциональной грамматики にその成果が集約されている。

（6）　Русские гласные въ качественномъ и количественномъ отношенiи (С.-Петербургъ, 1912) *Зиндер Л. Р., Бондарко Л. В.* (ред.) Л.: Наука, 1983.

（7）　Языковая система и речевая деятельность. Л.: Наука. 1974. С. 132.

（8）　E. Sapir, "The psychological reality of phonemes". in D. G. Mandelbaum, (ed.) *Selected Writings of Edward Sapir in*

Language, Culture and Personality (Berkeley: University of California Press, 1949), pp. 46–60.

(9) トルベツコーイは「この(*i.e.* シチェルバの『量と質の関係におけるロシア語母音』で示された)定義およびパリで行なわれた『ロシア語の発音についての小報告(一九一一)』ではじめて音素の意味区別の機能が明確に力説された」と語っている(Trubetzkoy, N. S. 1939. *Grundzüge der Phonologie*. TCLP VII 1939. p. 268)。

(10) ジョーンズは英語音声学者として有名だが、初期においてはシチェルバを通して知ったクルトネの音素観に共感し、音素を「発話において意味の区別を表す音声的要素」とした。この定義は現在まで続いている英語発音辞典 *English pronouncing dictionary* (1977) の音素の特徴づけにも現れている(a small set of symbols is used to represent the sounds that can be shown to be distinctive in English, so that replacing one phoneme by another can change the identity of a word.)。しかし、ジョーンズは次第に音声的単位という立場を重視するようになり、「ある言語において重要な音とそれに関連づけられ、特定の音声的条件において交替しうる音からなる音の一族(a family of sounds in a given langauge consisting of an important sound of that language together with other related sounds which 'take its place' in particular phonetic contexts)」という特徴づけにいたっている(D. Jones, *The phoneme. Its Nature and Use* (Cambridge, 1950), p. 10)。

(11) 最小対語は、最小限の音の違いによって異なる語と識別されるような語のペアを意味する用語である。

(12) この例の第二音節のアクセントのない母音については、別途に音素をたてる考えもある。たとえば RG80, I. Фонология の記述など。

(13) 相補分布とは、複数の音が同じ環境に現れず、互いに補って異なる環境に出現する状態のこと。ロシア語で母音 и と ы は前者が軟子音の後、後者が硬子音の後に現れると考えると両者は相補分布の関係にあるといえる。互いに相補分布し、かつ音声学的に類似した複数の音は通常、一つの音素の異音とみなされる。ただし и と ы については、ペテルブルグ学派は相補分布を認めず、一つの音素の異音とはみなさない。これについては本論でも言及している。

(14) 弁別的特徴とは、ある音または音素を他の分節素から区別する調音的特徴である。たとえば[d][t]は歯茎音という調音位置特徴と、閉鎖音という調音法特徴で共通し、有声性の有無という特徴で異なる。この場合、声の有無がこの二つの音を区別する弁別的特徴になる。

(15) књига では књизи と変化するが、[g]が[i]の前で[z]に交替するのは音韻的に条件づけられたものではなく、形態素に依存したものである。

(16) 別の考え方では、[ʒʲː][ʃʲː]という音は/ʒʒ//ʃtʃʲ/のような複数の音素の組み合わせとみなされる。また、このほかロシア語の音素目録に関しては、軟口蓋音がよく問題となる。これらの音は基本的にそれぞれ[k]と[kʲ]、[g]と[gʲ]、[x]と[xʲ]が相補分布し、/i/, /e/の前では口蓋化音、それ以外の位置では非口蓋化音が現れる。これを根拠にアヴァネソフやパノフらモスクワ学派は[kʲ][gʲ][xʲ]を独自の音素とは扱わない。一方シチェルバは、これらが相補分布しない場合があることを示し、それぞれを独立音素として認める立場をとる。たとえば/kʲ/を含む最小対立の例としてはсоткём-садкóм、/gʲ/を含む最小対立の例としてберегя-берегаなど。[xʲ]に非前母音が続く例は外来語などきわめて特殊な場合である。

参考文献

Бондаренко Л. В., Вербицкая Л. А., Гордина, М. В. Основы общей фонетики. СПб., 2000.

Виноградов В. В., Истрина Е. С., Бархударов С. Г. (ред.) Грамматика русского языка. Т. I. Фонетика и морфология. М., 1960.

Касаткин Л. Л. Современная русская диалектная и литературная фонетика как источник для истории русского языка. М., 1999.

Ларин Б. А., Зиндер Л. Р., Матусевич М. И. Памяти академика Льва Владимировича Щербы (1880 1944): сборник статей. Л., 1951

Шведова Н. Ю. (гл. ред.) Русская грамматика. Т. I. фонетика и морфология. М., 1980.

Щерба Л. В. Языковая система и речевая деятельность. (Зиндер Л. Р., Матусевич М. И. ред.) Л., 1974.

Ярцева В. Н. (гл. ред.) Лингвистический энциклопедический словарь. М., 1990.

GRJa: *Виноградов В. В., Истрина Е. С., Бархударов С. Г.* (ред.) を参照。

Jones, **D**. and **D**. Ward, ***The Phonetics of Russian*** (Cambridge: Cambridge University Press, 1969)

Lass, **R**. ***Phonology: An Introduction to Basic Concepts*** (Cambridge: Cambridge University Press, 1984)

RG: *Шведова Н. Ю.* (ред.) を参照。

エーリ・フィシャ゠ヨーアンセン、林栄一監訳『音韻論総覧』大修館書店、一九七八年。

亀井孝・河野六郎・千野栄一編著『言語学大辞典』第六巻「術語編」三省堂、一九九六年。

桑野隆『ソ連言語理論小史』三一書房、一九七九年。

第二部　都市のイメージ／文芸の歴史

ペテルブルグのエネルギー
——文学はそれをどう捉えてきたか

郡 伸哉

一　狂気と光のあいだ

サンクト・ペテルブルグが文学のなかでどう扱われてきたか、それを都市と人間との関わりから考えてみたい。まず、ペテルブルグを扱うテクストとしてはあまり知られていない二つの作品から出発したい。

ひとつは、ロシアの作家ではなく、ドイツ語で書く詩人リルケの詩である。題名は「夜の走行――サンクト・ペテルブルグ」で、一九〇七年にパリで執筆されたものである（『新詩集、第二部』に収録）。以下に詩の全体の訳を、行分けを無視して示す。(1)

夜の走行――サンクト・ペテルブルグ

わたしたちが、なめらかに走る速足の馬たちに引かれ、（それはオルローフ養馬場産の黒馬だった）、――高く据えられた装飾灯の背後には、夜の街のファサードが、早い寝覚めで物もいわず、もはや時刻などとは無縁なものとして横たわっていた、――そんななかをわたしたちが走っていったとき、いや、駆けぬけていったとき、飛んでいったとき、そして重々しく立つ宮殿の角を曲がって、ネヴァ河埠頭の風のなかへと入っていき、

空もなく大地もなく、目覚めたまま更けてゆく夜のただなかを、夢見心地で走っていったとき、そして見張りのない庭園が放つ押し迫るような気配が、「夏の園」から発酵するように立ちのぼり、庭園の石像たちが、

わたしたちが走り去るにつれて、輪郭も弱々しくしぼんでいき、後ろの方へと消えていったとき、
そのとき、この都市は存在することをやめた。突然、自分が一度たりとも存在しなかったことを認めたのだ、
ただ休息だけを嘆願しながら。あたかも、背信をはたらいた頭のもつれが不意に解きほぐれた狂人のように。
長年病みつづけた自分の考え、どうしても変形することのできない考え、しかしいまや考える必要のなく
なった考えが、――つまり〈花崗岩〉が、うつろな揺れる脳から落ちていき、もはや見えなくなってしまう
のを感じた狂人のように。

リルケは一八九九年と一九〇〇年の二回にわたってロシアを旅行した。ロシア体験は彼の創作において決定的な意味をもったといわれる。彼はヨーロッパの国々では失われてしまった純粋無垢な精神をロシアに見出し、とりわけモスクワにそれを感じとっていた。一方ペテルブルグについては、「この重たい都市」に「ほとんど敵対的な印象」をもった、と書き残している(一九〇〇年八月九日付、Lou Andreas-Salomé宛)。

ロシアを神に選ばれた国とみるリルケのロシア観が、現実的というよりも書物的、観念的であるように、ペテルブルグを描く彼の詩も、材料としては文学的ペテルブルグ・イメージのステレオタイプから成り立っている。薄明るい街を照らす街灯、天と地の区別も夢と現実の区別も失われる白夜、幻影として消えていく都市、石の都市などである。そのことを確認したうえで、次の二点に注目したい。

まず第二連の「押し迫るような気配」(原文ではdas Drängende)とは、「夏の園」の草木からただよう息詰まるような匂いのことと理解できる。この匂いの出現と同時に、庭園の石像たちが力なく消えていくという描写は、石の下に押さえつけられた原初の自然の叫びを詩人が感じとったことを意味しているだろう。

第二に、その原初の自然の現れを、狂人が告白をするものと捉えた点が興味深い。憑物が落ちて正気に戻る都市の姿は、都市の「重たさ」からの解放をもとめていた詩人自身にも重ねられるだろう。軽快な馬車で街路をつきぬけ、やがてネヴァ河沿いに「冬の宮殿」から「夏の園」へと高速で駆けていくうちに、詩人は都市と一体化し、ついにはこの土地の原初の姿を体験したのである。従属節を長々と連ねていって、最後の連でやっと主節に到達するといったこの詩のシンタックス構造が、長い滑走のあと、速度の限界に達して虚空へ離陸するような感覚をみごとに伝えている。

次にまったく別のペテルブルグ・イメージをみてみたい。それは、ロシアの作家プリーシヴィンの自伝的スケッチ『光の都市』(一九四三)である。以下に内容を要約して示す。

古きロシアは客を歓待することで知られているが、突然の来客を恐れた。自分の家の散らかり具合を他人に見られるのを恥ずかしがったのである。わたしは、自分にもあるこのロシア的性質を恥じる気持ちが非常に強かったので、どんな町に行っても(モスクワではとくに)、落ち着けなかった。この恥じらいの感覚をもたないでいられたのは、ただペテルブルグだけだった。わたしはこの都市の西欧的外観にひかれたのではない。ピョートルの都市として、その「光にむかっての動き」にひかれたのだ。この都市は、わたしの精神的故郷になった。多くの者にとって自然の感覚は故郷の感覚と直接結びついているが、わたしの場合、自然の感覚は都市で生まれた。故郷の感覚、最良のイメージ、人生の喜びなど、わたしの書くものに皆が見出す健康さは、この「腐敗した」ペテルブルグで生まれたのだ。わたしがプレシチェーエヴォやペレスラーヴリ・ザレスキーの自然を描いて、春の最初の予感を「光の春」と呼んだとき、わたしはそれをペテルブルグの春から取り出したのだ。ロシアのどこにいても、自分は親類から監視されているような感じがしていたが、ペテルブルグにいるときだけは自由でいられた。まさにこの「抽象的な都市」のなかで、「祖国のなかに具体化したいという願望」が生まれた。わたしの実際の生まれ故郷の感覚を普遍的な感覚にしたという意味で、わたしはペテルブルグを「自分の故郷」と呼ぶのだ……

プリーシヴィンがペテルブルグに住んだのは、一九〇五年から一九一七年のことである。この作品は七〇歳の誕生記念の会で読むために書かれたものだが、それは、ちょうどペテルブルグ(レニングラード)がナチスによって包囲されていた時期であった。「光の都市」、「光にむかって動く都市」の「光」は、一方ではピョートル一世が進めた「啓蒙」(原義は「光をもたらすこと」)と結びついている。しかし他方でそれは、春の予感、暖かさ、喜び、生命と結びついたイメージである。

右にみた二つのペテルブルグ・イメージは、同じ時代に由来し、同じ世代の非ペテルブルグ人の眼に映ったものといえるが、きわめて対照的である。文学に現れたペテルブルグ・イメージの幅広さの一端がうかがえるだろう。

二　都市と人間

都市を狂人に見立てるのも、光にむかって動くものと捉えるのも、都市を生命的なものにたとえる比喩といえる。それは都市を何か自立した力をもつものとして捉えることである。

ベルギー・シンボリズムの作家ローデンバックに、『死都ブリュージュ』(一八九二)という小説がある。その「はしがき」はこの点で興味深い。「この情熱研究においてわれわれは、他の事柄と並んで、しかしとりわけ、ひとつの都市を呼び起こしたかった。人の精神状態に関与し、行為を勧め、思いとどまらせ、決意させる主要登場人物のような都市を」。

都市を人間の心と行動を支配する力をもつものと捉えている点に注目しておきたい。

次に一九世紀ロシアの批評家ベリンスキーの文章をみてみよう。ペテルブルグ発展の原動力について論じながら、彼はこう書いている。「ひょっとすると、もっと好適な気候のもとなら、もっと敵対的でない自然の中でなら、克服不能な障害のない条件のもとにあったなら、ロシア人はすぐに自分の安易な成功を誇ってしまい、彼のエネルギーは、完全に目覚めることさえないうちに、また眠りこんでしまっただろう」（『ペテルブルグとモスクワ』一八四四）。

ペテルブルグ建設がロシアを怠惰と沈滞から救ったというわけである。ここにはある種の典型的なロシア観が現れている。しかし見方を変えれば、人間と環境の関係を表現しているともいえる。つまり人間がもつ潜在的エネルギーは、環境への働きかけと環境からの作用のなかではじめて現実化するということである。

さて本章では、都市を生命体との類比で捉える伝統から、都市と人間の関係に対する視線を受け継ぎながら、その関係を「エネルギー」の動きとして捉えなおすことで、文学がペテルブルグにどのように向きあってきたのかをみていきたい。

三　洪水のエネルギー

ペテルブルグは誕生以来、洪水の脅威に悩まされてきた。その洪水を背景とする作品のひとつに、ロシアの作家ザミャーチンの小説『洪水』（一九二九）がある。主人公ソフィヤは、ネヴァ河の水位の高まりが自分の体内の血に及ぼす作用のために、斧をふるって少女を殺す。そしてそのすぐあとに、やはり水の高まりとともに子供を懐胎する。体内の血が外界の水の動きの活発化に呼応して、殺人と懐胎に導くのである。ここには自然界(水)のエネルギーと人間内部(血)のエネルギーとのあいだの直接的、身体的なつながりが、鮮烈なイメージで描き出されている。

この小説は明らかに、洪水を描いたプーシキンの『青銅の騎士』(一八三三)と、殺人を描いたドストエフスキーの『罪と罰』(一八六六)を意識している。しかしそれらとの共通点は、洪水や殺人だけにあるのではない。重要な点は、人間が行為に導かれるプロセスにある。

たとえば、『罪と罰』のラスコーリニコフも斧で殺人を犯す。彼には、社会の変革のためには殺人が許されるという思想がある。しかし現実の彼の殺人行為は、思想を実現するための明確な、意志的な行為としては決して描かれていない。むしろ自分でもコントロールできない何かの力に引きずられるようにして殺人に向かっていく。作品に「突然」という言葉が頻出することもそれと関わっている。ドストエフスキーの世界の特色のひとつは登場人物の意識の先鋭さにあるが、小説の事件展開を実際に動かしているものは、意識を超えた力なのである。

洪水についていえば、それはドストエフスキーにおいても抗いがたい力として現れている。殺人を犯したあと、ラスコーリニコフは、虚無への道か、大地と民衆への道か、という二つの選択肢の前に立つ。二つの方向に引く力は、それぞれスヴィドリガイロフとソーニャという二人の人物に体現される。殺人に導く盲目的な力は、殺人の実行後、二つの力に分化するのである。それらの力はまた、作品世界の具体的な事物のなかにも宿っている、あたかも磁場に置かれた物質が磁力を帯びるように。そのひとつが水である。

虚無への道を示すスヴィドリガイロフは、情欲にとらわれた人間である。彼は水に強い恐怖を抱いているが、最後には洪水の警報が聞こえるなかで、雨に濡れながら自殺する。ここで水のイメージは、無目的な生(情欲)および死と結びついている。この水と正反対の磁力を備えた物質が土である。ラスコーリニコフは、水中に身を投げる誘惑に駆られながらも、最後にはソーニャに促されて、センナヤ広場の土に接吻し、人間の世界、民衆の世界に向かう。ラスコーリニコフの内面は、水が引く力と土が引く力のせめぎあう場なのである。世界を四つのエレメント(地水火風)の作用で捉える神話的思考によって表現するなら、この小説の底流には、水と土のエレメントによる二元的なイメージ構成が認められる。

同じドストエフスキーの『白痴』(一八六八)もまたペテルブルグを舞台とする作品である。そこで殺人を犯すロゴージンも、抑制できない情欲に突き動かされる人物である。ロゴージンのこの「生命力」はしかし、結果的に生命を無に帰せしめるものであり、イッポリートという人物が書く文書のなかでは、ロゴージンは、生命を生み出しながら、それを無に帰してしまう自然の盲目的な力を体現する人物として現れている。虚無に導く盲目の自然は、情欲という人間の衝動に重ねられることで登場人物に肉化され、それを通して小説のプロット展開に参加しているわけである。

以上のように、ドストエフスキーの世界においては、人間を内部から突き動かす衝動が、自然の盲目的な力とつながっている。そして、とりわけ『罪と罰』においては、その力の背後にペテルブルグの洪水のイメージが感じとれる。

四　「スチヒーヤ」という言葉

洪水の力が人間の心に作用してプロット展開の動因になるような作品は、その系譜をたどれば、プーシキンの物語詩『青銅の騎士――ペテルブルグ物語』(一八三三)に行きつく。この作品では、まずピョートル一世がネヴァ河の河口にペテルブルグを建設した経緯が述べられ、その後の都市の繁栄ぶりが歌われる。そして、一八二四年の大洪水が描写され、そこで婚約者を失う青年エヴゲーニーの不幸が語られる。

この作品では、洪水を引き起こす水の力が「スチヒーヤ」стихия（stikhiia）という言葉（通常「自然の力」などと訳される）で表現されている。たとえば、洪水がこれ以上ペテルブルグを襲わないようにとの願いがこう歌われる。「そして、征服されたスチヒーヤも、おまえ〔ペテルブルグ〕と和解をするように！　フィンランド湾にさざめく波が、敵意をおさめ、永き虜囚の恥辱を忘れ、ピョートルの見る永遠の夢を、無益な憎悪で乱さぬように！」。また、洪水に襲われた街を前にした皇帝アレクサンドル一世は、こうつぶやく。「神があやつるスチヒーヤに、皇帝のなすすべはない」。

スチヒーヤのエネルギーはエヴゲーニーの内面にも作用する。洪水の直前、水位が高まるなか、エヴゲーニーは「あれこれの思いの波にゆすられて」、「詩人のごとく夢想に浸った」。結婚して家庭を築きたいという夢想である。しかし洪水は婚約者を奪い、彼は狂気に陥る。波の作用はその後も続く。「彼の耳のなかでは、ネヴァと風の不穏な響きが鳴りひびいていた」。エヴゲーニーはあるとき、ピョートル一世の銅像（青銅の騎士像）に向かって脅しの言葉を投げかける。すると銅像が動きはじめ、追いかけてくるという幻影を見る。エヴゲーニーの反乱と幻想は、スチヒーヤのエネルギーが外界から彼の内面へ及んだ結果ということができる。

右の例にみられるように、スチヒーヤという言葉は、まずは人間の支配を超えた自然の力を表す。そしてその力が人間の心に作用するさまが『青銅の騎士』には描かれている。しかし、そもそもスチヒーヤという言葉自体が、人間の内面や集団に働く盲目的な力、あるいは本能的な性質を表すことができる。

たとえば、ロシアの詩人ベールイがロシア革命のさなか（一九一七年八月）に書いた『祖国へ』という詩は、つぎのような言葉ではじまっている。

慟哭せよ、嵐のスチヒーヤよ、雷鳴の火柱のなかで！　ロシアよ、ロシアよ、ロシアよ——狂え、わたしを焼け！

ここで「スチヒーヤ」は「ロシア」と韻を踏んでいる。さらに詩の最後は、「来たるべき日のメシアよ」で終わっており、スチヒーヤ—ロシア—メシアが音声的にも意味的にもつながっている。

逆にスチヒーヤを否定的に用いる場合もある。たとえばロシアの思想家ベルジャーエフによれば、ドストエフスキーはペテルブルグのなかに「狂気に満ちたロシア的スチヒーヤを明かした」。さらにベルジャーエフは、ベールイの小説『ペテルブルグ』(一九一三—一四)を高く評価しながら、この小説のなかに、そしてベールイ自身のなかに、「ロシア的スチヒーヤ」、「ロシア的カオス」をみている(『アストラル小説』一九一六)。ベルジャーエフにとってスチヒーヤは多くの場合カオスと同義であり、これと対極にある概念が「精神」あるいは「意志」である。なお、革命後、国外に追放されたベルジャーエフは、ロシア革命もまた「ロシア的スチヒーヤ」の観点から考察している。

ベールイと同時代の詩人ブロークが書いた長編詩『十二』(一九一八)も、ロシア革命を背景にした作品である。吹雪の吹き荒れるペテルブルグ。その街路を、赤衛軍兵士たちが一切の容赦をせずに突き進んでいく。最後に兵士たちの前を歩く者の姿が見える。それはキリストの姿だった。ブロークはこの詩に関する一九二〇年のメモのなかで、この詩を政治詩と考えるのは間違いであると主張し、その根拠として、これが「スチヒーヤにしたがって書かれた」からだ、自分のまわりに「ざわめき」が聞こえていたからだ、そしてそれはおそらく「古い世界の崩壊のざわめき」だった、と書いている。さらにメモには、彼が過去にも二度、同じように激しくスチヒーヤに取りつかれたことが述べられている。それは恋愛の経験を指している。外の世界（吹雪、革命）と内の世界（恋愛）に働く力を、ブロークが同じ平面で捉えていたことがわかる。そして、その破壊的な力が彼の創造の源泉なのである。(2)

黒い夜、白い雪。風、風！　人は立っていられない。風、風――この世すべてに吹いている！（『十二』）

「風」のイメージはブロークの世界に繰り返し出てくる。「風」はペテルブルグ、ロシア、世界、宇宙を貫いて吹き、同時に心の内部に吹き荒れる。これがブロークにおけるスチヒーヤのイメージである。

時代を遡って、一九世紀の詩人チュッチェフが書いた詩『大洋が地球をおおうように』（一八三〇）をみてみよう。

大洋が地球をおおうように

大洋が地球をおおうように、地上の生を夢がつつむ。夜がおとずれる――すると波音が響いてくる、それはスチヒーヤがおのれの岸辺に波うつ音。

それはスチヒーヤの声、ぼくらに請う声、強いる声……。埠頭では、もう魔法の小舟が揺れはじめる。潮がみち、ぼくらを急いで運びさる、暗く波だつ無限のかなたへ。

壮麗な星のきらめく天空は、深みから、謎めく視線を投げかけている、――そしてぼくらは進んでゆく、燃えさかる深淵に四方から取り囲まれて。

もうひとつチュッチェフの詩を引用しよう。

思いにつづく思い、波につづく波、それは同じスチヒーヤの二つの現れだ。狭い心臓のなかでも、広漠たる海のなかでも、囚われのここでも、はるかに広がるかなたでも、等しく永遠に、波が打ち寄せ、引いていく、同じく不安で空虚な幻影がある。

——『波と思い』（一八五一）

ここでもスチヒーヤは波にたとえられている。そしてスチヒーヤが自然と精神の二つの領域にまたがる同一の働きであるという認識が明確に示されている。チュッチェフの場合、スチヒーヤのイメージは、外界と内界を貫く波なのである。

ロシア語のスチヒーヤという言葉は、ギリシア語のストイケイオン stoicheion（複数形ストイケイア stoicheia）からきている。古代ギリシアでは、万物の根源をなす物質について諸説が出されたが、やがてそれは、土、水、風（空気）、火の四元素に整理され、それらの作用で諸現象が生じると考えられた。ストイケイオンという言葉は、こうした万物の根源をなす元素を意味した。

古代ギリシアの四元素説は、インド哲学や仏教の「四大」（地水火風）という考え方、中国の「陰陽」の二気と「五行」（木火土金水）の考え方と並んで、古代に共通したある世界観を表している。それは自然界と精神界を分けて捉える西欧近代的な思考法と異なって、両者は通じあい、そのあいだには物質やエネルギーの行き来があるという考え方である。

ロシア語のスチヒーヤという言葉は、四元素そのものを指すほかに、元素たちが引き起こす自然の猛威も意味し、さらに人間の内面における衝動的な力、自然発生的な社会現象も指す。

ところでラテン語は、ギリシア語のストイケイオンに対してエレメントゥム(elementum)という訳語を当てた。英・独・仏語など西欧語にもそれを受け継ぐ単語がある(英語ならelement)。これらの言葉は、四元素の意味に加えて、複数形でやはり自然の猛威を表す。しかしそれらの言語の辞書をみると、ロシア語のスチヒーヤのもつような精神的、社会的な領域の現象を表す用法は、独立した字義としては一般に載っておらず、使われるとしても比喩の領域(たとえば形容詞elementalを使うなど)にとどまっているようである。

他方で、西欧語のエレメントが表す一般的意味は、「(科学的意味での)元素」、「何かを構成する要素」であるが、ロシア語のスチヒーヤには、古い用法は別として、それらの意味はない。エレメントという単語がロシア語にも入っていて、それがそうした意味を担っているからである。

このようにみてくると、何かを構成する単位という意味あいが前面に出ている西欧語のエレメントに比較して、ロシア語のスチヒーヤにおいては、実体的な要素よりも現象、働きに意味の比重が傾いており、自然界と同様に精神界の働きにも視線が注がれているといえる。そのためスチヒーヤという言葉を使う人は、自然と精神を、それらを動かす力の面から一元的に捉える傾向をもつことになる。内界と外界を貫く波としてスチヒーヤを捉えるチュッチェフも、宇宙と心に吹く風のイメージでそれを捉えるブロークも、こういった伝統の上にいるように思われる。

五　人間を動かす力の諸相

プーシキンは『青銅の騎士』のなかで、洪水を起こす波のエネルギーをスチヒーヤと呼んだ。そしてスチヒーヤは都市を襲うだけでなく、主人公の内面にも作用した。スチヒーヤの働きのなかに都市と人間を捉える視点は、ペテルブルグを扱うその後の文学に定着した。早くも同じ一八三三年に、ウラジーミル・オドエフスキーが『死者の嘲笑』という短編小説で洪水を描き、そこにスチヒーヤという言葉を用いている。

もちろん、スチヒーヤという言葉が使われているかどうかが問題なのではない。たとえばプーシキンの『スペードの女王』(一八三三)は、カード賭博で必ず勝てるという三枚の札の秘密を手に入れようとして破滅する人間を描いているが、そこで主人公を狂気に追いやるものは、明確な力として名指されてはいない。しかし、ペテルブルグという都市だけがもつ何かが主人公に作用し、彼を行為に導いているとする見方は、すでにドストエフスキーが述べている(『未成年』第一部、第八章、第I節)。

ベールイの小説『ペテルブルグ』の場合、小説の世界を動かす力はテロリストの爆弾に集約される。通りを歩く人の流れのなかから、「知られざる者」が「影」として生じる。彼は青年の前に「突然」姿を現し、爆弾を手渡す。その爆弾には、別の人物によって「突然」、国家的人物である父を息子が殺すための道具という意味が与えられる。この小説には現実のペテルブルグの通りや建物が描かれながら、そこに展開する世界は登場人物の脳がつくりだした幻影であるかのようにも語られる。しかし問題は、外界・内界それぞれの実在性や仮構性にあるのではなく、外界と内界のつながりにある。爆弾の出現もまた、外部世界からの出現であると同時に、精神内部からの出現である。

爆弾はまた、都市の周辺から都市に侵入するカオスのエネルギーが具象化したものである。そして外部のカオスは都市内部のカオスに、さらに心の内部のカオスに共鳴を引き起こす。爆弾はそうした侵入＝共鳴の「突然」性をよく表すシンボルになっている。

爆弾は結局、こめられた意図を実現できず、それを意図した人物は「知られざる者」によって殺される。しかし重要なのは、そうした爆発や殺人にいたる過程での内界と外界の相互浸透的なあり方である。これはドストエフスキーにおいて、登場人物の意志を超えた「突然」の出来事の積み重ねによってプロットが展開していく仕方にきわめて近い。

ドストエフスキーが「突然」という言葉を頻繁に使うことはよく知られている。ベールイもまた「突然」にこだわりを示す。「知られざる者」の動きを追いながら、語り手は筋の進行を止めて、「突然」について長々と語りだす(第一章)。その少し前では、「よく知られた〈突然〉という言葉」という言い方もしている。これがドストエフスキーの文体的特徴を指すものであることは間違いない。人間と世界のあいだのエネルギーの伝播によって生じる出来事が、小さな「突然」の連続として積みあげられ、大きな「突然」、すなわち「爆発」に向かって進んでいく。物語の事件展開を支える論理、すなわち行為者と外界のあいだでのエネルギーの動きという点からみて、ベールイの世界はドストエフスキーの世界と深く共振している。さらにそれは、しらずしらず外界の強い磁場の作用を受け、その結果、爆発的に反応する人間を描いたプーシキンの『青銅の騎士』や『スペードの女王』にもつながっていく。

これらの世界では、出来事は「突然」に生じる。そこではエネルギーの蓄積と解消が繰り返し生じている。ベールイは、プーシキンのなかに自然的に存在し、ドストエフスキーのなかに無意識的に凝縮されたこの特性をむき出しにし、自分の創作に適用した。そして彼は、そうしたエネルギーの蓄積と解消が常に生じる場所として、ほかならぬペテルブルグを主題化したのである。

一九世紀前半には、このプロット生成のエネルギーは、幻想、怪奇という形でも現れた。プーシキンの『青銅の騎士』、『スペードの女王』のほか、ゴーゴリの「ペテルブルグもの」の幻想世界、オドエフスキーの「神秘小説」などもまた、この幻想的な力を描き出している。フロイトがホフマンを分析したときの言葉でいうなら、「無気味なもの」である。ドストエフスキーは、それをプロット展開上の「突然」の氾濫によって表現した。テロリズムと革命のロシアを生きたベールイは、それを「爆発」のイメージへと研ぎ澄ませたといえるだろう。

都市のなかに、こうした「無気味なもの」、「突然」、「爆発」、つまりは人間の行動を支配する超越的な力＝スチヒーヤに触れ、それを描き出すこと、これをシャーマンの行為にたとえることもできるだろう。シャーマンは、日常世界を離れて異界へ旅し、霊と交流することで予言をし、病を治す。シャーマンは、たとえば太鼓の音を聞き、踊りながらトランス状態に入っていく。音の波動への共振が、トランスへの導きとなるわけである。比喩を用いるなら、多くのロシアの作家にとって、ペテルブルグとは、それが発するエネルギーのゆえに、シャーマンがトランス状態に入るための道具のようなものであったといえるだろうか。チュッチェフの言葉を借りていうなら、ペテルブルグは、バルト海の波のごとくスチヒーヤが「打ち寄せて」きて、人に何かを「請い」、何かを「強いる」、そういう場所なのである。

六　ペテルブルグの原初性

スチヒーヤの理解においてユニークな視点をうち出している小説として、オドエフスキーの『サラマンダー』(一八四一)が挙げられる。その第一部は、一八世紀初めのフィンランドの情景からはじまる。孤児ヤッコは、戦争の混乱のなかでペテルブルグに連れられていく。そこで彼はピョートル一世に気に入られ、オランダに留学し、国造りに献身する。ヤッコは、フィンランドで自分を育ててくれた魔術師の孫娘エルサをペテルブルグに連れてくる。しかし野生の性質をもったエルサはペテルブルグの生活になじめず、あるとき洪水とともに故郷に戻ってしまう。この第一部は、叙事詩『カレワラ』の引用をまじえるなど、フィンランド的情緒を豊かに伝えているが、他方でプーシキンの未完の小説『ピョートル一世の黒人奴隷』(一八二七―二八)を強く意識している。プーシキンの小説では、ピョートル一世の活動が「スチヒーヤの抵抗に対する人間の意志の勝利」と表現されているが、ヤッコの目に映るピョートルも、それをなぞるようにこう表現される。「このロシアの偉大な指導者は、彼には巨人のようにも、スチヒーヤを克服する魔法使いのようにも見えた」(ここでのスチヒーヤは、プーシキンの場合と違って複数形である。これは魔術が対象とする根源物質を指し、第二部の錬金術のテーマにつながっていく)。

小説の第二部では、ピョートルの死後、ペテルブルグを追われてモスクワに住むことになったヤッコが、貧窮のなかで錬金術に耽るさまが描かれる。あるときヤッコの前にエルサの幻影が現れる。それ以後この幻影はヤッコの願望を次々とかなえていく。金の精製に成功して金持ちになったヤッコは、しかし最後に、幻影のエルサ、すなわち火の精サラマンダーに焼かれて消えてしまう。錬金術は、根源物質(エレメント、スチヒーヤ)を操ることで金を生み出し、不死を得ようとする術であるが、この小説では火のエレメントが活躍する。

第一部と第二部は独立した話になっている。一方はリアルな世界を、他方は幻想の世界を描き、語りのスタイルも異なっている。異質な物語が、登場人物の連続性によってつながっているわけである。これは何を意味するのだろうか。

第一部で、スチヒーヤを克服せんがごときピョートルに心酔するヤッコは、第二部では錬金術によってスチヒーヤを操ろうとして破滅する人間に変貌している。これをエルサの側からみるなら、フィンランドの野生の自然とつながり、魔術師（シャーマンの一種と考えられる）の血を引く第一部のエルサは、錬金術の力の源泉である火のエレメントを体現する第二部の幻影のエルサに変わっている。エルサに備わるエネルギーが、野生の自然から錬金術のエレメントへと移行していくところに、この小説の独自色がある。これはオドエフスキーが、プーシキンのなかで一見別々に存在するもの――『青銅の騎士』などでピョートルが相手にしている自然の力と『スペードの女王』などで主人公を破滅させる無気味な力――を、同じ根源に発するものとして捉えていたことを示している。

ところで、『サラマンダー』に現れているような、野生の自然やシャーマンの血といったフィンランドのイメージは、ペテルブルグを考えるうえで重要である。そもそもペテルブルグ自体が、都市建設以前はフィン系の人たちの住む土地だった。彼らはその後もこの地に住み続けた。フィン人は、長いあいだ古層文化を保持してきたといわれる。たとえば『カレワラ』に語られる神話、またその根底に横たわるシャーマン文化にそれは現れている。[3]自然環境にしても、ペテルブルグの郊外に行けば、森に囲まれた湖や池がたくさんあり、人がめったに入らないような場所がいまでも多く残っている。

このような土地にペテルブルグは建てられた。つまり、人工的な石の都市、ヨーロッパ的な都市とされるペテルブルグの深部と周辺には、三百年たっても消え去らないような、前ペテルブルグ的な原始性が強く残っているのである。したがって、ペテルブルグが過去の方向を向くときにはしばしば、都市建設の目標であったような、世界帝国をめざすローマ理念といった西欧的、古典古代的な志向を飛び越えて、もっと原始的なものに一気に向かおうとする。

ここでリルケの詩をもう一度思い出そう。詩人は、馬車に乗って猛スピードで走りながら、ネヴァ河畔の風と、夏の園の草木の匂いをきっかけにして、原初的自然を感じとった。そしてその原初性の把握は、詩人と都市が、高速の走行という一種のトランス状態で一体化したときの把握であり、まさにシャーマン的な把握であった。

七　「スチヒーヤ」の二面性

ここで再びプーシキンの『青銅の騎士』に戻ろう。まずペテルブルグ建設を思い立つピョートル一世を描写する冒頭の二行に注目したい。

荒涼たる波の岸辺に／あの人が立っていた、壮大な思いに満たされて。
На берегу пустынных волн, / Стоял Он, дум великих полн.

一行目で「荒涼たる」と訳した言葉 пустынных (pustynnykh) は、直接には「ひとけがない」ことを表している。しかし、もとの名詞 пустыня (pustynya 荒野)、さらにそのもととなった形容詞 пустой (pustoi 空虚な) とのつながりを考えると、「荒涼たる波」という表現は、都市(コスモス)を創造する以前の原初の水(カオス)を暗示していると読むことができる。そしてこれに続く二行目の「壮大な思いに満たされて」の「満たされて」полн (poln) が、一行目の「波」волн (voln) と韻を踏んでいることは重要である。ピョートル一世に都市創造を決意させたものが、ほかならぬ波の原初的な力だったことが浮かびあがる。『青銅の騎士』のなかでスチヒーヤに取り憑かれるのは、青銅の騎士像に追い回されるエヴゲーニーだけではない。ピョートル一世もまた、スチヒーヤに取り憑かれた人間なのだ。二人の違いは、つましい家庭を築こうという小さな「夢想」がつぶされて狂気に陥るか、都市建設という「壮大な思い」を抱き、死後も都市の発展という「永遠の夢」を見続けるか、という点にある。

『青銅の騎士』のピョートルは、土地が発する原初のエネルギー、つまりスチヒーヤに満たされてペテルブルグを創造した。この場合スチヒーヤは、創造の源泉である。この点で興味深いのは、プーシキンが一八二七年に書いた『詩人』という詩である。詩神アポロンのもとめがないときは、詩人は日々の雑事にかまけている。しかしいったんもとめがあれば、「彼は走ってゆく、人を寄せつけぬ厳しい面もちで、音と心の昂ぶりに満たされつつ、荒涼たる波の岸辺にむかって、ざわめきの広がるオークの林にむかって」。

　このなかの二行「音と心の昂ぶりに満たされつつ、／荒涼たる波の岸辺にむかって」(И звуков и смятенья полн, / На берега пустынных волн,)を、『青銅の騎士』の冒頭の二行「荒涼たる波の岸辺に／あの人が立っていた、壮大な思いに満たされて」(На берегу пустынных волн, / Стоял Он, дум великих полн.)と比べてみよう。「満たされ」полн (poln) と「波」волн (voln) が韻を踏んでいるだけでなく、ほかの語彙にいたるまで、実によく似ている。詩的創造にとりかかる詩人の姿は、都市の創造にとりかかる皇帝の姿と同じ言葉で表現されているのである。

　さらにプーシキンの詩『海に』(一八二四)をみてみよう。冒頭で詩人は、海にむかって「さらば、自由なるスチヒーヤよ」と呼びかける。そのあと詩人は、ナポレオンとバイロンの死に思いをめぐらせ、バイロンの巨大さを海にむかって語りかける。「おまえの姿は彼の上に刻印された。彼はおまえの息吹によってつくられた」。バイロンは海のスチヒーヤに満たされる人間、スチヒーヤが「刻印される」人間なのである。詩人は、ロマン主義を体現する巨人の死によって世界が空虚になったことにとまどう。しかし詩人は、海の姿と波音をずっと忘れずにいようと決意して、こう締めくくる。「森のなかへ、ものいわぬ荒野へと、おまえに満たされて、わたしは運んでいこう、おまえの岸壁を、おまえの入り江を、輝きを、影を、波音を」。このうちの二行、「おまえに満たされて、わたしは運んでいこう」と「輝きを、影を、波音を」が、先にみた『詩人』の詩行に似ていることはすぐにわかる。「満たされて」полн (poln) と「波」волн (voln) の押韻も同じである。ここでも創造の行為が暗示されている。

この詩を書いたあとプーシキンは、ロマン主義的な「南方追放」期を終えて北のロシアに戻り、スチヒーヤを源泉とする新しい創造を模索することになる、バイロンともナポレオンとも異なる形の創造を。

そこでピョートル一世が舞台に上がってくる。その姿はまず一八二七〜二八年に企てられて未完に終わった小説『ピョートル一世の黒人奴隷』に現れている。主人公はアフリカから連れてこられたプーシキンの曾祖父イブラギームである。彼はピョートル一世に気に入られてフランスに留学し、ロシアに戻って、国の改革と啓蒙を進めるピョートルの意志に沿おうとする。その際イブラギームの眼には、ピョートルがなしとげていく都市建設が、「スチヒーヤの抵抗に対する人間の意志の勝利」(第二章)だと映る。

これが『青銅の騎士』のピョートルにつながっていく。そして『青銅の騎士』においては、スチヒーヤは、単に勝利すべき対象であるだけでなく、都市建設のエネルギーを皇帝にもたらす創造の源泉なのである。そして、ピョートルの都市建設の目標は、こう表現されている。「あらたな水路をかきわけて、あらゆる国から船が来る。盛大に宴を張ろう」。自然界の「波」のエネルギーは、人間世界の「宴」に転換される。それは人々が集う都市のにぎわいであり、光と熱を発する都市のエネルギーである。

こうみてくると、プーシキンがスチヒーヤのもつ破壊性と創造性の両面を捉えていたことがわかる。プーシキンの世界では、さまざまなものが萌芽的に含まれ、相矛盾するものが互いを支えあっている。『青銅の騎士』のピョートル一世とエヴゲーニーにしても、国家と個人の対立を表すものとしてだけでなく、同じ根源から分化した分身と捉える必要がある。こうしたヴァリアント思考、相補性、総合性といった特性があってこそ、のちの多くの作家が、繰り返しプーシキンに立ち返るのだろう。「文学におけるペテルブルグ」を論じた先駆者アンツィーフェロフは、『ペテルブルグの魂』(一九二二)のなかでこう書いている。「プーシキンは、ピョートル一世がペテルブルグという都市の建設者であるのと同じ程度に、ペテルブルグのイメージの創造者である」。この定式化は、いま述べたような観点からも支持することができる。

八　自己と世界のシンクロナイズ

ペテルブルグのもつエネルギーを、シャーマンをトランス状態に導く力にたとえたが、別の言い方をするなら、それは人間を世界にシンクロナイズさせる力だともいえる。たとえば、二〇世紀の詩人アフマートヴァについてしばしば、彼女の詩の主人公は時代であるとか、世代であるといわれるが、それは、彼女の歌うきわめて個人的なことがらが、ペテルブルグの具体的な時間と空間に縫いこまれたものとして示されることで、世界と時代を凝縮した出来事になりえているからであろう。

一九世紀の作家ガルシンの『ペテルブルグ書簡』(一八八二)もこの点で興味深い。ガルシンはペテルブルグを「わたしの精神的故郷」と呼び、さらに「真の精神的故郷になることのできる唯一の都市」とまでいう。それは、「全ロシアのために痛み、喜ぶ(その対象があればだが)のは、ただペテルブルグだけ」だからだ。普遍性を体現する場所を精神的故郷と呼ぶ点は、プリーシヴィンと同じである。しかしガルシンのペテルブルグは、自己確立の場所であるよりも、万人の感情を受信するアンテナのようなものである。

もちろんロシア帝国の首都ペテルブルグは、抑圧や不正の中心でもあったはずだ。それでもなお、この都市を唯一の精神的故郷であると彼に言わせるものは何だろう。ガルシンは、『赤い花』(一八八三)で精神病院を世界そのものとみなす狂人を描き、『アッタレア・プリンケプス』(一八八〇)で世界各地から植物を集めた庭園を描いた。そこには、ある閉じた空間を小宇宙に見立てる志向が明瞭にみてとれる。ペテルブルグもまた、ガルシンにとってひとつの小宇宙だったのではないだろうか。他人の痛みをわがことのように感じて苦悩したガルシンにとって、ペテルブルグというミクロコスモスは、自己の波長を世界の波長に共振させるために不可欠な場所だったに違いない。

九　光の変奏

都市には人が集まっている。人が集まるところには火があり、明かりがある。それに引かれてさらに人が集まってくる。緯度の高い地域では、冬は夜が長く、夏は薄明るい夜が続く。街灯や部屋の明かりも、その分いっそう、人の世界の暖かみを感じさせる。ペテルブルグにいると、人は光に対する感覚を研ぎ澄ますようである。『青銅の騎士』もその光を描写している。「物憂い夜の透明な薄明かり」、「月の照らさぬ輝き」。その光で詩人は「ランプもなしに読み書きをし」、「ひとけのない街路に眠る大建築も浮かびあがる」。さらに「舞踏会の明かり、物音、話し声」、「ポンスの青いきらめき」……。これを都市建設以前のこの地の描写と比べると対照的である。「そして森が、霧に隠れた太陽の光を知らぬまま、あたりでざわめいていた」。自然界のスチヒーヤを人間界のエネルギーに転換したピョートルは、ただ「啓蒙」という意味でだけ光をもたらしたのではない。実際の光を人々にもたらしたのである。都市の光は都市のエネルギーの象徴である。「光の都市」という表現はこの意味でも含蓄がある。

人を引き寄せるペテルブルグの光は、一九世紀の作家コロレンコの文章にも現れている。一八七一年の初秋のある日の夕刻、彼はペテルブルグに到着する。「ペテルブルグ！　わたしが人生で最良のものと考えていたものがすべてここに集まっている。なぜなら、ここからロシア文学のすべて、わたしの魂の真の故郷が生まれ出たのだから……」。汽車のなかからはじめて見るペテルブルグを彼は感激をもって描き出す。「ぼんやりと明るい夕空を背景にして、どっしりと、なにか夢みるように家並みが浮かびあがり、その下ではもう、明るい数珠のように街灯の列――白夜が終わるとふたたびこの時刻に点灯されはじめる習わしだった――が走っていく……」。「すがすがしく輝く空のもとで陽気に輝くこれらの街灯も、轟音も、鉄道馬車の音も、どこかで消えていく夕焼けも、そして西風にのって広場に運ばれてくる海の独特な強い臭いも、――どれもこれもがわたしの気分に驚くほど一致していたのだ」（『わが同時代人の物語』一九二二、第一巻、第一部、第Ⅳ章）。

カガーノフという研究者は、このコロレンコの描写を、「芸術の世界」派の絵画および象徴派の文学に描かれた、たそがれの薄明かりや街灯に照らされたペテルブルグと関連づけている（『サンクト・ペテルブルグ、空間のイメージ』）[4]。カガーノフは、コロレンコがペテルブルグにやってきた一八七一年が、オストロウーモヴァ、グラバーリ、ベヌア、ディアギレフなど、「芸術の世界」誌に参加した人たちが生まれた時期にあたると指摘したうえで、彼らが描くような薄明かりのペテルブルグは、長い時間をかけて形成されてきたペテルブルグ・イメージを完成するものだったと述べている。

一八五三年生まれのコロレンコについていえることは、一八五五年生まれのガルシンについてもいえるだろう。ガルシンの『ペテルブルグ書簡』の冒頭も、汽車でペテルブルグに到着する場面であり、そのときの心の弾みを伝える筆がコロレンコの文章とよく似ている。光についてもガルシンは、「白い春の夜」への愛着を述べている（この点はむしろプリーシヴィンに近い）。

しかし、コロレンコやガルシンの心が向かう先は、彼らの文章の続きを読めばわかるように、ベリンスキーやドブロリューボフなど、社会変革をめざす彼らの先輩たちの活動ぶりであった。一方、「芸術の世界」派や象徴派が、たそがれの薄明かりを通して見ていた世界は、それとはまったく異なる。カガーノフによれば、彼らの描く薄明かりは、この世界の背後にある「異世界」（ブロークの言葉）を暗示するものである。

とはいえ、カガーノフが指摘したかったことは、これら異なる人々の光に対する愛着が、同じペテルブルグの光から生まれてきたということであろう。そうした視線をほかの作家たちに広げてみると、ペテルブルグの光をめぐるさまざまな変奏が聞こえてくる。

たとえばリルケの詩にも、街灯に照らされた建物と白夜の描写があったことが思い出される。現象の背後に働くものを見ようとするリルケにおいて、原初のペテルブルグへの飛翔の出発点が淡い光の都市空間であったことは重要である。その意味で、彼の捉えたペテルブルグは「芸術の世界」派のそれに近いといえるだろう。一八七五年生まれのリルケは、ベヌアと親交があり、「芸術の世界」誌の読者であった。

プリーシヴィンの「光の都市」はどうだろうか。彼の語る「光」はコロレンコなどより抽象度が高い。一八七三年生まれのプリーシヴィンは、ペテルブルグで象徴派とまじわり、同じ時代の空気を吸っていた。もっとも、彼はその光の舞台を都市から自然の世界に移したのであった。

象徴派以後の世代にも、また違った光の変奏を聞きとることができる。一八九一年にワルシャワに生まれたロシアの詩人マンデリシュタームにとって、ペテルブルグは幼年期以来の記憶と結びついているという意味で、真に故郷といえる。彼がペテルブルグについて残した詩の言葉は、不思議な魅力を放っている。

わたしは寒い。透明な春がペトロポリスに緑の綿毛を着せている。しかしネヴァの波は、クラゲのようにわたしに軽い嫌悪をもよおさせる。北国の河の岸辺を、自動車のホタルたちが疾駆し、鋼鉄のトンボや甲虫たちが飛び、星々の金色の留め飾りが明滅する。しかしどの星も、海水の重いエメラルドを打ち砕くことはない。

——『わたしは寒い。透明な春が……』(一九一六)

車のランプの光も、鉄の車体といった文明の力も、そして都市を照らす星の光さえも、海の水と河の波の寒々しく重々しい存在感を前にして、なんとも弱々しい。

透明なペトロポリスでわたしたちは死ぬ、プロセルピナがわたしたちを支配するこの土地で。
――『透明なペトロポリスでわたしたちは死ぬ……』(一九一六)

透明な星よ、さまよう火よ――おまえの兄弟が、ペトロポリスが死んでいくのだ！
――『おそろしい空の高みに、さまよう火が！……』(一九一八)

「透明な春」、「透明なペトロポリス(＝ペテルブルグ)」、「透明な星」……。「さまよう火」とは、消えゆく流星を指すと同時に、鬼火、死者の魂の暗示であろうか。星は光を放つ。しかしその光はここでは透明でなんともはかない。星と「兄弟」であるペテルブルグもまた透明な光に包まれている。光の透明さは、〈都市＝星〉が死に瀕していることを示している。

これらの詩は、第一次世界大戦と革命の時代に書かれた。ここで、プリーシヴィンの『光の都市』が書かれたのが、ナチスによる包囲のなかでレニングラードが消滅の危機に瀕していたときだったことが思い出される。(5) 都市が死に直面していると感じるとき、人がもっともいとおしく思うもの、それは都市の光なのかもしれない。

一〇 最後に

ラヴレノーヴァ著『一八世紀—二〇世紀初めのロシア詩における地理的空間』(6)という本は、題に示された時期の主要な詩人の作品から地名を取り出し、使用頻度を時代別、作家別に地図や図表に表している。限定されたジャンルのなかではあるが、作家や時代の心的エネルギーが、どの空間にどの程度向けられたかが浮かんでくる。

著者によると、「北」という言葉はロシアを指し、とくにペテルブルグを指すものとして用いられたが、そこには「南」からの視点、つまり範とすべき古典古代文化からみる視点がひそんでいる。こうした視点が一八世紀から二〇世紀初めまで、詩人たちの自己認識の基本にあった。しかし一九世紀終わり頃から、アジアが頻繁に取り上げられるようになる。ペテルブルグをロシアの中心に据え、ロシアを「北」の国とみるヨーロッパ的視点は低下し、ロシアをアジアの国とみる視点が強まってくるのである。また、一八世紀以来、ペテルブルグはモスクワと同程度に言及されてきたが、二〇世紀にはペテルブルグが言及される度合いが低下し、モスクワが高まる。

いずれにせよ、一八世紀初めから二〇世紀初めまでは、ペテルブルグが自己と世界の時間を一致させる力をもつ空間であったことは確かである。もちろんペテルブルグと比肩しうる空間が存在した。都市対都市という視点をとるなら、まずモスクワである。ペテルブルグ対モスクワというこの対比は伝統的なものである。ペテルブルグ、すなわち新しいロシア、人為の都市、ロシアの頭脳、ヨーロッパの都市……、それに対するモスクワ、すなわち古きロシア、神聖なるロシア、ロシアの心、母なる都市、アジアの都市……。

一方、視線を都市からはずしてみるとどうであろうか。すると、一九世紀から二〇世紀初めのロシア文学において牽引力をもったもうひとつの空間として、ウサージバ(地主屋敷)が浮かびあがってくる。ロシア文学におけるウサージバの役割の大きさはいうまでもない。それは作家をはぐくみ、創作の霊感をもたらす場所であった。作品の登場人物たちも、都市を遠く離れたウサージバに安息をもとめ、そこで夢想に浸った。そこで人は、都市（とりわけペテルブルグ）の場合とは異なる自己を確立しようと試み、挫折する（この点でもプーシキンは、『エヴゲーニー・オネーギン』で原型をつくりだした）。

ロシアのウサージバの歴史は一八世紀後半にはじまり、一九世紀初め頃からロシア各地に広まった。そして二〇世紀初めに、チェーホフの『桜の園』（一九〇四）に暗示されるように、終焉に向かう。ウサージバがロシア文化において大きな役割を演じた時期は、ペテルブルグが文学においてエネルギーを放った時期とおよそ重なる。

ペテルブルグ・イメージを捉えるためのひとつの視点として、伝統的な比較対象であるモスクワにかえて、ウサージバを対置してみることにも意味があるだろう。一九世紀初めから二〇世紀初めまでのロシアにおいて、もしウサージバが回帰の原像、自足的な安息の空間としてロシアの自己像のひとつの極であったとするなら、ペテルブルグは大きな外の世界へむけて開いた自己拡大の空間として、ロシアの自己像のもうひとつの極を表現したといえるだろう。もちろん、「ペテルブルグ」においてもまた、「ウサージバ」と同じく、夢と幻滅、光と闇のさまざまなドラマが繰り広げられたのである。

（1）　この先、詩を引用する際、基本的に行分けを無視して示す。また作品等の翻訳はすべて筆者の私訳であるが、引用文献の指示は省略した。なおリルケの詩『夜の走行――サンクト・ペテルブルグ』（«Nächtliche Fahrt—Sankt Petersburg»）およびそれが書かれた状況の理解に関しては、とくに以下の文献に多くを負っている。Daria A. Reshetylo-Rothe, *Rilke and Russia: A Re-evaluation* (New York: Peter Lang, 1990), pp. 283-289.

（2）　こうした創造の源泉としての「スチヒーヤ」は、「ディオニュソス的原理」という概念を想起させる。実際、ここに挙げた三人の著作家を含め、二〇世紀初頭のロシアにおいてはニーチェの影響が大きかった。この時代の人々がスチヒーヤという言葉を用いるとき、しばしばニーチェのいう「アポロン的」と「ディオニュソス的」という概念が影を落としていることは疑いない。

（3）この点についてはJuha Pentikäinen, *Kalevala Mythology*. Expanded edition. Translated and edited by Rivta Poom. (Bloomington: Indiana University Press, 1999) を参照。なお *Спивак Д. Л.* Северная столица.: Метафизика Петербурга. СПб., 1998には、フィンランド的要素がペテルブルグの文化にどう現れているかについて豊富な例が挙げられている。

（4）*Каганов Г. З.* Санкт-Петербург: образы пространства. 2-е изд., перер. и доп. СПб., 2004. С. 162-164.

（5）ペテルブルグの文学を、〈都市＝光〉の創造から衰微まで、その賛美から哀惜まで、といった視点でみることもできるだろう。そうした視点はさらに「アポロン的なもの」というテーマにもつながっていく。最後の点については以下の文献が興味深い。*Топоров В. Н.* Из истории петербургского аполлинизма: его золотые годы и его крушение // *Топоров В. Н.* Петербургский текст русской литературы. СПб., 2003. С. 119-262.

（6）*Лавренова О. А.* Географическое пространство в русской поэзии XVIII - начала XX веков. Москва, 1998.

（付記　本章のうち第四、六、七節の内容は、筆者が別のところに発表した論文「ロシア語のстихия（スチヒーヤ）：ロシア人の人間観・言語観をのぞく窓」『類型学研究』二〇〇五年、一三一―一六六頁の一部と重なる）

ペテルブルグの芸術

——美術都市と反コンセプチュアリズム

鈴木正美

一　ペテルブルグと情報

ペテルブルグは建都以来さまざまな伝説、神話、都市のフォークロアを生み出し、豊かな文学テクストをはぐくんできた。またなによりも芸術においては、絵画、彫刻、建築のみならず、バレエ、演劇、音楽等で世界中の芸術、文化に影響を与え続けてきたことは、いまさらここで強調するまでもないことである。ペテルブルグは都市そのものが一個の芸術作品であり、それゆえにヴェネツィアやローマと並び称され、人類の奇跡として世界遺産ともなっている。

こうしたことはすでに自明のことであり、異論の余地のない、常識である。少なくとも二〇〇三年一月に開催された日本ロシア文学会のシンポジウムで「若き人工都市サンクト・ペテルブルグはいかにして学術・文化情報の発信地となりえたか」というテーマが設定され、ここで報告を行なうときまで、筆者にとってもそれは自明のことであり、この問題を検討することは「ペテルブルグはペテルブルグであるから」という同語反復しか生み出さないように思われた。

首都機能を担わされ、行政と経済そして軍事の中心となった都市では、文化の原動力となるパトロンや経済人、そしてなによりも都市の近代化によって生まれる文化の消費者たちが生活を営むことで、おのずとさまざま芸術が発展、推移、変化を重ねていく。ペテルブルグはそうした都市のひとつだった、ということだけは前提として崩しようがないだろう。おそらく、この前提のもとに他の都市との比較によってペテルブルグの特徴を述べるのがもっとも無難な手段であろう。実際、モスクワとペテルブルグを比較し、両都市の特徴について述べた文章は膨大にある。

さまざまな文学テクストに描かれたペテルブルグをめぐる言説はあまりにも多く、ここでその内容を吟味する余裕はない。本章では美術に的を絞って、ペテルブルグが世界に類のない特徴を有していることを考察してみたい。

また、もうひとつ、「ペテルブルグはいかにして学術・文化情報の発信地となりえたか」という問題については疑義をはさむ余地があることを指摘できる。「情報発信」というとき、それはなんらかの文化をもった社会が存在し、その文化がなんらかのメッセージをあるメディアを通じて、他者(具体的な相手、不特定多数の相手、他の文化構成員)に伝達しようという意志を有しているということだろう。発信は受信を前提とする。しかし、こうした情報の発信・受信という回路は、シャノンとウィーヴァーのコミュニケーション・モデル(一九四九)以来の類型化された図式である。現代のコミュニケーション論における、他者とのふれあいやまなざしの交感の問題やメディア論における物流、交流、交換、メディアの交錯する場の問題、映像論における記憶の問題等を前にしては、シャノンのモデルは一方通行の信号の流れでしかありえない。ペテルブルグと文化という点では、その文化がもつメッセージがどのような社会的メカニズムでメッセージ化され、どのようなメディアを通じて、どのような他者に受容されたのかについて考察しなければならないだろう。本章では、美術そのものをひとつのメディアとしてみたときに、ペテルブルグの文化においてそれがどう機能したのかという点について考えてみたい。

二　人工都市ペテルブルグの美術

ロシアの文芸学者・記号学者のロトマン(一九二二—九三)によればペテルブルグをめぐるさまざまな神話は、それがまさしく新しい人工的な都市であるがゆえに生まれたことになる。歴史の不在は神話の急速な誕生を促す。

ペテルブルグの歴史は浅く、本来長い時間をかけて形成され蓄積されていくはずの記号体系や自己イメージをもっていなかった。そこで、これらの不在を短期間で埋め、補うためにさまざまな神話がつくられ、それゆえ文学におけるペテルブルグ・イメージは豊かになったのである。(1) そうしたペテルブルグ・イメージのひとつを作家・批評家のV・シクロフスキー(一八九三〜一九八四)は『むかしむかし』(一九六四)で次のように描写している。


ペテルブルグは詩人たちの町であり、叙事詩のように構成されている。

ペテルブルグは計画的に作られた都会であって、それは古い都会の花よりも高価なものであるが、それというのも、針一本さえ自覚的であるゆえに針のほうが花よりも高尚だからである。そう語ったのはベリンスキーである。

ペテルブルグは、あらかじめ韻を踏む場所が設定され、韻の復帰する場所も定められた複雑な秩序をもつ厳格な詩句のように創造されている。

(中略)

夜の太陽と海軍省の塔の先端の輝きを見、青銅の騎士の足音を聞いて、プーシキンはこの都会を描いた。美に捧げられた困苦、人類の創意の巨大な集積は、すべて、それをほとんど意識させないまま存在していた。(2)


一九〇五〜一〇年頃のペテルブルグの風景の記憶から書かれたこの文章からは、美の都、詩の都という典型的なペテルブルグ像がロシア文学の読者にとって定着したものであり、都市そのものがすでに先行する文学テクストによって構成されたメタテクストであると意識されていたことがわかる。現代文学においても同じように詩人ヨシフ・ブロツキー(一九四〇〜九六)が「地上でもっとも美しい都」ペテルブルグの風景を構成する建築群からギリシア、ローマ、エジプト、その他さまざまな文化の多元的コードを読み取り、「私たちの世界の歴史について、のちに書物から学んだ以上のことを学んだ」という。つまり文学におけるメタテクストのみならず、ペテルブルグは美術に関してもメタ美術的であった。都市全体がひとつの文学テクストであるばかりか、複数の美術史の本あるいは展覧会カタログそのものなのだ。

人工都市ペテルブルグでは文化と歴史の不在を補うべく、美術史をなぞるように壮麗な建築群が建設されたばかりか、ピョートル一世(一六七二〜一七二五)以降、とくにエカテリーナ二世(一七二九〜九六)の時代に国家の威信をかけて絵画、彫刻作品が収集された。それはロシアにおける近代にいたるまでのヨーロッパ美術の不在を埋めて、人工的に美術の世界を再構築することであった。近代における博物館の形成が国家における世界全体の掌握を意図したのと同じく、美術品の収集は美術によって世界全体を掌握することであった。したがってピョートル一世のクンストカーメラ(美術品陳列館)を珍奇な事物のコレクションであると単純に解釈はできない。他の国の君主が所有していないものを多くもっていればいるほど、そのコレクターは多くの世界を掌握している証となるのだから。つまり博物館や美術館においては無機物も有機物も残さず世界のすべての諸事物を収集し、分類し、整理することで世界そのものを支配することへの代償とすることを意図したのであり、美術作品をコレクションすることで美術の文化という「世界モデル」を構築し、西洋諸国と並び、それをさらに越えようとしたのである。ペテルブルグを中心としたロシアの近代化は、建築と美術作品収集による世界モデル構築の歴史でもあったのである。

三　エルミタージュ美術館と世界モデル

エルミタージュ美術館の誕生は一七六四年のことである。現在の小エルミタージュにあたる部分に、エカテリーナ二世がベルリンの美術家ゴッコフスキーから購入した絵画二二五点が収められたのが美術館のはじまりだった。エカテリーナが出身国のドイツからの購入にこだわったこともあるかもしれないが、当時プロシャが購入するはずだったこのコレクションをロシアが購入したことで、財政困難なプロシャに比べてロシアの国力がいかに勝っているかを全世界に知らしめる事件となった。これらオランダ、フランドル、一九世紀イタリア絵画のコレクションに加えて、パリやウィーンの宮廷美術コレクションがその後精力的に収集された。

ロシアにおける美術の不在を埋めるために、エカテリーナ二世は短期間で美術コレクションを次々と購入した。その際にキュレーター兼バイヤーとして活躍したのがD・ゴリーツィンである。彼は一七六五年にパリ大使となり、一七六六年から一三年間ペテルブルグに滞在し、一七八三年に退官するまで収集活動を続けた。ペテルブルグのシンボルとなったピョートル一世騎馬像の作者ファリコネやフランスの思想家ディドロとも親交があった彼は、すぐれた教養人であり、美術作品に関してもすぐれた目利きであった。キュレーターとしての鑑識眼とバイヤーとしての辣腕を十分にふるってゴリーツィンは、一七六九年にはパリのオークションでブリュール伯のコレクション購入に成功する。さらに一七七二年にはフランスのピエール・クローザのコレクション、一七七八年にはイギリスのウォルポール・コレクション、一七八三年にはボードアンのコレクションを購入している。大量に美術品購入を続けるロシアは世界中から注目を浴びた。国威を示すことには十分成功したといえるだろう。こうして収集は膨大なものとなり、一七九七年のカタログに整理された絵画は三九九六点に及んだ。エルミタージュのコレクション購入はその後の皇帝たちも続け、一九一七年に美術館が国有化され、冬宮とともに現在のエルミタージュ美術館となった。さらに一九四八年にモスクワの旧西洋近代美術館から三一六点の絵画が移されて現在のエルミタージュの内容(二六〇万点余)がほぼ完成した。

エルミタージュ美術館の歴史や収蔵品の内容については、他の書籍に譲るとして、ここで注目したいのは、エカテリーナ二世個人が自分の楽しみだけのために自分の隠れ家(エルミタージュ)に飾った美術作品がやがて国家の共有財産となり、エルミタージュ美術館がペテルブルグのシンボルとも代名詞ともなっていく経緯である。皇帝や貴族の私有財産であった美術コレクションはもともと非公開であったが、それが一般に公開されるようになったのは、例えばルーヴル美術館の場合フランス革命後の一七九三年である。それまで皇帝や貴族階級などのごく限られた権利の所有者のみが享受していた「知識」「教養」としての「美術」を、革命後の「市民」の「啓蒙」のために、広く一般的な「知識」として「平等」に分かちあうために、「美術館」は誕生した。エルミタージュの場合は、一七七〇年代に特別許可を得た美術愛好者、外国人、画家、美術アカデミーの教師や学生等であれば見学が可能になったが、公共の美術館として公開されたのは一八五二年のことである。

美術市場、美術館、美術批評、展覧会といった概念や制度は一八世紀の啓蒙主義によって誕生したということはよく知られている。美術は美的価値と機能によって、人間の可能性を開くもの、つまり啓蒙の道具となるという考えから、一部の金持ちやパトロンだけのものだった美術作品は、より広い人々に開かれたものとなった。こうして一般人のために開放された美術館が生まれ、展覧会が定期的に開催されるようになると、その内容を云々する美術批評が誕生した。批評家たちは時にキュレーターの役割も務めるようになった。美術が開かれたものになったおかげで、それらは人々の生活の一部となり、各人のニーズと資産にみあう作品は容易に売買されるようになり、美術市場が形成されていく。さらに美術教育も普及し、教育プログラムができると美術の細分化がはじまった。絵画、彫刻、応用美術といった分類と差別化である。するとこれらの範疇に入らない、たとえば民俗芸術のようなものはおのずと切り捨てられていった。制度からはみでた、つまり当時の「美」の概念に入らないものは美術とみなされず、それらが美術となっていく過程が近代の終わりのモダニズム美術から現代美術への歴史なのである。

では、ヨーロッパという世界モデルをエルミタージュ美術館に収めることに成功したペテルブルグは、はたして真のヨーロッパとなったのであろうか。おそらく観念としてのヨーロッパを手に入れるためにはその対極としてのスラヴが必要だった。歴史の浅いペテルブルグは自己イメージをもたないがゆえに、そのイメージをつくる基盤としてヨーロッパを必要とした。そしてナショナル・アイデンティティとしてのスラヴ・イメージも同時に生み出したのである。ロトマンが指摘したように、ペテルブルグはきわめて演劇的な都市であり、その住人は具体的に自己を見る視点をもたず、常に観客として抽象的にロシアをイメージした。一九世紀ロシアの知識人は、ロシアのアイデンディティをヨーロッパ文化の一部と考える西欧派とあくまでもロシアの独自性を主張するスラヴ派の二つに分かれ、対立したが、これは存在しない自己を鏡に映して見るようなものだった。ロシアそのものといえる自己イメージがないために、ペテルブルグは西欧派にとってヨーロッパ文化そのものとなる一方、スラヴ派にとってはロシアのシンボルとなったのである。これは観客の視点の差異でしかない。イメージはそれ自体として一人歩きし、実体のないまま、メタテクスト、メタ美術を生み出していったのである。

エルミタージュ美術館には中世ロシアからピョートル一世以降にいたるまでのロシア文化史に関わる美術品が大量に展示されているが、これをさらに補い、強化し、ロシア・イメージを実体化しようとしたのがモスクワのトレチャコフ美術館である。中世のイコンの名品から移動派、初期モダニズムにいたるまでの常設展は、ヨーロッパ文化との対立、交流、吸収、ロシア独自の美術の確立という大きなテーマをもっているように思われる。

常設展のほぼ最後に出現するヴルーベリの部屋は一九世紀末ロシア美術の頂点といっていいだろう。ヴルーベリ(一八五六〜一九一〇)やその隣のレーリッヒ(一八七四〜一九四七)の作品に幻惑されるのは、しかしそれ以前に移動派の重苦しいまでに圧倒的な作品群があるからだ。再現性重視の作品群は一見あまりにも現実的でありながら、そのリアルさと数の多さゆえに、非現実的で幻想的にさえ感じてしまう。今日知られているように、移動派の絵画は決して社会悪を告発したものばかりではなく、宗教的主題、幻想的主題が多かった。レーピン(一八四四〜一九三〇)にいたっては青年時代に描いた「ヴォルガの舟曳き人夫」(一八七三)のような下層社会の人々よりも、同時代の文化人、知識人を描いた作品のほうがはるかに多いのである。

一九二七年一月一二日にトレチャコフ美術館に訪れたドイツの文芸評論家ヴァルター・ベンヤミン(一八九二〜一九四〇)は、一九世紀ロシア絵画史を主とした当時の展示のなかでもとりわけ風俗画が多いことに注目し、「ヨーロッパ諸国民のうちでロシア人が一番集中的に風俗画を発展させた」のではないかと指摘し、それらが展示されている様子を「大きな絵本」のようだと述べている。

たしかに芸術教育というものは(時としてプルーストがまことに巧みに指摘しているように)かならずしも傑作を鑑賞することによって培われるとばかりはいえない。むしろ子どもとか今まさに形成されつつあるプロレタリアとかは、蒐集家とはまったく別な作品を傑作とみなす。そしてそれは正当なことなのだ。そうした絵はプロレタリアにとって、ごく一時的ではあるがしかし揺るぎない意味を持っており、厳密きわまりない規準というものは、プロレタリアとプロレタリアの階級、そしてプロレタリアの労働と関わり合うアクチュアルな芸術にたいしてだけ、あてはまるものなのだ。(3)

市民の啓蒙のために美術館があり、美術教育が美的なものへの関心の端緒をきりひらくことにあるのだとすれば、ベンヤミンの見たトレチャコフ美術館は当時のロシア人にとってきわめて意義深いものであったはずであり、当時の行政は美術館の運営に十分成功していたといえそうだ。しかし、ベンヤミンの日記には当時のアヴァンギャルドの美術作品に関する記事がないのである。彼の関心はもっぱらモスクワという都市とそこに住む人々の日常風景にあり、美術に関しては美術館にあるものよりも玩具博物館や街頭でみつける民芸品・玩具にあった。あたかもそこにこそ、もっともロシア的な美の真実があるかのように、彼は新しい玩具を手にしては歓喜の言葉をあげるのである。ベンヤミンにとって、美術館にあるものだけが美術品ではなかった。風俗画や玩具に向ける彼のまなざしは、先述した美術概念の拡張と美術史という制度の問題、つまりモダニズム芸術の歴史と関わっている。

ともあれ、ペテルブルグにないものをモスクワは補い、エルミタージュはセザンヌ、ゴッホ、ルノアールなどヨーロッパの印象派の作品の収蔵で完結し、ソ連時代を迎えることになる。それはロシアにおけるヨーロッパ美術の歴史の完結であり、やがてソ連美術は社会主義リアリズムという世界に類のないきわめてユニークな美術潮流を生み、育てることになる。

四　破壊と再創造の二〇世紀ロシア美術

ペテルブルグの美術をその都市的性格から、ヨーロッパ世界のモデル化、自己イメージの形成とその二面性という観点から記述することは可能だとしても、それを二〇世紀以降の現代美術においてそのまま踏襲することができるのだろうか。(4)

世界の現代美術を従来の発達史観である「美術史」という枠付けにおいて記述することは困難である。近代までの美術の場合、そのほとんどが社会・制度のなかに厳密に組み込まれており、そこから遊離することがあってもある種の「流派」という名のもとに美術史家たちによって「美術史」という新たな制度のなかで再編され、美術作品はすでに権威づけられた既製品として市場の原理のなかにのみこまれていく。商品が不足すれば、これまで二流の、あるいは民衆の芸術といわれてきたものを「再評価」し、新たに商品化することで、「美術史」のカタログに追加していくのである。

現代美術を歴史として記述することに多くの批評家や美術史家は甚大な労力を傾けながらも、その多くが近代までの美術史のような一貫した流れとして現代美術史を記述することの不可能性を語っている。現代美術を進化や発達の歴史として記述することは不可能であり、それはカタログや事典形式でしか記述できない。個別の美術家、個別の傾向・流派(イズム)の誕生と死、交換と交錯のダイナミズムの記録としてのみ記述可能なのである。

では二〇世紀のロシア美術を「美術史」という概念のもとに再編成し、記述することは可能なのだろうか。おそらく、おおざっぱな見取り図として二〇世紀のロシア美術をいくつかの時代に分けて考えることはできるだろう。それは現代ロシア文化史の時代区分と重なる次のような構成となる。

① 世紀末のリアリズム(移動派)
② 銀の時代(象徴派、ロシア・アヴァンギャルド)
③ スターリン時代の全体主義芸術
④ 「雪どけ」の社会主義リアリズムと一九六〇年代非公式芸術
⑤ 「停滞」の時代の公式芸術と非公式芸術
⑥ ペレストロイカ期のソヴィエト・アヴァンギャルド

⑦　ソ連邦崩壊から現在まで

美術や文学における様式史の視点を適用すれば、この七つの時代区分は古典主義とバロックが交互に波のように交替する流れのなかに捉えられる。ひとつの時代は前代を否定し、その対極へと変化するというプロセスが何度も繰り返される。また前代の否定は極端な物理的破壊をともなうが、同時に対極への変化は前代までの様式をすべてのみつくし、引用と折衷主義の新たな様式を再創造していく。そして多くの場合、祖父の時代の様式の再評価という行為をともなうのである。

たとえば、①世紀末のリアリズムはモダニズムの美術運動によって否定され、②ロシア・アヴァンギャルドにいたってはすべてを汽船から海中に投げ捨てようとするが、同時に看板絵やルボーク(ロシア民衆版画)などの民衆芸術を再評価する。③社会主義リアリズムは移動派のリアリズムを賞揚しながらも、その宗教性をスターリン(一八七九〜一九五三)崇拝へと組み替える。構成主義において芸術家は生産者として働くべきものであったが、社会主義リアリズムはこれに政治的操作を加え、芸術家は人間の魂の技師とみなされ、国家に奉仕するだけの存在になる。④次にフルシチョフ(一八九四〜一九七一)の「雪どけ」の時代になるとスターリン崇拝の全体主義芸術は否定され、後期印象派の表現が社会主義リアリズムに積極的に取り入れられるようになる。さらに、欧米の美術の流入と人工衛星スプートニクの成功が宇宙時代にふさわしいユートピア像を多くの芸術家に志向させた。⑤ブレジネフ(一九〇六〜八二)、アンドロポフ(一九一四〜八四)の「停滞」の時代になると、こうしたユートピアは形骸化されたものとなり、国家、国民すべての「幸福へのアジテーション」である社会主義リアリズムからささやかな日常の幸福や欧米の空気をただよわせる「非公式芸術」へと人々の関心は移っていった。当の社会主義リアリズムの公式画家たちも日常生活にひそむ悲しみや世代間の軋轢といったテーマを公に描きはじめた。⑥そしてペレストロイカの時代になると社会主義リアリズムは否定され、ロシア・アヴァンギャルドが再評価される。社会主義リアリズムをパロディ化するソッツ・アートやそれらをさらに発展させてソ連社会にあふれる諸記号を引用・融合・再構築するコンセプチュアリズムなどの「ソヴィエト・アヴァンギャルド」が世界的に注目の的となり、一九八八年にモスクワで開催されたサザビーのオークション以降、ロシア美術は新たに市場の原理に組み込まれていくことになる。⑦現在にいたっては社会主義リアリズムの再評価がはじまり、全体主義芸術の研究が盛んになり、美術館でソヴィエト時代の芸術の展示をする場合、公式芸術である社会主義リアリズムの流れと非公式芸術の諸流派が同時に展示されるようになっている。いま現在の美術を美術史のなかに組み込む作業はまだこれからのことである。

トレチャコフ美術館新館の常設展「二〇世紀の美術」はこうした破壊と創造の交錯した場と時間としての現代美術を提示している。展示会場には先入観を与えるような作品説明などなく、アヴァンギャルドと伝統的手法の絵画、シュールレアリスティックな作品と社会主義リアリズム、公式美術と非公式美術、再現的作品とソッツ・アートが同時並行的に展示され、主流も亜流も明示されないまま、膨大な作品群が観客の趣味をうかがうかのように展示空間を満たしているのである。

こうしたロシア現代美術のすべてを記述することは筆者には不可能だが、おおまかな見取り図は拙稿「障害としての芸術」で示したことがある。(5) しかし、そこではモスクワとペテルブルグの区別もないまま、ソ連時代の美術史の一断面を描いたに過ぎない。ソ連時代から現代における美術においてペテルブルグ独自の運動や作品があったのか、またあったとすれば、それはロシア以外の世界になんらかの「発信」をし、それを「受信」する世界があったのだろうか。

五　「地方都市」レニングラードの美術

現代ロシア美術に関する研究は、ペレストロイカ以降盛んになり、研究書から一般向けの案内書にいたるまで書籍・雑誌の数は増える一方である。しかし、ペテルブルグの建築論や都市論、イメージ論、文学論、文化史等の研究はあっても、二〇世紀以降のペテルブルグの現代美術に関するまとまった研究はあまりないのではなかろうか。そのなかでもアーラ・ローゼンフェルトの「地方となる運命の偉大なる都市」(一九九五)はフルシチョフの時代からゴルバチョフのペレストロイカにいたるレニングラードの非公式芸術家たちの活動を概観した先駆的な論文である。(6)

レニングラードを田舎、辺境とみる意見はすでに多くあり、それゆえに、中心でありながら周縁、コスモスでありながらカオスという二律背反するペテルブルグ・イメージがつくられたのだとロトマンは指摘しているが、ここでローゼンフェルトが田舎、辺境の運命を担った都市としてレニングラードの現代美術を捉えていることはきわめて重要であると思われる。

現代の作家セルゲイ・ドヴラートフ(一九四一〜九〇)もやはりレニングラードを田舎、辺境とみなしている。

三つの都市が私の人生を通り過ぎていった。最初がレニングラードだった。
レニングラードには首都のたたずまいが苦もなく易々と与えられた。水と石が水平的で豪華な文体論を決定づけた。ここでは崇高さが、不健康な顔色や借金、永遠の自嘲と同じくらいあたりまえのことである。
レニングラードはその行政法においていくぶんか傷つけられた、精神的中心の痛ましいコンプレックスをもっている。不完全性と優越性の結合は、それをきわめて意地の悪い紳士にしている。ちゃんとした国ならどこにでもこうした都市はあるものだ（イタリアのミラノ。フランスのリヨン。アメリカ合衆国のボストン）。

レニングラードはロシアの田舎の首都と呼ばれている。それはもっともソヴィエト的ではない、ロシアの都だと思う。

――セルゲイ・ドヴラートフ『手仕事』（一九八五）(7)

ドヴラートフはさらに次に住んだ都市タリンを「これももっともソヴィエト的ではない、沿バルト地方の都である。東洋と西洋の間の懲罰中継監獄なのだ」とし、そして三番目の都市ニューヨークを「カメレオン」と呼んで、「その顔の表情における満面の笑みは軽蔑のしかめ面にたやすく入れ代わる。ニューヨークは緊張を解かれて平穏であり、死ぬほど危険だ」と述べている。

モスクワに首都機能が移ったあとのレニングラードは確かにソ連的規範からはずれた、いかにもロシア的な都市となった。ロシアではないユートピア都市であるソ連の首都モスクワからみれば、レニングラードはソ連の辺境、ヨーロッパ型ロシアの地方都市であった。行政上の中心ではない地方都市にあっては、文化もまた中心的役割を失ってしまった。モスクワでの非公式芸術の動きが現代美術史において主潮流のように扱われる一方で、レニングラードのそれが地方でのトピック的役割しか付与されないのは致し方ないことかもしれない。しかし、レニングラードの美術は本当に力のないものだったのだろうか。

六　ロシア・アヴァンギャルドの継承

ローゼンフェルトの指摘するとおり、レニングラードの美術においては伝統的な絵画が多く、実験的な作品はほとんどなかった。モスクワのようにソッツ・アートやコンセプチュアリズムといった傾向の芸術家はほとんど現れず、同じような傾向の作品が登場したのもモスクワよりはるかにあとのことだった。モスクワでの動きと平行してさまざまな美術、イベント、グループが発生し、活動したが、レニングラードでつくられる作品はモスクワとは明らかに違うものだった。首都と地方都市、文化の中心と周縁という違いだけでは説明できないレニングラード独自の美術とはいったいどのようなものだったのだろう。

パーヴェル・フィローノフ(一八八三～一九四一)、ミハイル・マチューシン(一八六一～一九三四)、クジマ・ペトロフ＝ヴォトキン(一八七八～一九三九)、カジミール・マレーヴィチ(一八七八～一九三五)等、一九二〇年代にレニングラードで活躍した芸術家たちは多くの後進たちを育てた。とくに一九二五年から一九三〇年代初めまで続いたフィローノフ学校の学生たちの生き残りは、フィローノフの死(一九四一)後も分析的芸術の考えをさらに若い世代に伝えることができた。

第二次世界大戦後のレニングラードで活躍した非公式芸術家グループ「アレフィエフ・サークル」の主要メンバーであるアレクサンドル・アレフィエフ(一九三一～七八)、ヴァレンチン・グローモフ(一九三〇～)、ウラジーミル・シャーギン(一九三二～九九)、ショーロム・シュヴァルツ(一九二九～)は美術アカデミー附属中等芸術学校で学んだ。彼らはのちに「フォルマリスト」の絵であるという理由で告発され、退学させられる。しかし、彼らを教えた学校の教員にはすぐれた人が多く、そのなかにはヴフテマスで学んだグレープ・オルロフスキー(一九〇八

〜?)やゲオルギイ・トラウゴト(一九〇三〜六一)等がいた。アレフィエフたちはセザンヌからキュビズムにいたる美術の理論や歴史まで学ぶことができた。

一九五〇年代半ばから一九六〇年代初頭にかけてエルミタージュ美術館では、封印されていたヨーロッパのモダニズム絵画、とくにフランスの印象派、後期印象派の作品が次々と公開された。また一九六六年にはフィローノフの展覧会(たった一日で閉鎖された)も開催されている。こうしたヨーロッパのモダニズム絵画やその影響のもとに育ったフィローノフやマチューシンの作品の影響は絶大なものであった。

若い芸術家たちは、ヨーロッパのモダニズム絵画の影響とその研究によってみずからの表現を探究していくことになったのである。これはモスクワとは対照的だった。モスクワでは一九五七年に開催された「第六回青年と学生の国際フェスティバル」や一九五九年の「アメリカ絵画展」によってもたらされたジャクソン・ポロック等のアメリカの抽象表現主義や初期のポップ・アートが大きな影響を与えたのだ。

エルミタージュ美術館はまさしくヨーロッパ美術の宝庫であった。ペテルブルグ(レニングラード)という美術都市に住む芸術家たちは、都市と美術館から創作の糧を十分すぎるほどに得ることができた。制度化された美術史とはいえ、ヨーロッパ美術の流れを全体として把握できたレニングラードの画家たちは印象派以降のヨーロッパ美術を学びなおしながら、その継承と発展、分解と再構成を行なう道を選んだ。一方、モスクワではアメリカ美術の影響が、ソ連型のポップ・アートであるソッツ・アートを生み出すきっかけとなったといえるだろう。

行政の中心がモスクワにあったことは、イデオロギーの言説が増幅・充満するモスクワ・コンセプチュアリズムの美術の発生を促す原因ともなっただろう。また、「情報」という点で、モスクワとレニングラードでは決定的に違っていた。外交官や報道関係者等、欧米の現代美術の情報をロシアの若手芸術家たちに伝達することを可能にした人々のほとんどがモスクワにいたという単純な事実。外国人がメディアとして機能したばかりではなく、彼らのもたらす外国からの現代美術書や美術雑誌もまた強力なメディアであった。いともたやすくというわけにはいかないが、同時代の欧米の美術の情報は確実にモスクワの若い芸術家たちに伝達されていた。しかも、メディアとなった人々は彼らの作品を買い上げるばかりか、それをソ連国外で紹介し、喧伝さえしたのである。また、さらに芸術家本人たちの亡命がモスクワの非公式美術を世界的なものにしていった。

しかし、レニングラードでは一九二〇年代で「情報」は足踏みしたまま、芸術家たちはヨーロッパ美術を美術史の時間軸に沿ったまま、後期印象派や表現主義を継承、発展させていった。それはレニングラード独自の美術といえるものを創造した。アレフィエフ・サークル以外にも多くの芸術家たちが活躍した。ヨーロッパのモダニズムの経験とペテルブルグという美術都市での生活を経なければ、独特な画風で世界的に知られているミハイル・シェミャーキン（一九四三〜）もオレグ・ツェルコフ（一九三四〜）も生まれはしなかったろう。こうした延長上に一九八〇年代以降はモスクワ・コンセプチュアリズムの影響と反発ともいえる、さらに新たな展開がなされるのである。

七　なぜペテルブルグにコンセプチュアリズムはなかったのか

レニングラードでもモスクワ同様に、大規模な非公式美術展の開催とその弾圧があった。たとえば、一九七四年一二月、文化宮殿での大規模な展覧会は非公式美術の展覧会としてははじめて公式に開催された。この画期的な展覧会には五二人の芸術家による二〇〇点もの作品が展示された。開場の三時間前から人が押し寄せ、四日間で一万五〇〇〇人の観客が訪れたという。会場入口に設けられたアンケート・ノートでは、展覧会に好意的な意見が九〇〇、中間的な意見が四〇〇、まったくの反対意見が一五〇だったというから、当時の一般市民が社会主義リアリズム以外の美術にいかに飢えていたかがわかるだろう。さらに一九七五年から七九年にかけては、小さな展覧会が多く開催された。そのほとんどは個人のアパートの一室で行なわれたものである。例えば、詩人コンスタンチン・クズミンスキー(一九四〇～)はブロツキーやエヴゲーニイ・レイン(一九三五～)といった詩人たちと親しく、非公式芸術家の多くと交流しており、ブロツキーが国外に出る頃までクズミンスキーのアパートは非公式芸術家たちのサロンとして機能していた。ここでも一九七四年九月、二三人の芸術家による一二八点の作品を展示している。

このあとの展開もモスクワとほとんど同様である。アンダーグラウンドでの活動か亡命か、そしてペレストロイカとソ連邦崩壊による公式と非公式の消滅、商品化と多様化という道をたどったのだ。ただ、モスクワと違ったのは、ロシア現代美術の一大潮流のように今日みなされているソッツ・アートやコンセプチュアリズムがほとんどなかったことだ。いったいなぜなのだろう。この問題について、オレーシャ・トゥルキナとヴィクトル・マジンの二人は明確に答えている[8]。

モスクワ・コンセプチュアリズムはきわめて内省的であった。コンセプチュアリズムは内省なしには成り立たない。その創作において言葉は行為より重要である。言葉以外には何も残らないほどに、コンセプチュアリズムの芸術家たちは、ひたすら言葉を使い、議論を続けた。一方レニングラードの芸術家たちにとって、議論の場に具体的な作品がないことなどありえなかった。コンセプチュアリズムにとっては作品の不在は言葉で満たすことができた。アメリカの批評家が多用したリプレゼンテーション(再現)の危機という考えはコンセプチュアリズムに大きな影響を与えたが、その危機はレニングラードとは無縁だった。

モスクワ・コンセプチュアリズムは観念、概念、言葉を重視したが、なぜレニングラードではそれらではなくイメージ、形象(образ)を重視したのだろうか。トゥルキナとマジンはペテルブルグの現代美術に特徴的な四つのコンテクストを挙げている。

①　美術館都市。ペテルブルグという都市そのものが「芸術作品を我に与えよ」と要求する。伝統的な美術館都市において芸術家は「作品」をつくる人にほかならなかった。

②　幻想都市。都市の幻想性は芸術の発現性と物質性を要求する。リアルな都市の非現実性、あるいは非現実的なリアリティは、ナルシスティックな鏡像メディアによって補充される。ここではイメージが重要であり、イメージは真実であり、イコンなのだ。モスクワではイメージの幻想性（実現不可能性）が強調され、言葉だけが空虚を満たすが、レニングラードではイメージが空虚を満たす。

③　伝統都市。幻想的世界では基準点・指標が必要である。ロシア・アヴァンギャルドも伝統として意識され、その創作の軌跡をたどるためにマレーヴィチ・コース、ラリオーノフ・コース、フィローノフ・コースなどの航空路が確立する。この航空路の基準点・指標は時代とともに変化はするが、飛行の目的はあくまでもイメージの保存である。

④　文化の首都。モスクワではイデオロギーの幻想性の探求が作品になる。モスクワ・コンセプチュアリズムはジョゼフ・コスースやスーザン・ヒラー等の欧米のコンセプチュアル・アートとは違い、その脱構築する対象はソヴィエトの神話であった。たとえば、ヴェーデーエヌハー（国民経済博覧会）はモスクワ・コンセプチュアリズムにとって特別な地位にあったが、レニングラードにはヴェーデーエヌハーもレーニン廟もなかった。あるのは過去との断ち切ることのできない絆だった。

アメリカの現代美術作家ジョゼフ・コスース（一九四五〜）をはじめとする多くのコンセプチュアル・アート（概

念芸術)の人々が、当時ロシア・アヴァンギャルドに関する先駆的な研究書であったカーミラ・グレイの『偉大なる実験』(一九六二)を読み、大きな影響を受けていたという。コスースはマレーヴィチの「絵画の可能性を越えた先まで芸術を発展させようとするアーティストは、いやおうなく理論と論理に接近する」という言葉を好んで引用している。グレイの記述したロシア・アヴァンギャルドの観念や言葉が欧米の芸術家に影響を与え、コンセプチュアル・アートを生む契機のひとつとなったのである。さらに、それが限定的なメディアを通じてモスクワにもたらされ、非公式の芸術家たちに影響を与え、ソヴィエト型のコンセプチュアリズムが形成されたことは、美術をめぐる情報の交換・流通という点で実に興味深い。そして同じロシア・アヴァンギャルドを観念や言葉としてではなく、具体的な作品・イメージとして捉えていくレニングラードの芸術家たちの精神のありようは、やはりペテルブルグという都市のもつ特性ゆえであったというべきであろう。

トゥルキナとマジンはモスクワ・コンセプチュアリズムに対抗しながら、さらに反コンセプチュアリズム的作品を創造した四つの例も挙げている。ペテルブルグの都市フォークロアを意識的に再構築するグループ「ミチキ」、ディスコースからの脱却を唱えるグループ「ノーヴィエ・トゥプィエ」(新たなる愚鈍)、人間の精神病理学的現象に目を向け、死のリアリズムをリプレゼンテーション(再現)する「ネクロリアリズム」、イメージの自律を宣言する「ニュー・アカデミー」である。これにペテルブルグ的ポスト・コンセプチュアリズムの代表としてセルゲイ・ブガーエフ(アフリカ)(一九六六~)が加わるはずだが、トゥルキナとマジンがとくに重視しているのが、特異なパフォーマンスを繰り広げたセルゲイ・クリョーヒン(一九五四~九六)である。

クリョーヒンの音楽プロジェクト「ポップ・メハニハ」はコンセプチュアルなジャンルに属してもいたが、その枠組みをはるかに越えていた。そのパフォーマンスにおいて、クリョーヒンは次の(将来の)パフォーマンスを予告する言葉を発し続けた。それは観念と言葉が行為に先立つコンセプチュアリズムの戦略とも通じる。しかし、クリョーヒンはその言葉に続いてすぐさま即興でなんらかの行為を行なうことができた。また、そのパフォーマンスはパフォーマンスについてのパフォーマンスであった。このメタ・パフォーマンスにおいてクリョーヒンはイデオローグ＝指揮者として登場し、さまざまな社会層の相容れない出演者たちを同時にステージに上げた。このようにクリョーヒンは社会的パフォーマンスのガイド役も果たし、それらのコラージュを実現したのだ。

ロック・バンド、ジャズ・バンド、弦楽四重奏、オペラ歌手、軍楽隊、民謡歌手などの多ジャンルにわたる音楽家がひとつのステージ上で一度に演奏するばかりか、大道芸人やパフォーマー、さらにはウサギやガチョウまでが入り乱れる「ポップ・メハニハ」のコンサートはまさに圧巻である。カーニヴァルとしかいいようのないそのステージでは、音の混沌（カオス）のなかから次々と新しい行為と音楽が生まれては消えていく。時に二時間にも及ぶコンサートが終わったあとでも、さらに次のステージへと展開していく予兆と期待に満ちて、出演者も観客も帰路につくのであった。人工都市という宇宙（コスモス）のペテルブルグには、多くの文学テクストで語られたようにカオスとしてのペテルブルグも内在している。クリョーヒンのパフォーマンスは、こうしたペテルブルグ的コスモス＝カオスがその根底にあったからこそ生まれたのだといってもいいだろう。(9)

さいごに

現代のペテルブルグのアート、個々の芸術家、グループについて、その作品に沿って具体的に検討しつつ、世界のアートとの差違、ペテルブルグの独自性等をさらに踏み込んで論じなければならないが、これは筆者の今後の研究課題である。

また、三百年にもわたるペテルブルグの芸術について語るには一生かかっても足りないだろう。そして、それを語るだけの言葉も知識も筆者にはまったくないに等しい。その膨大なイメージの前にただ立ち尽くすのみである。

本章ではペテルブルグが世界に誇る音楽、バレエ、演劇といった芸術分野については触れることもできなかった。美術と同じようにペテルブルグという都市の特性がこれら諸芸術をなんらかの形で特徴づけるものであるとするなら、それはロシア文化研究者にとってきわめて重要な研究テーマとなるだろう。本章がその検討・議論のための呼び水になれば幸いである。

（1） *Лотман Ю. М.* Символика Петербурга и проблемы семиотики города // Избранные статьи в 3-х томах. Т. 2. 1992. С. 9–21.

（2） V・シクロフスキー、水野忠夫訳『革命のペテルブルグ』晶文社、一九七二年、九八―九九頁。

（3） ヴァルター・ベンヤミン、藤川芳朗訳『モスクワの冬』晶文社、一九八二年、一三七頁。

（4） この項におけるロシア美術史観に関する記述は次の拙論と重複していることをお断りしておく。鈴木正美「エディプスなき後のロシア美術：ソビエト・アヴァンギャルドの源流」『稚内北星学園大学紀要』第一三号、一九九九年、一二五―一三九頁。

（5） 鈴木正美「障害としての芸術」望月哲男他著『現代ロシア文化』国書刊行会、二〇〇〇年、一三五―一六八頁。

（6） A. Rosenfeld, "A Great city with a provincial fate": Nonconformist art in Leningrad from Khrushchev's thaw to Gorbachev's perestroika. // Alla Rosenfeld and Norton T. Dodge (eds.). *Nonconformist Art; The Soviet experience 1956–1986* (Thames and Hadson. 1995), pp. 101–134.

（7） *Доблатов С.* Ремесло // Собрание сочинений в 3-х томах. Т. 2. 1993. С. 94.

（8） *Туркина О.*, Мазин В. Лов перелетных означающих: почему не концептуализм? // Художественный журнал. No. 42 (2002). С. 55–56.

（9） クリョーヒンの音楽については次の拙論を参照されたい。M. Suzuki, "Sergei Kuryokhin and Avant-garde Music: 1980–90s," Tetsuo Mochizuki ed., *Russian Culture on the Threshold of a New Century* (Slavic Research Center, Hokkaido

University. Sapporo, Japan), pp. 87–101.

＊主要参考文献

Andreeva E. *Sots Art; Soviet Artists of the 1970s–1980s*. Craftsman House. 1995.

Арефьевский круг. СПб.: P.P.P., 2002.

Renee Baigell and Matthew Baigel. *Soviet Dissident Artists; Interviews after Perestroika*. Rutgers University Press. 1995.

Бобринская Е. Концептуализм. М.: Галарт, 1994.

Боровский А. (текст), *Белкин А.* (рисунки). Цепь романов: Русское искусство прошедшего века. Незанудливый курс. СПб.: ЭРВИ, 2001.

Деготь Е. Русское искусство XX века. М.: Трилистник, 2002.

Erofeef A. *Non-Official Art; Soviet Artists of the 1960s*. Craftsman House. 1995.

Грезер А. Современное русское искусство. Третья волна, 1993.

Государственная Третьяковская галерея. Искусство XX века. М.: Галарт, 2000.

Khidekel R. "Traditionalist Rebels: Nonconformist Art in Leningrad". *Forbidden Art: The Postwar Russian Avant-Garde*. Art Publishers. 1998.

Холмогорова О. Соц-арт. М.: Галарт, 1994.

Cullerne Bown Matthew. *Contemporary Russian Art*. Phaidon. 1989.

No! — and the Conformists: Faces of Soviet Art of 50s to 80s. Warszawa. Fundacja Polskiej Sztuki Nowoczesnej & Wydawnictwa Artystyczne i Filmowe. 1994.

Образы Петербурга: Из собрания Государственного музея истории Санкт-Петербурга. СПб.: АРТДЭКО, 2002.

Обухова А., Орлова М. Живопись без границ: От поп-арта к концептуализму. М.: Галарт, 2001.

Rosenfeld, Alla, and Norton T. Dodge, eds., *Nonconformist Art; The Soviet experience 1956–1986*. Thames and Hadson. 1995.

Tamruchi N. *Moscow Conceptualism 1970–1990*. Craftsman House. 1995.

Тупицын В. «Другое» искусство. Ad Marginem, 1997.

Тупицын В. Коммунальный (пост) модернизм. Ad Marginem, 1998.
Tupitsyn M. *Margins of Soviet Art; Soviet Realism to the Present*. Giancarlo Politi Editore. 1989.
Тупицына М. Критическое оптическое: статьи о современном русском искусстве. Ad Marginem, 1997.
五木寛之・ＮＨＫ取材班編『エルミタージュ美術館Ⅰ　美の宮殿エルミタージュ』日本放送出版協会、一九八九年。
大石雅彦『聖ペテルブルク』水声社、一九九六年。
トニー・ゴドフリー、木幡和枝訳『岩波　世界の美術　コンセプチュアル・アート』岩波書店、二〇〇一年。
富田知佐子『エルミタージュとサンクト・ペテルブルク』東洋書店、二〇〇一年。
『ソビエト現代美術：雪どけからペレストロイカまで』展カタログ、世田谷美術館、一九九一年。
望月哲男「ペテルブルグ文学」川端香男里他編『講座スラブの世界①　スラブの文化』弘文堂、一九九六年。一八三―二一〇頁。

ナルキッソスの水に映る街

——劇場都市ペテルブルグ

楯岡求美

はじめに

レニングラードにサンクト・ペテルブルグの名前が返還されてまもなく、ちょうどソ連が崩壊した頃に書かれた「ペテルブルグ文学」についてのある論文(1)は、創建以来三百年のこの都市をめぐる言説を縦横に追いかけながら、ペテルブルグに常にまとわりつく神話性、複合性を多角的に分析したうえで、「ベールイが存在しないと言った「首都ではないペテルブルグ」が、初めて誕生した」ことを、この街の未来への好奇心をこめつつ指摘して結ばれている。

しかしながら驚くべきことに、それから十年余り、いわば一世代の月日が過ぎ、二〇〇三年に盛大な三百年祭を祝ったペテルブルグは、いまや堂々と「首都」を名乗っている。確かに公式の国家機能としての首都の座からは降ろされて一世紀になろうかという時がたってしまった。しかし、ペテルブルグという名前を返還されてみると、かえって首都としての国家のお墨付きのないことが意識化され、あらためて「非公式の」(つまり真の)首都だという自覚が強化されたのである。

「これまでなかったようなガイドブック」という、主に現代の前衛的カルチャーシーンを紹介する洒落たガイドブックのペテルブルグの巻には『非公式の首都』という題がつけられている。青い色の表紙には白墨の落書きのような線で表の通りに開かれた窓が描かれ、枠の上部に手書きで「ヨーロッパへの窓」と書き込まれている。窓から見える景色はどうやらネフスキー大通りらしい。

表紙の裏にはこの本への賛として、リベラル派の政党「ヤーブロコ」に所属する国会議員でペテルブルグ出身のイーゴリ・アルチョーミエフの次のような言葉がある。

公式には首都ではないということが、ペテルブルグがロシアの真の文化的中心になることに多くのことで貢献している。ここにこそペテルブルグのパラドクスがある。どこかしこにも満ち溢れている偉大なるロシアの首都の偉大なる歴史が、驚くような自由の風、ロシアのためにピョートル一世が開いた「ヨーロッパへの窓」という風と調和をみせている。ペテルブルグの芸術はいつも半歩前に進んでいて、個々に新人が現れたというだけではなく、現象の総体となって生み出されている。ペテルブルグ・ロック、新世代の芸術家たち、作曲家たち、詩人たち、演出家たち、彼らはしばしばロシアだけではなく、世界をリードしてもいる。この本に紹介されている芸術は明日の芸術であり、わが街でそれらが非常な発展を遂げているということは、知性、思想、文化的面でのヨーロッパの首都のひとつとして、ペテルブルグの偉大なる未来を保証するものである。(2)

図1　ペテルブルグガイドブック表紙
Под ред. Боровского, А. Неофициальная столица — Гид, каких не было. СПб., издательство «Gif», 2000 г.

アングラ系の芸術ばかりを紹介するこの本の冒頭にこのようなペテルブルグへの「頌歌」を掲載すること自体、かなりのアイロニーを含んではいるのだが、モスクワに対するコンプレックスを抱えながら、非公式さ（権力のイヌではない）、文化性（モスクワは大きな村＝田舎）に自尊心の支えを見出していることは、根っこのところで編者の

図2　ネヴァ河のスフィンクス

意識と重なるだろう。

ロシアでもっとも老舗のメールマガジン《Citycat.ru》[3]で配信されたペテルブルグについての文化情報マガジンも「文化首都のニュース」[4]と名づけられている。

いかなる形であれ、世界に冠たる「首都」ではないペテルブルグはありえないのである。常に最先端を進むペテルブルグという自己イメージは、近代化の鏡として生まれ落ちた町の宿命であり、「宿命」や「運命」といった神秘性と西洋の合理性とが調和するパラドクスもまたペテルブルグにつきまとうイメージである。

ペテルブルグは、建築と人間の集合体である一都市に過ぎないにもかかわらず、多くの研究者や作家は、ペテルブルグをテクストのように読み解こうと試みてきた。読者もまた、ペテルブルグに住む、住まないに関わりなく、幾多の伝説や謎解きを欲し、建都三百年を契機にペテルブルグにまつわる神話、伝承、いわれを集めた都市の来歴に関する書籍出版はまさにネヴァ河の洪水のごとく街中に溢れ、終息の兆しすらみえない。けれども、これら無数の解釈に対し、ペテルブルグは決してＱＥＤ

（証明終了）を許さない。一方の解答に対し、すばやく正反対の矛盾する性質を切り札として切ってくるからである。解けない謎、解けない知恵の輪は、ネヴァ河岸で微笑むスフィンクスのように人々を謎解きの迷宮に吸い寄せる（しかし、そもそもなぜ、北冷地の空の下、エジプトのスフィンクスがいるのだろう？）。

本章もまた出口のない迷宮に好んで迷い込もうという試みなのだが、謎解きというよりは、どちらかといえば、あえてその迷路に迷ってみる、ペテルブルグの騙しにのってみるということかもしれない。ペテルブルグが混沌《カオス》を隠して仮面をかぶっているのならば、それがどんな仮面なのかをみてみようということである。

一　メディアとしての都市空間

ある建設会社の広告のキャッチフレーズに「建築は未来へのメッセージ」とあった。建築は、空間利用のための実用的な機能があるだけではなく、記憶（過去の情報）を現代のわれわれに伝えるメディアの役割を果たしている。

建築群、そしてさまざまな建築によって埋められ、デザインされている都市は、現在という時間に限定されて生きている私たちが体験していない、過去の記憶を伝える。それは私たちにその都市の住民としての、またもう少し大きなカテゴリーでみたときには民族や国民国家という集団としての記憶を伝達する装置になっている。

その都市の歴史や建築物のいわれを知ることで、私たちのなかに共通の記憶が生まれ、その場所への親近感が生まれる。それはとりもなおさず、固有の都市や国への所属意識であり、共同幻想としての共同体を形成する背景となっている。

都市をどのように建設するのか、どのように改良するのか、という都市計画は、時の権力が考えていた社会の理想像(ユートピア)でもある。これこそが「未来へのメッセージ」、すなわち、当時の人々がどのような未来になってほしいと願っていたのか、を伝えるものでもある。しかしながら、時代によっては夢の世界をイメージとしては描けても、科学・工学技術の限界というものもある。つまり、都市から読み取れる未来設計とは、過去におけるユートピア志向と現実的技術の限界とのせめぎあい、「夢のかけら」だともいえる。その意味で、都市はひとつの生きた芸術作品(創作)なのである。ペテルブルグは沼地からつくりあげられた完全な人工都市であり、その出自からして、このようなユートピア性の強い都市となっている。

モスクワと比べたとき、モスクワがクレムリンや聖ヴァシリー教会、救世主キリスト聖堂など、強大で迫力ある建物が象徴としてイメージされるのに対して、ペテルブルグはペテロ・パウロ要塞にある教会の尖塔の先に飾られた金色に輝く守護天使や、海軍省の金色の尖塔とその先端につけられた帆船といった具合に、建築装飾の一部分、それも先端部分が都市を象徴する傾向にあるのは面白い特徴である。ペテルブルグを象徴させるさまざまなパーツが街のあちらこちらに転がっていて、それらを組み合わせるとモザイクやジグソーパズルのように絵が浮かびあがる。モスクワが、巨大な建造物という一大モニュメントの固定的なイメージに求心的に(中央集権的に)回収されるとすれば、ペテルブルグは選び取るパーツの種類によってその都度、イメージを変える、いわばみずからの世界を拡散する遠心力をもっている。

二　語られるものとしての都市の歴史

都市はさまざまな「歴史的事件」と結びついている。建物ひとつひとつが歴史の証人として語り継がれることにより、都市に住む人、ひいてはその民族、国家の集団的記憶を伝達するメディアになっていることはすでに述べた。しかし、「歴史的事件」とはいっても、さまざまな伝承や文学／芸術作品によって語りなおされたり、史実とは異なって創作され、人々によって史実と混同されたりする記憶もあり、必ずしも現実に起きたことかどうかはあいまいである。神話的・宗教的なものから俗説まで、どんな都市においても伝承は虚実入り混じっている。

歴史をロシア語で「イストーリヤ(история)」というが、この言葉には「物語」という意味もある。都市が語る物語(イストーリヤ)は虚実入り混じって際限なく広がっていく。それらを大雑把には次のように分類することができるだろう。

A　実際に起きた事実・史実
①　公的なもの(国家によって認定される歴史)
②　私的なもの(日記やエッセーなど市井の生活)

B　虚構＝フィクション
①　民衆レベル…神話・伝承・フォークロア(社会的深層心理)
②　知識人レベル…文学、芸術作品

もちろん、詳細に考えれば、項目のそれぞれには、いわゆる史実(A)においても、都合によって故意に隠されるものや、正当化のために歪曲されるものがあるし、フィクション(B)にも史実を下敷きにするものがある。

そもそもA-①の公的な歴史は、対外的にも国家を強力に美しく見せる目的をもっていた。ペテルブルグはピョートル一世によってヨーロッパの窓となるべく運命づけられた都市である。近代西欧の他の都市に比肩する首都建設が当初から目標として掲げられ、当時の最先端技術で石の(恒久的な)都として建てられたペテルブルグは、ロシアの輝く未来であり、壮麗さ豪華絢爛さで他を圧倒する。これらのイメージは、現在でも教科書などで流布されるだけでなく、各種の観光ガイドや土産物、テレビの旅番組などによって、ロシア内外でわれわれの意識のなかに刷り込まれている。

その一方で、水没することが運命づけられた未来のない不吉さ、そこから生まれる魔的な力、恐怖、暴力、圧制のイメージが色濃くつきまとう。合理的（直線的）かつ近代的（科学技術や石造り）な街、首都として官僚の取り仕切る実務の世界として建造されたにもかかわらず、ペテルブルグ神話には、その劣悪な気候のせいもあるのだろうか、実体のない影や霧のイメージが、亡霊のさまようイメージがつきまとっている。一九世紀の作家ゴーゴリの『外套』は、実務的で現実主義的なはずの役人の世界を描きながら、魔的な虚の空間に入り込んでしまう。ペテルブルグという舞台ならではといえるだろう。『外套』（一八四二）の映画化作品（一九三五）では、荒涼とした回廊が際限なく続く演出が、美しいペテルブルグの裏側に迷い込んだ主人公の混乱を表現している。

ゴーゴリを含むB-②の芸術作品群は、深層に隠された不安を掘りおこすような、A-①とパラレルな歴史をつくった。ペテルブルグにささげられた文学作品の多さが、人々を都市読解の誘惑に駆り立てるわけだが、これらの多くは鏡の裏側、美しい仮面の下をのぞくかのように、公的なものとはあえて異なる視点を提示している。つまり、都市の影の部分が強調され、壮麗さを相対化しようという意識がみてとれる。プーシキン、ゴーゴリ、ドストエフスキーといった作家のいわゆるペテルブルグものには、どこかペテルブルグへの懐疑が漂う。代表的なものとしてプーシキン作『青銅の騎士』（一八三三）を挙げることができる。ペテルブルグおよびピョートル一世が築いた帝国の壮麗さが強調されるのと並行して、弱者としての一個人（主人公エヴゲーニー）が排除されていく様子が描かれる。両者が対照的であればあるほど、ドラマチックなイメージが喚起される。

三　「劇的」な都市、ペテルブルグ

ペテルブルグという都市は非常に視覚的イメージを人々に抱かせやすい。その背景の第一に挙げられるのは、「見せること／見られること」が明確に意識化されていることである。

　ペテルブルグには河川や運河が縦横に走っていて、ヴェネツィアやアムステルダムにたとえられる。もちろん、運河を使って船で物資を運搬するという実用面もあったわけだが、建物の美しい正面が川面に面するようにできている。水に映し出されるナルシスト的な都市というイメージは、ノーベル文学賞を受賞した詩人ブロツキーが頻繁に使っている。

図3　プラーチェシヌイ橋

プラーチェシヌイ橋で、僕と君が
時計盤の針のようになった。
十二時に、抱き合って。
それは、一昼夜ではなく永遠に別れる直前のこと。
だが今日ここには、プラーチェシヌイ橋には、
ナルシスの病をわずらう漁師が浮きのことを忘れ、

図4　スミルディン図書書店の石の記念板(プーシキンが通った。現在はカフェ『ノルド』)

揺れる自分の姿に見とれている。

——ヨシフ・ブロツキー「プラーチェシヌイ橋」(金玹英訳)

ペテルブルグはヨーロッパの都市としては三百年という比較的新しい都市であるにもかかわらず、その風格にみあうだけの伝説や伝承を備え、街中に物語が満ちている。ゴーゴリやドストエフスキーという、ペテルブルグの妖気とでもいうものを背景に作品を書いていた時代は、建都から一世紀と少ししかたっていない。

私たちは都市を歩くとき、その建物や街角に対面するとき、空間のみならず、時間を越えて都市の「語る」それらの物語を聞き取り、想像のなかに視覚化している。

中心となる地区が点在し、歴史的な建物が広範囲に散在しているモスクワと対照的に、ペテルブルグは、歩いて回れるほどの狭い範囲の中心地に凝縮されたコンパクトな街並みになっていて、さまざまな歴史的／芸術的エピソードをもつ建物が時間配列と関係なく隣接している。冒頭で触れたイメージの求心性と拡散性とが、地理的には両都市の立場が逆になるパラドクスである。

ペテルブルグの生活はいつの時代でもおよそネフスキー大通りを動脈とする旧市街地に集中している。そのため、一八世紀にゆかりの歴史的建築物と二〇世紀の歴史的事件がおきた場所が隣りあわせ、もしくは重なりあうということになる。ペテルブルグの歴史がパノラマのように目の前に広がる。街を歩くことはすなわちペテルブルグの歴史スペクタクルの痕跡を眺めることにほかならない。建物や街のあちこちに置かれた記念碑は歴史を語る舞台装置であり、記念板という場面説明がついている。とくに三百年祭にあたってか、ペテルブルグ市が「石の年代記」と題して石版の記念板を掲げ、いたるところに建物の来歴を表示するようになった。歴史を石の中に封じ込めているようでもある。

ドストエフスキーの小説『罪と罰』(一八六六)の史跡めぐりをするという趣向のエクスカーションも、実在した歴史事象の名跡めぐりと同じ扱いである。作家の家とともに、フィクションであるはずの主人公ラスコーリニコフの家があり、その建物の角の壁にはドストエフスキーの記念板がはめ込まれている。かと思えば、ゴーゴリの『鼻』(一八三六)の主要「登場人物」であるコバリョフの「鼻」がヴォズネセンスキー大通りの建物の壁に張り付いている。

図5　ラスコーリニコフの家の角につくられたドストエフスキーの記念板

こうして記録されていく歴史・物語も、ただ単に数が多いというだけではない。物語はドラマチックであるほど人々の想像のなかでヴィジュアル化されやすい。たとえば、ロシア帝政末期にニコライ二世の一家を魔的な力で操ったといわれる「怪僧ラスプーチンの死」も、毒をもっても死なず、拳銃で撃っても死なず、最後にはモイカ川で水死したという壮絶なエピソードには、限りなく民話的な語りが、もしくは都市伝説としての怪談の要素が感じられるだけではなく、スペクタクルに仕立てられている。

図6　鼻：ヴォズネセンスキー大通り36番地にあるコバリョフの鼻

四　仮面、そしてペテルブルグの演劇性

演劇では、演じ手が仮面をかぶるとき、それは表情を固定するようでいて、実は表情が豊かになる。なぜならば、状況によって見る側は、同じ仮面にやさしさと恐ろしさと、対極にあるような異なるイメージ(しばしばそれは矛盾する)を感じとるからである。ロシア・アヴァンギャルド演劇のリーダー的存在であった演出家のメイエルホリドが仮面について書いたのもペテルブルグであった。

メイエルホリドはイタリア仮面劇コメディア・デラルテの主人公、アルレッキーノの仮面について次のように分析している。

仮面はただたんに、このように相反する二つのタイプをその下に隠すことができるだけではない。アルレッキーノの二つの顔――それは二つの極である。両者の間には、さまざまな変種や陰影が無限にある。性格のこのような途方もない多様さをどうやって観客に示すのか。仮面によってである。

――V・メイエルホリド「見世物小屋」(5)

アルレッキーノの仮面は、その裏側に「陽気な召使い」と「地獄の使者」という両極の性質をあわせもっていて、状況に応じていずれの性質をさらけ出すこともできるし、両極の間にある無数の揺れをダイナミックに表現することもできるというのである。

ペテルブルグという都市は、矛盾した形容がしばしば重ねられる。メイエルホリドの仮面論に重ねていえば、美しい街並み、近代都市という仮面をかぶりながら、その下には両極端で矛盾する要素が同時に存在し、隠されていて、見る者との関係によって、現れる姿が変わるということになる。

ペテルブルグの二重性は、時代ごとに権力者たちが描いた強大なロシアの夢（ユートピア）と、実体のない世界から逃れられない牢獄のような悪夢が裏表であることを示す。レールモントフは、まさに『仮面舞踏会』（一八三五）と題した戯曲で、欺瞞と陰謀を美しい表（仮面）で隠し、ゲームのように人を破滅へと追いつめるペテルブルグの社交界を描いた。人生の機微を知り尽くした貴族アルベーニンが、社交界の欺瞞《ぎまん》と陰謀の罠《わな》にかかって嫉妬《しっと》のあまり妻を毒殺する。

メイエルホリドの演出（一九一七、アレクサンドリンスキー帝室劇場）では、文字どおりの仮面をかぶった「見知らぬ男」が運命の予言者のように登場する。それは、姿

図7　ブロークの処女戯曲集『劇場』表紙
Блок, А. Театръ, изд-во "земля", спь., 1908 г.
К. ソーモフ画（рис. Сомов, К.）

の見えない上流社会全体の悪意を具現化したものであり、仮面は、アルベーニンを追いつめていく顔のない社会を覆い隠している。仮面の裏には、常に変化し続け、確定しうるような顔が存在しない不気味さが残されている。仮面は不可知性、多様性、可変性を含みもち、指し示すことのできないものを括弧にくくって指し示す記号となる。メイエルホリドは仮面が演劇に与える魅力を次のように分析する。

コメディアンの変化しない面の下に隠されたこのカメレオン的な変幻自在さこそが、演劇に光と影の魅惑的な戯れを与えているのである。(6)

「演劇」という言葉を「ペテルブルグ」に読み替えることができるだろう。

では、ペテルブルグはその仮面の下にどのような性質を隠しているのだろうか。(7)

男性性と女性性

ペテルブルグという都市の名が男性名詞であること、地方から男やもめたちが役人として赴任してきた文字どおり男の街であった（男性人口が圧倒的に多かった）こと、石造りの頑強さなどから、モスクワ（女性名詞）を女性、ペテルブルグを男性にたとえることが多い。

しかし、逆に、美しさ（仮面）の裏に聖母マリアの慈愛とイヴの破滅への誘惑という「聖性と魔性」の対概念をあわせもち、人々を翻弄するアナスタシヤ・フィリッポヴナ（ドストエフスキーの『白痴』一八七〇）こそ、群がる男たちを翻弄するペテルブルグのイメージとまさに重なりあう形象であるようにも思われてならない。この都市には癒しをもとめて手に入れようと焦燥感に囚われるものの、その美しきものは決して手に入らない、という絶望の情念が渦巻いてもいるようだ。

石と水

都市を支える「石」の恒久性に対して、街を縦横に流れる川や運河の水のもつ可変性、流動性が滅びのイメージをもたらす。そもそも積み上げられた石の下には沼地の水が流れている。

直線と迷宮

とりわけ奇妙なのは、直線でできたシンプルな都市構造をもつのに迷宮のイメージが強いことだろう。扇状に広がるペテルブルグの道は合理的でまっすぐであるにもかかわらず、出口のなさに対する焦燥感、なんらかの不思議な力によって迷い込んでしまう恐怖といったものがよく出てくる。たとえば先に挙げたゴーゴリの『外套』の映画化作品(一九三五)で主人公が強盗に襲われる場面では、エンドレスに続く回廊が位置も方向もわからなくなった主人公の混乱した意識を表現している。また、亡命作家のナボコフの『博物館への訪問』(一九三八)という短編小説で、ヨーロッパのある小都市の博物館のなかで奇妙な迷宮にはまってしまい、ようやく外に出られたと思ったら、亡命者が決して「帰って」はならないところ、逃れたはずの革命後のソヴィエト・ロシアだった、という「怪談」話の結末に使われたのは、やはりペテルブルグである。迷路と化した博物館は、まさに千の部屋をもつ、エルミタージュのイメージである。

ほかにも憧れ(人びとの流入)と追放(流刑)、科学的・合理的な都市設計と破滅的な運命の予感、ユートピアの夢と破滅の悪夢、実世界と虚の世界、などペテルブルグの仕掛けるイメージゲームは尽きることがない。

五　幻想のなかのペテルブルグ

ロシア象徴主義のカリスマ的な存在だった詩人ブロークは、ペテルブルグの騙しを戯曲『見世物小屋』（一九〇六、メイエルホリド演出により同年初演）の隠れたテーマとしている。この作品は、衣装が紙でできていたり、殺されたはずの道化が飛び起きて退場したり、舞台装置がすべて引き上げられたりと、演劇の約束事を徹頭徹尾暴くメタシアターの手法で書かれているが、そのような演劇の構造とペテルブルグの多面性とが重ねられている。

登場人物のひとりアルレッキーノは、「外はもう春なのにここ（舞台）では誰もそれをわかろうとしない、誰もここでは愛し方を知らない、ここでは夢に生きている」と言って芝居が虚構であることをあからさまに批判し、窓の外へ向かってジャンプする。しかし窓は紙に描かれた舞台装置の一部に過ぎず、アルレッキーノは窓を突き破って真っ逆さまに落ちる。

しかし、アルレッキーノの示唆する「現実」にこだわれば、初演されたのは一二月のペテルブルグであり、そもそもロシアの演劇シーズンはほぼ冬に限られる。とすれば、このアルレッキーノの言葉自体がさらにもうひとつ夢（虚構）の覆いをかぶせるものに過ぎない。

ブロークは『見知らぬ女』（一九〇六）という題で詩と戯曲の両方を書き、とらえがたいペテルブルグの「本当の」その麗しき姿をいっそ幻のなかに求めようとした。戯曲の舞台はペテルブルグ北部の場末の酒場、詩のほうはペテルブルグの北の郊外にある美しい湖のある湖水地区だが、いずれの作品でも、運命の女性を手に入れることのできない絶望を抱え、詩人のブロークは、ワインの酔いのもたらす幻影のなかで、わずかでもそれに近づこ

図8　湖水地区

うとしたのだ。

そして夜ごと、唯一の友が
僕のグラスに姿をあらわす、
渋い神秘の液体となって
僕とおなじように、
従順で無口だ
（中略）
そして夜ごと、
決まった時間になれば、
（それともこれは僕が夢をみているだけなのだろうか？）絹に身を包んだ乙女の姿が
霞《かす》んだ窓ガラスを横切っていく。

それからゆっくりと、酔っ払いたちの間をすり抜けて、
いつも供もなく、ただひとり、
香水と霞《かすみ》とを漂わせながら、
彼女は窓辺に座るのだ。

——A・ブローク『見知らぬ女』より

六　ユートピアとしての都市ペテルブルグ（または記憶の創造と奪還）

知識人の想像力にはペテルブルグの公的な壮麗さを相対化する意図が働いている。ブロークは「酔い」という個人的な精神状態のなかに私的なペテルブルグのイメージをつくりあげ、公的な歴史に対抗しているともいえる。憧れと郷愁が濃縮される街でありながら、権力によってどこか遠ざけられているいらだたしさも、ペテルブルグが芸術作品に多く取り上げられてきた理由のひとつかもしれない。芸術創造、それは記憶のなかの私的な世界をユートピア化することによって、公的なユートピアと拮抗する手段ともなる。

ひとりひとり異なる個人的な体験に基づく記憶で組み立てられた都市のイメージは、愛国心等のような外から要求されるものではなく、その人だけのものである。前出の亡命作家ナボコフはみずからの作品に「乳母に連れられた子供時代の散歩」（『ディフェンス』一九三〇）を織り込み、決して戻れないけれど、もはや他人が奪うことも決してできない、記憶のなかの自分だけの都市の時空間を作品のなかにつくりあげている。それは亡命につきものの失われたもの、存在しないものへの郷愁でもある。

先に引用したブロッキーの詩は、個人的な思いの絶対化は同じだが、さらにいえば、本来、同一時空間に複数の物体（人間）は存在できないが、記憶という次元の異なる装置を使うことで、恋人たちと釣り人と、ひとつの空間をさまざまに共有することを可能にもしている。公的な理解が押しつけがちな、異端を排除して単一の歴史をつくろうとする論理を超越するのも、このような記憶の仕掛けである。

ペテルブルグという都市には非在のあやうさが生来備わっている。二度と触れることのかなわないものについ

図9　スヴォーロフ軍事博物館

ての記憶を少しでも長く鮮明にとどめておくために、ブロツキーは北のヴェネツィアに擬せられるふるさとを、本物のヴェネツィアに重ねあわせて描いている。邦題では『ヴェネツィア』と訳された"Watermark"(水の指標)という作品[8]で、詩人は目の前のヴェネツィアの水を見つめ、藻の匂いをかぎながら、詩人が水面に見ているのは記憶のなかの街、ペテルブルグの影である。記憶に残されたイメージを言葉によって繰り返し繰り返しなぞり、詩的言語として彫刻のように刻み付けていく。

ソ連に残った作家たちも記憶や創作を武器にペテルブルグ奪還に抜かりはない。アレクサンドル・ジチンスキーは大学の研究室を舞台にした『ブルームの理論』[9](一九七四)という短編を書いている。主人公である若手研究者が、二百年も前に否定されたはずのゲオルグ・ブルームの理論を証明したというある田舎に住む素人科学者ヴァシーリー・フォーミチ・スミールヌィをペテルブルグの研究所に連れてくる役を仰せつかる。馬の蹄鉄で電流を発生させるという誠に不思議な話なのだが、都会の騒がしさに疲れきった田舎のフォーミチ老人（スミールヌイ）を主人公が慰める場面がある。主人公は、上司からラジオの収録にフォーミチ老人を連れて行くように言われる。

　僕は滅入るような気がした。いったいいつになったら研究する時間をくれるのだろう？　けれども、僕なしではフォーミチは行き場を失ってしまう。彼はなつくように僕のことを信頼しているのだ。
　ふたたび僕は彼のところへ行って、昼食まで散歩した。なるべく静かな場所を選ぶようにした。夏の庭園、タヴリーダ庭園、スヴォーロフ軍事博物館。フォーミチは様相が変わるほどすっかり鬱になっていた。

　さりげないこれらの場所は、ナボコフが「ひと気がないので恋人とのデートに良く通った」と『向こう岸』（一九四九）で書いたペテルブルグのタヴリーダ庭園やスヴォーロフ軍事博物館など、当時発禁だった作品を密かに読んでいる人ならば必ずわかる地名であって、それをパズルのように作品にはめ込み、都市神話の密かな共有を図っている。(10)

七　ナルキッソスの水に映るペテルブルグ——ペテルブルグの位相

　「若き人工都市サンクト・ペテルブルグはいかにして学術・文化情報の発信地となりえたか」と題されたシンポジウム(11)で鈴木正美によって提起された、「はたしてペテルブルグは情報を発信しているのか」という疑問は刺激的である。ある意味、ペテルブルグの魔的な魅力の前に、この問題はまるで自明のことであるかのように、素通りされてきたように思われる。

しかし、ひとたび立ち止まってみれば、この都市の性格が常に両義的に論じられるがゆえに、都市の情報発信力という側面もまた多義的であらざるを得ない。

ペテルブルグは都市そのものがメタテクストである。鈴木正美の報告では、ペテルブルグの都市建設において「博物館や美術館を造ったことは、すなわち都市創造がそのまま世界掌握を目指していた」ということが明確に示されている。街を（ひいては国を）統括するための宮殿でさえ、美術館として街のファンクションのひとつとなっている。

また、建築の諸様式の混在、橋や建物の壁を飾るライオン、大地のかわりに表玄関を支えるアトラス、カリアティード（柱が女性像になっているもの）などの建築装飾、青銅の騎士像、エカテリーナ二世像やプーシキンなどの記念碑像、そしてネヴァ河畔のスフィンクスまで、文字どおり町中に美術品が溢れている。文化的遺産を保存陳列する場所としての都市という、元来の意味での劇場都市、あるいは街自体がそれぞれの建物に記念板という説明板をつけられた生きた博物館だともいえるだろう。都市そのものが世界文化遺産のコレクションとなっている感がある（ペテルブルグがユネスコの世界遺産に登録されているのも、少々メタ的かもしれない）。

図10　芸術広場のプーシキン像

都市の中枢である冬の「宮殿」、現在のエルミタージュ美術館は、都市に対してむき出しに建てられており、その無防備さゆえに城塞として形態をなしていない。このことは、皇帝が絶対的な崇高さによってではなく、暴力による支配と強制服従を要求せざるを得なかったロマノフ朝の支配構造を象徴している。つまり、ペテルブルグを満たしていたのは、皇帝に付随する神聖さへの求心性ではなく、実態は官僚制の無味乾燥さ、責任所在の拡散である。踏み込んでいえば、皇帝の崇高さに対する自信の欠如、支配する側の自信の欠如が一九世紀ロシアの暴力的な統治スタイルを招いたと考えることもできるのではないだろうか。

　ペテルブルグとはなにものなのか。それは常にヨーロッパとの比較、そしてロシアそのものとの比較のなかで自己意識化させられる。自問自答を要求されるペテルブルグの受動的な姿でもある。ペテルブルグは「ロシアや世界を考えたし、考えることができた」という郡伸哉の指摘は、「世界掌握を目指した都市建設」の理念に沿うものである。しかし、それはそのまま字義どおり理解してよいものだろうか。それはペテルブルグの内だけに閉じこもって行なわれてきたメタゲームという側面をもってはいないだろうか。

　ここで問題になるのは、ペテルブルグが「考えた問い」は、はたして他者を理解するという意味での「答え」を求めていたのか、ということである。それは自省的モノローグ、つまりペテルブルグをヨーロッパおよびロシアとの対比において自己の存在場所を規定するためのものであって、他者としてのヨーロッパなり自己としてのロシアなりを理解するための他者との対話としては成り立っていないのではないだろうか。

　この問題は、ペテルブルグが誇るロシア・アヴァンギャルド芸術継承のありようにもあてはまる。アヴァンギャルドがその出自から考えれば、「伝統」や「正当性」を打破するメカニズムを内包しているはずなのに、ペテルブルグはアヴァンギャルドの正統な後継者を自負している。アヴァンギャルドさえ伝統化してしまうほどの正当性への強い希求がある。

　舞台芸術の分野においても、たとえば、バレエにおいても、ペテルブルグでは伝統や正当性に固執する。ロシア・バレエは現在でもモスクワのボリショイ劇場とペテルブルグのマリインスキー劇場とによって代表される。しかし、モスクワが力強さや壮麗さとともに時として新しさを特徴とするのに対して、ペテルブルグは古典バレエの優美さと伝統に対する正当性が強調されるのである。

現代のコンセプチュアリズムとの関わりでモスクワとペテルブルグの対比を考えてみると、モスクワがパロディの対象として選ぶテーマが「ロシア性」や「ソ連性」など、モスクワという一都市ではなく社会の全体構造であるのに対し、ペテルブルグの扱うテーマはペテルブルグにおいて培われてきたペテルブルグ神話であり、ナルシスティックな自己言及型である。たとえば、マリインスキー劇場で上演された『くるみ割り人形』はコンセプチュアリストの美術家ミハイル・シェミャーキンが舞台美術や衣装、振り付けを担当し、その奇怪なキッチュさが話題となった。しかしこれもまた、華麗な劇場建築と優美なバレエの伝統を誇るマリインスキー劇場に、安っぽいグロテスクなイメージ世界を出現させるという挑発であり、結局はペテルブルグの神話との関連で自己完結しており、国家や世界のモデル化といった全体への視線に欠けていることに変わりはない。

モスクワもまた、ソ連という新世界を短時間のうちに性急に建設する必要に迫られ、大言壮語的な演説＝壮麗な政治的言説の大量生産によって建設された社会であり、モスクワのコンセプチュアリズムはこのような空虚な神話を相対化しようとしている。ヴラジーミル・ソローキンがはじめて手がけた映画のシナリオ、その名も『モスクワ』についてのインタヴューのなかで、「これまで、モスクワそのものを本当の意味で描いた映画はない」と言ったことの是非は別としても、このような意識の背景には、モスクワを扱うことが、一都市のイメージを越えて直接ソ連というひとつの世界システムを扱うことになっていたという構造がある。

ペテルブルグでの美術製作がモスクワと比べてより「具体的なイメージによる」コンストラクションであるという鈴木正美の指摘は、ペテルブルグの芸術活動が神話の再生産、増産による都市(イメージ)の増改築であるこ降の時間が停止し、缶詰にされて再び世界から切り離されたかのようにさえみえる。

も伝統化してしまい、正当性のなかに位置づけるペテルブルグの自己肯定へのこだわりは、アヴァンギャルド以
の新たな創造となっていて、神話を解体するような批判的アプローチにはなっていない。アヴァンギャルドさえ
とを意味する。ペテルブルグのポストモダンな試みは、風刺やアイロニーであっても、結局はペテルブルグ神話

八　もうひとつのペテルブルグ——未来へのプロジェクト

ピョートル一世はペテルブルグを無から設計した偉大な建築家であったわけだが、そのピョートルを厚く信奉する後継建築家、マルク・イツコフのペテルブルグ新都市計画は沼地を埋め立てるのに匹敵するほどの意外性と現実性を備えている。

彼のアイデアは『エキスパート　北—西』誌で紹介された[12]。

彼はまずなによりも体系的な都市計画を提起、とくに都市の交通手段を円滑化し、快適な移動手段の確保による快適な都市の実現を提案する。第一に、ドイツのSバーン（中心地の地下鉄に乗り入れている郊外電車）や日本の鉄道のように街の拠点をつなぐような鉄道を建設し、都市周辺部の別荘地を通勤可能な居住地区へと組織する。それによって、人々は自然の豊かな地域の一戸建てに住むというより快適な生活を確保でき、現在居住している市街地にあるアパートを貸すなり売るなりして資本を確保できる。欧米の基準からしても、市街地の家と別荘とを所有するロシアの住民は、決して貧しいわけではない。しかし、システムがないために、不動産価値が死蔵されているというのである。現在、主として別荘の設計を受注している彼の体験から生まれたアイデアである。

しかし、彼のアイデアの本領は、ピョートル一世の夢を実現するかのような市の中心地の新しい交通網である。

ピョートルは水路を主要な交通手段とすることを考え、当初ヴァシリエフスキー島の碁盤目に走る通りのすべてを運河にする予定だった。もちろん、車社会の現代に水路を開くわけではない。ペテルブルグに稀有な特徴である水路、とくに深さも幅の広さも十分なネヴァ河の水の中にトンネルを通し、自動車専用のバイパスをつくるのである。地下鉄と違って、川底を掘るのではない。河岸から五メートルほど離れた水中に道路となる鉄製のチューブを沈めるのである。地面を掘らないので、経済的にも実現可能だという。

問題は、ネヴァ河を通行する船舶の不慮の事故による沈没事故によってトンネルが破損することだが、イツコフによれば、世界有数の大都市（『エキスパート』誌によれば五番目の都市）の真ん中を貨物船が通行する必要はない。現在ではネヴァ河がフィンランド湾とペテルブルグ北東のラドガ湖を結ぶ大動脈になっているが、ペテルブルグの南方を流れるいくつかの川をつないで船のバイパスをつくることができる。ちなみに、現在周辺小都市のなかにつくろうとしているトヨタやフォードなどの自動車工場を新しい交通動脈の沿岸に沿って、建設すれば、それぞれの街の魅力を壊すことなく相互発展させることができる。

図11　イツコフ

ペテルブルグ市内の水中道路に話を戻せば、水中で島々をつなぐことで、中心部を通らなくても市の周縁部にある住宅地や工業地域が結ばれ、中心地の渋滞が解消される。車を水中に通すことで、極端な場合、河岸を歩行者天国にすることができ、エルミタージュから夏の庭園までを観光用の保護区域にできる。排気ガスを吸わずに観光を楽しむことができるわけである。

水中バイパスのインターチェンジ(入口)を河に張り出すようにつくり、地上を観光用の公園とする。たとえば、青銅の騎士像のあるデカブリスト広場の前や、エルミタージュと夏の庭園との間にある大理石宮殿前につくる。これらの建造物は観光名所であるが、河岸のそばにあるので、現在の状態では全体を見渡しづらい。とくに青銅の騎士の前にはもともと簡易式の橋がかけられており、広場を囲む元老院の建物、イサク寺院、海軍省の建築は、少し距離をおいて河に張り出したところから眺めてはじめてそのアンサンブルの美しさが引き立つように設計されている。現在は橋が取り払われているため、その壮麗な絵柄を十分に見ることができない。ネヴァ河に張り出した展望公園から望めば、再び本来のヴィジョンが復元できるというわけだ。

この壮大なアイデアは、まるでロシア・コンセプチュアリズムを代表するイリヤ・カバコフのインスタレーション『プロジェクト宮殿』[13]を思い起こさせる。カバコフの作品は、ソ連時代、市井の名もない人々が、人類の幸せを思いやり、さまざまに考え出したアイデア群を展示するという内容である。

ソ連時代の新聞には、名もない普通の人々のさまざまな投書が掲載され、ごく普通の労働者がソ連国家や世界の改善を考え、その建設に貢献しているという演出がなされた(本当に投書されたのか、編集部の創作かはわからない)。それはソ連的な演出というだけでなく、ドストエフスキーの登場人物たちが、神について、人類について真剣に思い悩むのに似ている。

マルク・イツコフもまた、ピョートル一世の現代の生まれ変わりである。現状のロシア政治が目の前の金儲けとモスクワへの出世(プーチンをはじめ多くの政治家にとって、いまやペテルブルグはひとつのステップである)に奔走するなかで、真の君主のように大局から見て、ペテルブルグをシステム化しようと情熱を傾けている。ゴーゴリの『外套』の主人公が夜な夜な美しい文字を紙に書き込んでいたように、小柄な体で日夜無私の境地で美しい都市プランを描き続けている。しかし『外套』の主人公バシマチキンと違うのは、皇帝のような大きな夢を語ることである。酔っているのではない。ドイツ、スイスなどの実務経験の豊かな会社と時には共同研究として、時には私財を投じて実現可能性を高める努力をしている。実際、パートナーとなった会社は大いに興味を示している。(14)

イツコフの考えでは、ペテルブルグを政治的な首都にすることはできない、という。首都ではなく、レジデンスとしての機能を充実させることがペテルブルグに存在意義を与えるという。レジデンスとは、クレムリン以外で大統領が恒常的に滞在し、いわば陣頭指揮をとるというイメージらしい。ロシア各地につくることを提唱しているレジデンスのなかでも、主要レジデンスをペテルブルグとシベリアを代表してオムスクにする。現在はなんでもモスクワに集中しているが、時期を区切って大統領がオムスクに滞在すれば、シベリアも自信をもてるし、各地の知事、外交官が訪れることで、地域の活性化が図れるという。発想の源は一所にとどまっていなかったというピョートル一世のスタイルである。ペテルブルグにとどまらぬ、君主のまなざしである。

イツコフにいわせると、彼自身は建築家であるにもかかわらず、ペテルブルグの美しさは建築アンサンブルにあるのではない。ネヴァ河を主とする川とそこに点在する島々が生み出す地形的な美しさである。ストックホルムに比肩するこの美しさを、当時恋をしていたピョートル一世が感じとり、ここに拠点を定めたのだという。

イツコフが書いた詩がある。娘が音楽をつけ、誕生日に同僚が合唱してくれたという。

バルト海の風が霧を吹き払い、
船がそこかしこから集まってくる。
この街は詩そのもの、文学そのもの、
サンクト・ペテルブルグ、ひとの手で創られた奇蹟。

手なずけがたいネヴァの奔放な美しさ、闇き水には沈黙が映る
いつの時代でも人々は、おまえに敬意を表するだろう、
白夜の煌きに我を失わせられながら。

なんという天才だろうか、おまえという芝居の書き手は、
サンクト・ペテルブルグ、サンクト・ペテルブルグ！

——マルク・イツコフ『ペテルブルグ』(15)

イツコフをはじめとするラジカルな都市計画プランナーたちを紹介した『エキスパート　北―西』誌の記者は、最後に根本的な改革に手をつけようとしない官僚の保守性を批判して次のような警告を掲げ記事を締めくくっている。

〔思い切った見直しなしには、〕我々は「田舎風の首都」のままとどまることは必至である。

——V・グリャズネヴィチ「もうひとつのペテルブルグ」(16)

ペテルブルグに憧れと絶望とを抱く人々を魅了しながら、新しい世紀になって、ペテルブルグはどのような「首都」という芝居(spectacle)を演じてみせるのだろうか。ペテルブルグは地理的な所在を越えて、ブラックホールのようにすべてを飲み込もうとするイメージの帝国の首都なのかもしれない。気がついてみれば、解読の不可能性に恐れを抱きながらも、ペテルブルグという不思議な都市《テクスト》に引き寄せられるわれわれもまた観客として、いや、もしかしたらそこを訪れる演じ手のひとりとして、ペテルブルグ・イメージを創るプロセスに組み込まれ

ている。

（1） 望月哲男「ペテルブルグ文学」川端香男里・中村喜和・望月哲男編『講座スラブの世界1 スラブの文化』弘文堂、一九九六年、一八三―二二〇頁。

（2） *Артемьев И. В.* В книге // Под. ред. Боровского, А. Не официальная столица — Гид, каких не было. СПб., издательство «Gif», 2000 г., на обложке книги.

（3） 現在ИнформационныйКанал(Information Channel)subscribe.ruとして配信されている。http://subscribe.ru

（4） Новости культурной столицы (Рассылка информационно-развлекательного портала Санкт-Петербурга АКТИВИСТ.РУ.)を発行するАктивист-Медиаのサイトはhttp://www.aktivist.ru。

（5） V・メイエルホリド、岩田貴訳「見世物小屋」諫早勇一他訳『メイエルホリド・ベストセレクション』作品社、二〇〇一年、一〇六―一〇七頁。

（6） 同右。

（7） ペテルブルグの二律背反性についてはトポロフやロトマンをはじめとして多くの研究がなされている。См.: *Топоров В. Н.* Петербург и петербургский текст русской литературы / *Лотман Ю. М.* Символика Петербурга и проблемы семиотики города, Ученые записки ТГУ, вып. 66, Семиотика города и городской культуры Петербурга, Тарту, 1984, С. 30–45, и т.д.

（8） Brodsky, J. *Watermark* (New York: Farrar, Straus & Giroux, 1992). ヨシフ・ブロツキー、金関寿夫訳『ヴェネツィア・水の迷宮の夢』集英社、一九九六年。

（9） *Житинский* А. Эффект Брумма. СМ, 1974, 9［「ブルーム効果」］. 同作品はのちに、長編の《Дитя эпохи》［1994『時代の子』］の第五章として再録されている。См.: *Житинский* А. Дитя эпохи, http://lib.ru/ZHITINSKIJ/epoch.txt

（10） フォーミチ老人は「上ペトゥシュキ」村に住んでいることになっており、これも当時発禁となっていたヴェネディクト・エロフェーエフの『モスクワ―ペトゥシュキ』（邦題『酔いどれ列車 モスクワ―ペトゥシュキ』）を踏まえた遊びになっている。つまり、フォーミチは「モスクワ村」から都会（ペテルブルグ）に出てきた田舎者ということになる。

（11） 本章の「七 ナルキッソスの水に映るペテルブルグ――ペテルブルグの位相」は、二〇〇三年秋のロシア文学会シンポジウム「若き人工都市サンクト・ペテルブルグはいかにして学術・文化情報の発信地となりえたか」における鈴木正美、郡伸哉両氏の報告に対して行なったコメントを補足したものである。両報告については本書の両論文を参照のこと。

（12）イツコフ（Mark Iakovlevich Itskov / Марк Яковлевич Ицков）のプランについては、直接インタヴュー（二〇〇五年九月三日ペテルブルグ）を基本とし、*Грязневич В.* Другой Петербург［もうひとつのペテルブルグ］// «Эксперт Северо-запад», СПб, 2002, №4, С. 8-13 を参照した。

（13）沼野充義編著『イリヤ・カバコフの芸術』五柳書院、一九九九年参照。各アイデアを実際に創作したのはカバコフ自身で、提案者である市民もみな彼の創作である。

（14）イツコフにはロンドンのテムズ川に水中バイパスのトンネルを通すプランもある。ビッグベンを河から眺めるプラットフォーム付きである。

（15）***Itskov, M.*** 手稿。

（16）*Грязневич В.* Другой Петербург. С. 13.

過去と現代

——ペテルブルグ文学のレトリック

望月哲男

はじめに

ロシア近代の出発点においてバルト海岸に新たに建設された北方の首都サンクト・ペテルブルグは、誕生と同時に文学的な表現の対象となり、そのまま近代ロシア文学の中心的な構成要素のひとつとなった。

ピョートル一世やエカテリーナ二世の時代からロシア革命期までの時代をロシア文学のペテルブルグ時代と呼ぶことがあるが、それは文学とこの都市の間の重層的な関係を踏まえている。つまりペテルブルグは文学の潮流やモードを生み出す知的活動の中心地であり、作品の題材となる人物・景観・事件を提供する劇的空間であるとともに、東西両文化のベクトルに引き裂かれた近代ロシアそのものを象徴する神話的な時空として、それ自体が文学の主題ともなった。つまりある種の作家たちは、個々の登場人物の悲喜劇の背後に、ペテルブルグという都市を象徴的な主人公とした近代ロシアの運命の物語を描いてきたのだ。とりわけ一九世紀初期からの百年間、数世代の作家たちがあたかもひとつの主題を変奏し続けたかのようなこうした文学遺産を、批評家たちは時に「ペテルブルグ文学」「ペテルブルグ・テクスト」などと呼んでいる。

革命後の首都のモスクワ移転を契機にペテルブルグは文学の場としての求心力を弱めていくが、ペテルブルグ文学の伝統は二〇世紀にも失われなかった。マンデリシュターム、ヴァーギノフ、アフマートヴァなどソ連前期の詩人作家から、ビートフ、レイン、ジチンスキーなど世紀後半の作家、あるいはナボコフ、ブロツキーのような亡命作家たちまで、あたかも一九世紀的ペテルブルグ文学の記憶との対話を創作モチーフとしてきたかのような、「ペテルブルグ作家」たちを想起することができる。彼らの作品は総じて知的なユーモアやアイロニイを含んだ、文学性の高い文学という側面をもっていた。

今日、脱社会主義の新生ロシアにおいて、レニングラードからペテルブルグへと都市名が回帰し、帝政期からの文化伝統の回復が志向されているなかで、ペテルブルグの文学的機能は再び顕在化しつつあるようにみえる。つまりペテルブルグという文化空間の特異性を意識したペテルブルグ作家や非ペテルブルグ作家による、興味深いペテルブルグ・テクストが再び生産されているのだ。彼らの文学は求心力や同時代的なアクチュアリティの点で一九世紀ペテルブルグ文学に及ばないが、近代文芸におけるテーマや様式の継承と変容といった普遍的な問題について、興味深い思考の題材を与えてくれる。また同様な理由で、ロシア版ポストモダニズムといわれる現代ロシア文芸の潮流が、いかに過去の遺産の記憶に棹差しているかを物語ってくれる。

本章ではそうした観点から、現代のペテルブルグに関する文学作品がどのような表情をしているかを、主として表現面での特徴に注意を払いながら、紹介的に概観してみたい。

一　ペテルブルグ文学の表情

ペテルブルグ文学の表現面での特徴は、この都市自体の特徴論と重なりあいながら、さまざまな形で説明されてきた。たとえば二〇世紀初期のロシア・フォルマリストたちは、ゴーゴリ、トルストイ、ドストエフスキーらのテクストにおける「換喩」「擬人法」「列序」等々の修辞や「文体模写」「パロディ」等の技法に注目した。彼らの大きな貢献となった文学テクストにおける認識の遅延作用や、事物を見慣れぬものとして提示する「異化」の効果についての理論は、こうしたペテルブルグ・テクストの表現分析を基盤としている。

トポローフやロトマンらソ連後期の記号学者は、ペテルブルグの空間的特徴や歴史文化上の意味機能と、文学表現との関連に敏感であった。トポローフによれば、ペテルブルグは調和的・自足的な空間ではなく、対比や対立の原理に貫かれたダイナミックな空間である。すなわちこの人工的な北方の首都は、他の都市との比較や対比（たとえば有機的な内陸の古都モスクワとの対比、南の海都ヴェネツィアとの比較）および内在的な矛盾や対立（たとえば自然と文化、水平と垂直、コスモスとカオス、絶望と浄化の対立）のなかで自己を説明してきた。このような対比や矛盾をはらむ構造が、文学作品の修辞レベルにまで浸透し、独特の撞着語法（「春のような秋」「下から降る雪」など）や、地理的イメージを心理的事象に転移させる諷諭（たとえば「北の果ての都市」を「死の間際の生」と読み替える手法）に結びついているという主張である。(1) またロトマンは、外国人訪問者たちも瞠目したペテルブルグという都市の演劇性――空間としての舞台的構成や貴族・官僚の振る舞いの演技性――と文学表現の関連に着目した。この見地から彼は、ペテルブルグ小説における表舞台と楽屋裏のしきりといった空間表現の特徴や、演劇的なニュアンスをもつ特徴的な語彙（「ポーズをとる」「饒舌にまくし立てる」「仮面をかぶる」「マリオネットのように動く」など）を拾い上げている。(2)

もちろん都市の特徴と都市表現の特徴との間の因果関係を論理的に証明することは難しいので、ペテルブルグ文学の表現上の特徴に関する議論は、経験による仮説にとどまらざるを得ない面が大きい。その意味で、撞着語法や換喩がすぐれてペテルブルグ文学的な修辞だという議論も、きわめて蓋然的だが限定的ではない仮説として（たとえばニューヨーク文学にも同じことがいえるかもしれないという可能性を排除せずに）受け入れるべきだろう。むしろペテルブルグ文学の表現論の面白さは、文芸学者や文化史家らによる批評的言説（メタ文学言語）が、文学表現そのものと連携する形で、一種の都市文化の神話形成に貢献していることだ。たとえばトゥイニャーノフやトポローフの文学論を読むことを通じて、人は撞着語法や換喩こそがペテルブルグらしい文彩だと感じることに慣れていくだろう。そしてすでに開基三百年を数える成熟した都市に原初的な「コスモスとカオスの対立」をみたり、ゴーゴリの世界並みに人間にかわって帽子や鼻が歩くさまを想像したりする感性を保ち続けるだろう。近年復刻された二〇世紀初期の文化史学者アンツィーフェロフの仕事も、(3) そのようなイメージ促進作用に秀でている。すなわち上質なペテルブルグ文学史散歩というべき彼のエッセイ集は、先にわれわれが借用したような比喩――近代ロシア文学が、ペテルブルグ文学という集合的創作となって、「都市の魂」を総合的に模写してきたという壮大な比喩――を、あたかも自明の史実であるかのように感受させる作用をもっている。ペテルブルグはそのような文化論上の「神話作用」が、生き生きと現存している場だと受け止めていいようだ。

二　修辞的環境

こうした観点からペテルブルグ文学を振り返ってみると、その構造の重層性にあらためて気づかされる。たとえば①都市の景観というモチーフから、②それが人に与える(しばしば両義的な)印象、③都市の成り立ち、機能、使命の観念、④他の都市との比較、⑤ロシアの運命への顧慮といったさまざまな方向の連想が生まれ、さらに⑥描写の様式やジャンルそのものへの顧慮、⑦都市やそのトポスにまつわる過去の文学表現や神話の記憶、といったメタ文学的な意識がそこにかぶさる。このようにペテルブルグ文学とは、ひとつの表現単位の内に多様なカテゴリーに属する観念連合群が重層的に混在し、複数のベクトルをもつ諸力の関係がテクストを活性化している場だと考えられる。

このようなイメージの重層性・雑居性は、修辞にとって生産的な環境であろう。なぜならレトリックとは、類推や対比の原理を働かせながら、異なったカテゴリーの概念同士の間になんらかの関係性を設定したり、事象の表層と本質の間に一義的でない関係を設定したり、文学表現自体の様式性や模倣性を顕示したりすることによって、読者を発見的な認識の時空にいざなう機能をもつからだ。撞着語法、換喩、諷諭といった個別の文彩にとどまらず、いわば現象を複数のカテゴリー間の関係性という構造の内に捉えようとする修辞的発想そのものが、ペテルブルグ文学・ペテルブルグ神話の継承と展開の動力だといえるかもしれない。

これはペテルブルグ文学の古典を瞥見すればたやすく実感されることだ。

たとえばプーシキンの次の詩では、都市の遠景と近景の対比が、表層の美的印象と裏面にあるニコライ一世時代の政治的圧迫感の対比へとスライドされ、さらに社会的メッセージと私的趣味（色好み）の対立へと転調する。

華麗な町、貧しい町
囚われの精神、端正な景観
天蓋は緑なす蒼白
寂寥、寒気、御影石
でも僕はお前がいとおしい
なぜならここを時たま
小さなあんよが通り
金の巻き毛が揺れるから（一八二八）[4]

次のゴーゴリのテクストでは、フォークロアやエッセイの定番メニューとなった新旧両首都の比較という枠組みのなかに、列叙、漸層、誇張、換喩、擬人化等々の文彩がふんだんに流し込まれ、文の全体がロシアの首都の活況を模倣したようなにぎやかな表情になっている。対比という言説の構造が両首都のイメージを対立の方向に増殖させているのだ。

……モスクワは女でペテルブルグは男。モスクワには嫁候補ばかりでペテルブルグには婿がねばかり。……モスクワはロシアの旦那。遊ぶとなったらとことん遊び、財布の具合など気にしない。中途半端がきらいなのだ。……モスクワは明け方三時すぎまでどんちゃん騒ぎで、翌日は一時すぎるまで起きない。ペテルブルグも三時すぎまで騒ぐけれど、翌朝九時には、何事もなかったかのように綿地のフロックコートでお役所へ出かける。モスクワへはロシア中の人がふところに金を詰めてやってきて、身軽になって帰っていく。ペテルブルグへは金がない連中が集まってきては、しこたまもうけて世界中に散っていく。……モスクワはロシアに必要だが、ペテルブルグにはロシアが必要……　――『一八三六年のペテルブルグ・ノート』(一八三六)(5)

次のドミートリエフのバラッドは、多数の犠牲者の屍の上につくられた都市が洪水で滅びるというペテルブルグ水没の神話に表現を与えたものだが、ここにも未来からの回顧という倒立した視点設定をはじめ、悲劇的事件を牧歌詩のスタイルで語るという「緩叙」や、波間に突き出た尖塔が水底の町を意味するという「換喩」のレトリックが仕掛けられている。

漁師が黙って海の上／古い小舟を繰り出すと／子供は網をうち広げ／黙って見つめる遠い闇
見つめるうちに少年は／思案にかられ憂い顔／「爺ちゃん海はなぜ呻く？」／漁師に尋ねてそう言った
「見えるかおまえあの塔が／去年海めが荒れたとき／覚えているかこの船を／結わえたはずだあの塔に
じつはあそこにあったのだ／世界を統べる大都市が／いまでは鐘楼の尖塔が／海の中から見えるだけ
町はどうやら裕福で／花婿みたいに着飾って／自分は財を蓄えて／他人は乞食と追いやった
勇士が町を建設し／沼も固めた、人骨で／ただ神様と争えど／神の知恵には勝てなんだ……」

――『水底の町』（一八四七）(6)

次のドストエフスキーのテクストには、実景描写が一連の直喩を招きよせ、それらが一体となってもうひとつのパラレルな風景を構成するという諷諭《アレゴリー》の原理が働いている。結果として冬の蒸気のリアリズム的記述が、幻想的な空中楼閣のイメージへと化けるのだが、このプロセス自体、現実よりもリアルな夢や分身現象を生み出すドストエフスキー的ペテルブルグ（「世界一ファンタスティックな都市」）の機能の絵解きとなっている。

夜が街に降りてきて、凍りついた雪で膨れ上がった広大なネヴァの川面には、夕日の残光にきらめく何億本もの針のような霜が降りかかっていた。零下二十度の寒気が見舞っていた。容赦なく追い立てられる馬の体からも、走る人間の体からも、冷たい湯気が立ち上っている。張り詰めた大気はごく僅かな響きにも震え、両の河岸通りに並ぶ家々の屋根からは、巨人のような煙の柱が立ちのぼって、互いに縺れたり、解けたりしながら、寒空を上へ上へと昇っていった。それはまるで古い建物の上に新しい建物が重なって、新しい街が空中に出来上がっていくようであった……そしてついには全世界が、そこに住む強弱すべての人間も、貧者のあばら家から富者の喜びである金殿玉楼まで、ありとあらゆる住居も含めて、この黄昏時に、まるで何かとっぴな、魔法のような幻想か夢に似たもののように思われ、しかもその夢もまたすぐさま跡形なく消えて、あお黒い空に霧のように昇っていきそうな気がした。

――『弱い心』（一八四八）(7)

この諷諭の手法は、現在の出来事と歴史的記憶の二重露出のような光景を現出させるのにふさわしい。たとえばヴォローシンはロシア革命を次のように表現した。

かつてピョートル大帝がかき立てた／国家の意志のうつろな穴から／魑魅魍魎がこの家に襲いかかり／ぽっかり空いた玉座に座って／乳色をしたもろい沼の上で／悪魔の輪舞を指揮している

――『ペトログラード』（一九一七）(8)

ちなみにペテルブルグをめぐる評論的な言説も、フィクションに劣らず修辞性を帯びがちだ。その一例として、ペテルブルグ文学史の一番近い過去に属する詩人ヨシフ・ブロツキーによる、愉快な誇張や語呂合わせに満ちたエッセイを引いてみよう。

彼（ピョートル一世）は人間を、将来首都となるべき土地を取り扱ったのとまったく同じように取り扱った。大工でも航海者でもあったこの支配者（ruler）は、自分の町の設計図を引く際にもその唯一の道具、定規（ruler）を用いた。目の前に開けた完全に平坦で水平な空間を、彼は正当にも地図のように取り扱い、定規で引いた直線で満たそうとした。もしこの街に曲線の街路があるとすれば、それはピョートルの当初からの意図ではなく、ぞんざいな設計者だった彼の指が勢い余って定規から逸れ、線が曲がってしまったからに過ぎない。恐怖にとらわれていた彼の部下たちは、このような誤りをも忠実に再現したのだった。

――ヨシフ・ブロツキー「改名された都市の案内」（一九七九）(9)

三　ペテルブルグ・コンシャスな現代小説

現代のペテルブルグ文学は、ここに例示したような修辞的想像力を豊かに受け継ぎながら、都市にまつわる文学的記憶そのものを意識的に想起し、再利用しようとしているようにみえる。すなわち過去のペテルブルグ文学のモチーフや表現に「もじり」や「ずらし」の二次加工をほどこしたり、都市のいろいろなトポスを歌枕のようにたどったりという形で、文学的記憶との対話や戯れが行なわれている。もちろん前掲のアンツィーフェロフの比喩にあったように、「都市の魂」という単一のテーマにささげられた複数の作家による連作がペテルブルグ文学だとしたら、旧世代の情報や手法の意識的な点検・再利用も、その当然のメカニズムであろう。ブロークやベールイからザミャーチンやシクロフスキーまで、一世紀前のペテルブルグ作家たちは、一九〇五年革命から一七年革命と内戦を含む転換期に、プーシキン以降の伝統的ペテルブルグ・モチーフ群――洪水、青銅の騎士、都市彷徨、小人物のテーマ等々――に対する集団的想起のような作業を行なってみせた。いま新しい世紀の入口においても、建都三百年を迎えたペテルブルグが、再び同様な自己想起・自己認識作業の主人公となっているのかもしれない。

以下では、そのようなペテルブルグ・コンシャスな一九九〇年代以降の作品群の表現的特徴を概観するが、便宜上、素材との間のユーモラスな距離を保ったパロディ的テクストから、対象への同一化や憑依の度合いが強いテクストへと、段階的に取り上げてみたい。

ワシーリー・アクショーノフ『三つの外套と鼻』（一九九六）

ソ連後期の「新しい波」に属す作家で、一九八〇年に亡命したあともソ連(ロシア)テーマの作品を書き続けたワシーリー・アクショーノフ(一九三二年生まれ)は、『モスクワ・サーガ』などで九〇年代以降のロシア文壇に再び反響を呼び、二〇〇四年には『ブッカー　開かれたロシア』賞を受賞している。彼が戯画的パロディの名手でもあることは、ドストエフスキーとマルクスの恋の鞘当を描いた小説『卵の黄身』のなかの偽文書などから明白であるが、一九九六年の作品集『肯定的主人公の陰画』に含まれた短編「三つの外套と鼻」では、軽快なゴーゴリのパロディをみせている。物語自体は戯作風の自伝で、スターリン政権によって流刑された母親のもと、マガダンで初等教育を受けた若きアクショーノフが、故郷のカザンやレニングラードの医科大学で過ごした青春時代を、三つの外套との出会いと別れを通して描くという設定である。

引用箇所は一九五六年のハンガリー動乱当時のレニングラード。自国政府の東欧干渉を批判する多感な青年を見舞う事件が、ゴーゴリ作『外套』の主人公の災難とオーバーラップするという、「見立て」の手法が用いられている。

あるとき、モイカ川かグリボエードフ運河のあたりで、僕は例によってひどく猥雑な店から出てきた一団に混じって、こう叫んでいた。「我慢にも限度があるぞ！　学生諸君、立ち上がろう！　スターリニストのくずどもよ、ハンガリーから手を引け！　明日はデモだ！　僕等の後に、ネフスキー通りの人がみんな続くだろう！　その後にはプチーロフスキーの人たちも！　明日夕方六時にここからスタートだ！」

こうして一騒ぎした後、みんなは犠牲的な偉業の予感に胸をときめかせながら、いろんな方角に散っていった。真夜中に、僕は町のいちばん西にあたるレスナヤ・グレビョンカにあった当時の下宿を目指して、とぼとぼと歩いていた。かつてペテルブルグであった町のぼんやりとした幾何学図形が、僕にその鋭角的側面を向けていた。歩道の台石やマンホールの蓋が、重力に逆らった格好をしていた。僕は二度ほど敵の面を殴りつけてやった。つまりおもいっきり耐水パイプにぶつかったのだ。

　突然、忌まわしい小雨と泥の中から三人の人物の姿がたち現れた。名うての港の追いはぎたちだ。やつらは僕をアカーキー・アカーキエヴィチさながらに、文字通り新しい外套からすっぽりと振るい落とした。「何をする」と叫んだが、気がつくとあたりはすっかりもぬけの殻。人っ子ひとりいない。僕をあざける月さえも出ていなかった。(10)


　冒頭の運河畔はロシア小説の主人公たちがさまよう文学的トポスであるが、作家グリボエードフの名はロシアにおける反逆的思惟の伝統をも暗示する。「かつてペテルブルグであった町」が「幾何学図形」をしているというのは、アンドレイ・ベールイが小説『ペテルブルグ』の冒頭で定義した統治機構の中枢としての首都イメージが、実景と二重写しになっているようだ。目につく修辞としては二段落目の擬人法や滑稽な迂言法、三段落目の直喩しかないが、それ以外に、ここには平行関係の修辞が働いている。表面上話題とされている一九五〇年代の国際関係とちっぽけな個人の不幸はそれ自体としては不釣合いなペアだが、ハンガリーとソ連、主人公と社会、暗示されているロシア知識人と国家の間には、いずれも非条理な暴力の被害者と加害者という共通の関係構造が設定されている。これが複数のモチーフをパラレルな位置に置き、ペテルブルグ物語を完成させているのである。

　ちなみにこの小さな不条理劇は不条理な形で解決する。外套をなくして困っていたゴーゴリの主人公のような若者は、同じくゴーゴリの主人公を連想させるノーソフ（鼻＝ノスから派生した苗字）氏の外套を恵まれ、この鼻氏の介入で警察とのトラブルからも逃れることになる。あたかもペテルブルグの町を絶望と陶酔、不条理と正義の境界線が縦横に伝っていて、文学的呪文がその通行証になっているかのようだ。物語の最後には、「われわれはみな共産党から出てきた」「いや外套から出てきたやつもいる」「なかには鼻から出てきたやつもいる」という掛け合いが置かれているが、これももちろん「われわれはみなゴーゴリの『外套』から出てきた」という、ドストエフスキーのものとされる警句のもじりである。

ドミートリー・ゴルチェフ『カエル』(二〇〇二)

エカテリーナ二世がピョートル一世の偉業にささげた馬上の皇帝像「青銅の騎士」[11]は、ペテルブルグの守護神格として、さまざまな解釈や表現を与えられてきた。たとえば騎士、馬、その足元の蛇、台座という像の各部分を、それぞれ理性、意志、大地の力と読み、皇帝がロシア的エネルギーを統合して未来へと飛躍しようとしている図と捉える立場がある。プーシキンの『青銅の騎士』は、このコズミックなエネルギーのシンボルをカオス的な洪水と対立させた例である。ただしこの「ペテルブルグの地霊」(アンツィーフェロフ)のイメージ解釈は一様でない。住民の想像力は、青銅の騎士像を、神の地位をうかがおうとしたピョートルが神罰によって石化させられた姿と捉えたり、黙示録の蒼ざめた馬にたとえたり、あるいは騎士と蛇を正義の意志と邪悪な意志の対立として捉えたりした[12]。元来モチーフのずらしや二次加工を特徴とする都市フォークロアやアネクドートのジャンルでは、青銅の騎士のテーマはとりわけ多様に変奏されてきた。カザフスタン出身のグラフィック・デザイナー兼作家ドミートリー・ゴルチェフ(一九六三年生まれ)も現代ペテルブルグ・フォークロア作者の一人であるが、彼がピョートル像のテーマにささげた「カエル」という掌編は、次のような表情をしている。

あの青銅の騎士をものすごく注意深く観察していれば、たまに気づくだろう。騎士を支えている岩が、かすかにぴくぴく動くのを。

これは一匹の学者ガエルが岩の下敷きになっているせいでおこるのだ。しかもこのカエルは、何でそうなったのかという本当の事情をよく知っているのさ。

あるときこのカエルは彫刻家のファルコネと五分間話をした。この談話の後、彫刻家ファルコネはただちに家族全員を斬り殺して家に放火し、銃を携えて冬宮に強盗に入ったが、道に迷ってチョールナヤ・レーチカ（黒い川）のほとりの小さな森に出た。彼はその森の空き地に立って恐ろしい勢いでげらげら笑い、そして死んでしまった。

この事件の後、二人の聾者の擲弾兵がカエルを棍棒で殴って気絶させ、それから岩の下敷きにして、岩の上には念のため青銅の騎士を建てたのだった。

百年ほど後、カエルはふと我に返って外へ這い出そうとしたが、力が足りなかった。力を出すにはまず水を飲まねばならないが、その水がないからだ。でもやがて大洪水がやってきて岩を水浸しにすれば、カエルはたらふく飲めるだろう。そうしてカエルがくるりと寝返りを打てば、岩も青銅の騎士もろとも外れて転がるだろう。そのときこそみんなに目にもの見せてやるのだ。

もしどうしてもという人がいたら、いますぐこの岩に耳を寄せて聞いてごらん。

あたりが静かなときならば、カエルがなにやらぶつぶつひとりごとを言っているのが聞こえるだろう。ただし一言も意味は分からないけれど。

あるときひとりの医者が聴診器をもって岩を調べに来て、朝までさんざん聞いていたが、結局何も分からなかった。

がっかりしてそのまま帰っていったが、気は確かだったよ。（以上全文）(13)

ここでもプーシキンの作品と同じく、石と水、青銅の騎士と洪水の対立が中心を占めているが、両者の因縁はささやかな不条理のレベルに貶められている（意味的な緩叙）。この掌編の構成原理である「転倒」――時間的転倒（ファルコネの死と銅像の建立）、因果／重要性の転倒（岩と騎士像）――と論旨の「ずらし」が、ペテルブルグ水没のまがまがしい神話をナンセンス童話に仕立てなおしているのだ。カエルが地と水の原理の交代を意味し、災いや混沌から復活、不死、両性具有までを暗示する両義的存在であることを考慮すれば、これは多難な新生ロシアで開基三百年を迎えた都市へのポストモダン的ささげものなのかもしれない。

アンドレイ・リョーフキン『ロシア民話としてのドストエフスキー』（二〇〇〇）

次の例はラトヴィア出身のロシア人作家アンドレイ・リョーフキン（一九五四年生まれ）による、ペテルブルグ小説史の巨人ドストエフスキーの作品のもじり。『罪と罰』の文体模写をベースに、一九世紀風の真夏のペテルブルグを徘徊する青年の物語が非常な早回しで描かれる。筋も登場人物も明白に原作をたどっているが、ただし超人思想も殺人事件のプロットも省略されている。おまけにいくつかの部分では他の作家のテクストが混入する。たとえばスヴィドリガイロフという登場人物は原作の同名人物と同じく謎めいていて、明らかに少女愛の趣味をもっているが、彼にまつわるシーンいくつかには、ナボコフの『ロリータ』のテクストが挿入されている。引用箇所は、原作の第一日目に置かれる酔漢マルメラードフの（それ自体きわめてレトリカルで演技的な）貧困論にはじまる演説が、周期律表の作者メンデレーエフによる科学批判に化けるシーンである。

「ときに学生さん」とメンデレーエフはほとんど勝ち誇ったような口調で続けた。「『知識余りて悲哀いや増す』といいますな。こういうのも存じておりますよ――「学は一生の業、さりとていくら学べど死ぬときゃ阿呆」ってね。それから「知は力なり」などとも言いますな。たしかに知識というものは、おおむねそういうものなのかも知れません。つまりいろんな知識を得ても、持って生まれた感情の高潔さというものを、まだなくさないでいられるでしょう。しかし分別となると、誰一人そんなものが保てなくなるのです。分別のある人間はもう人間社会から棒で叩き出されるどころか、箒で掃き出されてしまいますよ。つまり、ひとしお骨身にしみるようにね。でもそれが当然で、分別があるとなるとまず自分で自分を軽蔑しようという気になりますからな。そこでつまり飲み始めるというわけで！　そこでもう一つ、いわば物好き半分におたずねさせていただきますが、小生の「表」をご存じですか？」（中略）

「お話ししましょう。ある時、小生は不遜な野心を起こして、知恵の神殿のまっただ中に入り込んでやろうと思い立ち、そうして成年にも達しないうちに、もう完全な傲慢の虜となってしまったのです。その後、堅忍不抜の努力を続けました。しかも一年や二年ではなく何十年も。でも学生さんですから説明の要もないでしょう。それに背負い込んだ仕事が大きすぎて、説明といっても難しい――なにしろ、ありとあらゆる物質が、それぞれ神の定めた唯一の位置に納まるような、そんな表を作るという仕事ですから。傲慢でした。とてつもなく傲慢でありました。小生の不幸がいかばかりのものになったか、ご想像いただけるでしょう……」(14)

リョーフキンはドストエフスキーのテクストを、ペテルブルグという場の記憶を集約した装置のように利用している。しかも作品名が暗示するように、それは民話風の形態記憶、連想喚起力と変奏可能性を兼ね備えている。つまりどのような断片もペテルブルグ小説の枠組み全体を想起させるようなフラクタル的構造をもつ。だからプロットの中心を欠いた間引き引用の羅列が、いかなる他者のテクストをも飲み込んで同化してしまうような包容力をもつのである。

オレーグ・ストリジャーク『少年』(一九九三)／ナタリヤ・ガルキナ『聖ペトロ群島』(一九九九)

ペテルブルグを構成する道路、運河、公園、島等々の部分は、それぞれの歴史と独特な景観を備えた詩的トポスで、文学作品との間にさまざまな関係を結んできた。一八世紀の頌詩をはじめとして、それぞれの場のイメージにささげられたテクストや、いくつかの場をめぐる遍歴・徘徊型の文学など、たくさんの例を挙げることができる。とりわけネヴァ河や数々の運河からなる水の世界は、この都市の文学に独特な表情を与えてきた。ここに挙げるのも水のある詩的トポスめぐりが作品のプロットそのものと結びついている現代長編小説の二例である。

ストリジャークの『少年』は「回想記小説、恋愛小説、六つの運河と川からなるペテルブルグ小説」という副題をもつ。主人公である作家が、女優への献身的で自虐的な愛と、自分の分身のような才能豊かな少年作家への嫉妬に感情生活のバランスを失っていくという、ソ連版ヴェルレーヌ物語であるが、一人称の回想記の形式をとった作品の叙述は、彼が見て暮らした運河群の風景およびその文化的記憶と重層的に結びついている。水はここでは時間であり、記憶であり、運命である。水につけられた名称(川や運河の名)は、主人公の運命の各段階の隠喩をなし、そして彼の運命を都市文化の記憶と関連づける。つまり運河の遍歴を通して、主人公の伝記はエカテリーナ二世、ドストエフスキーといったもろもろのペテルブルグ人の記憶と結びついていくのだ。隠喩、擬人法、列叙、諷諭などの修辞をふんだんに含んだ、迷宮の都市めぐりの観を呈するこの小説のなかで、あたかも主人公の個的な経験が普遍的なペテルブルグ物語として聖化されていくかのようである。

すべてはカルポフカ川で終わり、フォンタンカ運河で始まった。フォンタンカ! それからグリボエードフ運河が、モイカ川があった。それからペトログラード区、クロンヴェルカ、静かなカルポフカ……僕はいったいどうなってしまうのか？　運命が円を描いて、僕をもう一度フォンタンカに連れ戻した。それが僕を驚かす。ペテルブルグの川と運河の神秘が僕を捉えて放さず、頭の中をこんな馬鹿な考えがめぐっている——ネヴァ河がフォンタンカを生み、フォンタンカがモイカを生み、モイカがグリボエードフ運河を生んだ。そしてグリボエードフ運河はフォンタンカに帰り、フォンタンカとモイカはネヴァに帰った。あるときそんなことがあって、そしていつまでも続いているのだ……。[15]

「ロシアのロマン派はペテルブルグという病を病んでいる」（アンツィーフェロフ）[16]という言説を想起させる、ペテルブルグ・コンプレクスに満ちた文章である。

ガルキナ（一九四三年生まれ）の『聖ペトロ群島』はより明快な動機づけをもつ水辺めぐりの話。ソ連時代後期、二〇歳の研究所職員と恋仲になった三十代の女性（実はソ連の国際諜報員の妻）が、二人の恋愛を時間的に限りあるものと思い定め、その期間ペテルブルグめぐりをして過ごそうとするもの。彼女はペテルブルグを四五の島からなる群島と見立て、四五の小旅行を果たしたときを恋愛の終わりと定める。二人は水に囲われた大小の地区に「夜の島」「夏の島」「皇帝島」といった名称をつけ、それぞれが作品の章題にもなっている。彼らの旅は単なる空間的ランデブーではなく、時間旅行でもある。すなわち愛しあう者たちだけの特異な感覚が、それぞれの「島」に住み着いた「幽霊」たちの像を垣間見させるのだ。こうして彼らはピョートル一世、ニコライ二世、ラスプーチン、建物の霊などを幻視していく。

以下の引用部分は都市を群島に、恋愛を島めぐりにたとえるという、作品の骨子となる大掛かりな比喩（もしくは見立て）が仕掛けられるところであるが、そのプロセスで星空と記憶都市ペテルブルグの類比関係が暗示されるところも興味深い。

街灯のつくのが遅かったり消えるのが早すぎたりして、星が見えることがあった。僕は子供のころから覚えていた——僕たちが見ている空とは、ただの記憶に過ぎないことを。ある星は燃え尽きており、ある星は燃え尽きていないが、総じて遠い星座は今ではもう変化していて、どれも本当は僕たちに見えるとおりの場所にはない。みんなうそ、錯覚なのであり、ここでも事実と現実は一致しない。僕たちはありもしない空の下にいるのだ。

むっつりとした巨大な艦隊が窓の外を通っていった。

「僕たちも船に乗っているのさ」僕は彼女に言った。

彼女は艦隊を見つめた。

「女が船に乗っているのは不吉なのよ」

「運命の意志によって僕は君を海賊の手から救い出し、自分の船室に乗せて君の生まれた島へと運んでいくところさ」

「でも私たち本当に島に住んでいるのよ」

「島というのはペトログラード区のはずれにあるエラーギン島とかカーメンヌィ島とかクレストフスキー島のことかと思ってたけど」

「レニングラードは島の集まりなのよ」彼女は言った。「そもそもピョートル大帝時代には百以上も島があったの。それが今では四五」

「というと、水にでも沈んでしまったのかい」

「いらなくなった運河や掘割が埋め立てられたり、せき止められたりして、いくつかの島がひとつにまとめられてきたのよ。父が教えてくれたわ」

「じゃあ僕たちは島の上に住んでいながらそれに気がついていないってこと？」

「橋には気がついているでしょ。なんなら書斎の地図を見る？　私はどうせ台所に行くわ。おなかがすいたから。あなたの部屋着はどこ？」（中略）

「ほら、島だらけでしょ」

「君は美しい島娘だ、ナスターシャ」

「二重の意味で島娘なのよ。母は日本人だけど、日本も島国だから。九州、本州、四国、沖縄、北海道」

僕ははじめて目にするペテルブルグの地図をしげしげとながめた。

「まったく群島だ」

彼女は大喜びで手をたたき始める。

「船乗りよ、汝の船は群島へと到着せり！　我らが見出せし群島へ！　これは世紀の大発見なり」

「しっ！　これは秘密さ。僕らが発見したから僕らの島だ。僕らは島から島へと渡り、調査するのだ。どんな小さな島にも渡ってみよう。誰も気がつかないけれど、僕らは今では群島の住人なのだ……ところでこの群島をなんと名づけようか？」

彼女が考え込んだのはほんの一分だけだった。

「もう名前はあるじゃない！　みんなが知っているけど、誰も知らない名前が！　聖ペトロ群島っていうのよ」(17)

レフ・グニン『ペテルブルグ』(二〇〇三?)

カナダ在住の作曲家、作家、ジャーナリストであるグニン(一九五六年生まれ)の短編『ペテルブルグ』では、主人公とペテルブルグの間にきわめて直接的な同一性が設定されている。半ばエッセイ的なタッチのこの作品で、トルストイのイワン・イリイチのごとく死の床で人生を回想する主人公は、自分の人生のきわめて多くの部分をペテルブルグという都市が占めていたことをあらためて実感するのだ。彼の回想はすなわち二〇世紀ペテルブルグ文化史となり、二〇世紀初頭の「銀の時代」の文化への賛美、ソ連時代の悲惨なこの都市の運命、モスクワからの圧迫、近過去の経験と現在の課題などなどが叙述されていく。それ自体が一種の寓喩のようなこの構造は、ある意味であらゆるレトリックの役割を解体してしまう。つまり徐々に朦朧としてゆく主人公の意識においては、隠喩も換喩も提喩も発見的認識としての意味あいを失い、すべては坦々とした文字どおりの事実の記述となる。そしてその果てに、ペテルブルグという新しい都市が、実はモンゴルによるロシア支配以前のキエフやノヴゴロド国家の伝統を保存する、古い都市であるという逆説が置かれ、さらには「私は人間=都市だ」という未来派的な論理パラドクスを含む喩が登場する。大文字のGorod(都市)として登場するペテルブルグに主人公が合体し、ひとつの意識の死がもうひとつの意識を誕生させる寓話である。

ペテルブルグは彼の人生の一部、しかも大きな部分をなしていた。だから今、その一部がそっくり残ったまま彼自身が消えようとしていることが、奇妙なような恥ずかしいような気がするのだった。(中略)
おそらく都市こそがこの彼の世界の主要な登場人物だった。明るいときも暗いときも、憂鬱なときも朗らかなときも、都市は彼の頭の中で自分自身の生を営み、日に日にそこにおける自分の場と意味を拡大してきたのだった。(中略)

彼は夢中で読み漁ったものだ。銀の時代のロシア（ペテルブルグ）詩人たち、小説家たちを。ブリューソフの『炎の天使』、ベールイの『ペテルブルグ』、ソログープ、ヴェレサーエフ、アンドレーエフ、ブーニン――世紀の変わり目のあらゆる散文を。それは偉大な時代であり、そして二度と戻らない。それは爆発であり、頂点であり、神々しい夢であり、純粋な霊感だけで織り成された時代であった。時々彼は、後の世の流血、戦争、収容所、刑務所といったものが、全部あの銀の時代の代償だったような気がするのだった。（中略）

後にあの銀の時代が魔法の波のようにかき消えた時（中略）この町の大々的な制圧が、モスクワによる制圧が開始された。諸機関が、職組が、姑息な人間どもが、田舎から人為的に移住させられた阿呆どもが、ペテルブルグを制圧したのだ。あの恐ろしい（第二次世界大戦期の）都市の封鎖と放血も、二人の悪党（スターリンとヒトラー）の密約にそった悪夢のようなショーとして「上演」されたように思えるのだ。（中略）

「時々わたしにはペテルブルグが「もうひとつのロシア」の町であるように思えた。それはモンゴルの侵入以前のロシア、キエフ・ルーシや中世のプスコフ、ノヴゴロドの伝統に連なるロシアである。それはまた本当の西欧の町であり、その支配的な雰囲気は、ソヴィエト連邦の内側には存在しえないもののように思えたのだ。（中略）

私は人間＝都市だ。私はすでにアルカージー・ドミートリエヴィチではない。私は成り代わっていく、石畳の歩道に、石畳の河岸に、透かし細工の鋼に、重厚な古典主義美術に、神経質なタッチのモダニズムに、とがった危険な矢印に（18）」

むすび

以上みたような例は、豊かな修辞的想像力を基礎としたペテルブルグの自己イメージ生産能力が、文学の世界で健在であることを語っている。もちろん評論的な言説もその光景に含まれるので、たとえば次のようなクルサーノフ（一九六一年生まれ）のエッセイは、マンデリシュタームやブロツキーがこの都市の石や水にささげた論理的レトリックの伝統が、いまも息づいていることを実感させる。

周知のように、ペテルブルグとは五百平方キロ分の建造物と五百万の住民のいる空間をさすのではない。（中略）ペテルブルグ――それはひとつの水晶球で、中身は何一つ変化がなく、ただ内から射す冷たい光が陰影を変えるのみだ。ペテルブルグはまたおそらく水だ。鉄も花崗岩もしのぐほどの、たくさんの開けた水なのだ。そのようなペテルブルグの内部に通じる道はない。ペテルブルグはすでに自分に必要なものを全部、自分の内に持っているからだ。

――パーヴェル・クルサーノフ『相関の本質について』（二〇〇〇）[19]

さて見方によってはレトロ趣味に淫したこのようなイメージ再生産作業のなかで、一見自足しているかにも思えるペテルブルグ文学は、創作界や読書界にどのようなインパクトを与え、またいかに受け止められているのか？　これは難しい問いだが、過去の想起や伝統の再加工といった作業は、何を過去とみ、伝統とみるかによって効果も受容のあり方も違うのは事実だろう。その意味でたとえばドミートリー・ヴェリンスキーら七人の芸術家集団が建都三百年記念に際して発したマニフェスト「屋根のないペテルブルグ」は、ひとつの典型的な批判と提言を示してくれる。

彼らによれば、都市の記念祭に使われた「ペテルブルグ復活」というスローガンが目しているのは、もっぱら二〇世紀冒頭の『芸術世界』派のような装飾的な文化や、シンボリズム、アクメイズムの詩学であり、そうしたものが「白夜」「マリインスキー劇場」「エルミタージュ」といった観光文化とブレンドされて、現代のレトロなペテルブルグ・ブームを構成している。そのような志向にとっては、あたかも未来派もオベリウのナンセンス詩学も、フィローノフの分析的美術も、ミハイル・バフチンも構成主義建築も存在しなかったかのようである。そうした保守的な志向は、ペテルブルグを革命前の貴族文化の墓場か霊廟のごときものと化してしまい、未来へ向かう新しい文化をはぐくまない。自分たちは未来派やオベリウやソ連後期の非順応派(非体制派)芸術の例に学んで、都市と芸術生活のダイナミックな関係を取り戻したいというのである。[20]

われわれのみてきたいくつかの例とこうした言説を並列すると、そこには芸術遺産の加工に悦楽を覚えるポストモダンと、新しい芸術創造をめざすモダンとの間の軋みのようなものが聞こえる。ただしヴェリンスキーらのマニフェスト自体が、「プーシキン、ドストエフスキー、トルストイ等々を現代という汽船から放り出せ」というロシア版「未来派宣言」(「社会の趣味への平手打ち」一九一二)の、かなりマイルドなリメイクになっているのはいうまでもないが。

(1) *Топоров В. Н.* Петербург и петербургский текст русской литературы // *Малец, А. Е.* (ред.) Семиотика города и городской культуры: Петербург (Труды по знаковым системам XVIII). Тарту, 1984.

(2) *Лотман Ю. М.* Семиотика Петербурга и проблемы семиотики города // *Малец, А. Е.* (ред.) Семиотика города и городской культуры: Петербург (Труды по знаковым системам XVIII).

(3) *Анциферов Н. П.* Душа Петербурга. Петербург Достоевского. Быль и миф Петербурга Москва: Книга, 1991.

(4) *Пушкин А. С.* Собрание сочинений в десяти томах. Т. 2. Москва, 1974. С. 157.

（5） *Гоголь Н. В.* Собрание сочинений в шести томах. Т. 6. Москва, 1953. С. 108–109.

（6） *Отрадин М. В.* (ред.) Петербург в русской поэзии: XVIII — начало XX века. Ленинград, 1988. С. 148–150.

（7） *Достоевский Ф. М.* Полное собрание сочинений в тридцати томах. Т. 2. Ленинград, 1972. С. 48.

（8） *Синельников М.* Петербург, Петроград, Ленинград в русской поэзии. Санкт-Петербург, 1999. С. 326.

（9） I. Brodsky, "A Guide to a Renamed City," in *Less than One* (New York, 1986), pp. 73–74. 翻訳は以下によった。中村唯史「都市という時空間：ブロツキイのペテルブルグ（訳と論考）」望月哲男編『転換期ロシアの文芸における時空間イメージの総合的研究』（北海道大学スラブ研究センター、二〇〇五）八六頁。

（10） *Аксенов В.* Три шинели и нос // Негатив положительного героя. Москва: Вагриус, 1996. С. 43.

（11） エカテリーナ二世の依頼によりフランス人彫刻家エチエンヌ・ファルコネ（一七一六～九一）が、ネヴァ河左岸に面した元老院広場に作った馬上のピョートル像。一七八二年に除幕。郊外から運んだ大理石の台座（通称雷岩）は高さ八メートル、重量二〇〇〇トン。馬は足下に蛇を踏みつけて後脚立ちになり、馬上のピョートルが右手を前方に伸ばしている。騎馬像のみの高さ五・三メートル。「ペテルブルグの地霊」（アンツィーフェロフ）とも呼ばれる。像が建つ元老院広場はペテルブルグの政治的機能の象徴とみなされる。一八二五年にここで貴族の秘密結社による「デカブリストの乱」がおこった。

（12） 望月哲男「ペテルブルグ文学」川端香男里・中村喜和・望月哲男編『講座スラブの世界1 スラブの文化』弘文堂、一九九六年、一九六―一九九頁参照。

（13） *Горчев Д.* Лягушка: http://www.gorchev.lib.ru/txt/by1/lyagushka.shtml より引用。

（14） *Левкин А.* Достоевский как русская народная сказка // Двойники. Санкт-Петербург: Борей-Арт, 2000. С. 23.

（15） *Стрижак О.* Мальчик: роман в воспоминаниях, роман о любви, петербургский роман в шести каналах и реках. Санкт-Петербург: Лениздат, 1993. С. 7.

（16） *Анциферов Н. П.* Душа Петербурга. Петербург Достоевского. Быль и миф Петербурга. С. 101.

（17） *Галкина Н.* Архипелаг святого Петра // Нева. No. 4, 1999. С. 23.

（18） *Гунин Л.* Петербург: http://www.total.net/~leog/prose/peter.htm より引用。

（19） *Крусанов П.* О природе соответствии // Бессмертник. Санкт-Петербург: Амфора, 2000. С. 98.

（20） この言説は一九六六年のシクロフスキーが革命直後の時代を回想した以下のような言葉を想起させる。「昔のペテルブルグを復元したいと欲しているような芸術は、たとえ昔のこの町が美しいものであったとしても、決して成功を収めはしないのだと、わたしは考えていたのである」V・シクロフスキー、水野忠夫訳『革命のペテルブルグ』晶文社、一九七二年、九六頁。

サンクト・ペテルブルグ関連歴史年表

1703　サンクト・ペテルブルグの建設開始
1712　サンクト・ペテルブルグがロシア国家の首都に
1721　北方戦争に勝利　ピョートル1世にインペラートル(皇帝)の称号
1725　ピョートル大帝没　科学アカデミーの開設
1728　宮廷がモスクワに移る(〜32)
1737　大火で1000戸以上が焼失　都市の地区への区分開始
1738　ロシア初のバレエ学校(現ロシアバレエ・アカデミー)開設
1741　エリザヴェータ女帝，宮廷革命で即位(〜61)
1754　皇帝の宮殿冬宮建設開始(〜62)
1757　芸術アカデミー開設
1762　エカテリーナ2世夫ピョートル3世を廃して即位(〜96)
1763　エルミタージュ・コレクションの始まり
1777　大洪水
1780　都市の紋章の決定
1782　ピョートル大帝即位100年記念像(青銅の騎士像)建立
1783　マリインスキー・オペラ・バレエ劇場完成
1785　貴族と都市への特権認可状
1790　作家ラジーシチェフ農奴制を批判した『ペテルブルグからモスクワへの旅』によりシベリア流刑
1791　漂流民大黒屋光太夫，エカテリーナ2世に謁見
1801　パーヴェル帝殺害，アレクサンドル1世即位
1812　対ナポレオン祖国戦争
1819　サンクト・ペテルブルグ帝国大学創立(1725年科学アカデミーの創設時につくられた附属大学をその起源とする説もある)イサーキー寺院建設
1824　史上最大の洪水
1825　デカブリストの乱　ニコライ1世即位

1826　皇帝官房第三部（秘密警察）設置，検閲法制定

1831　コレラの流行

1833　プーシキン『青銅の騎士』

1835　ゴーゴリ『狂人日記』など

1837　サンクト・ペテルブルグ＝ツァールスコエ・セロー間にロシア初の鉄道開通

1849　作家ドストエフスキーらユートピア社会主義のペトラシェフスキー会員の逮捕

1851　サンクト・ペテルブルグ＝モスクワ間鉄道開通

1852　サンクト・ペテルブルグ＝モスクワ間電信開通　エルミタージュ美術館公開

1855　クリミア戦争敗北　アレクサンドル2世即位

1860　マリインスキー劇場完成

1861　農奴解放令

1866　ドストエフスキー『罪と罰』　カラコーゾフの皇帝狙撃

1874　ナロードニキ運動開始

1878　ヴェーラ・ザスーリチ，市長官トレーポフを狙撃

1879　人民の意志派，皇帝を狙撃

1881　皇帝暗殺　アレクサンドル3世即位

1894　ニコライ2世即位

1896　最初の映画館

1898　『芸術世界』誌創刊

1899　全国学生ゼネスト

1900　恐慌

1904　日露戦争開始　内相プレーヴェ暗殺

1905　血の日曜日事件，第一次革命　ポーツマス講和

1906　国会開設

1907　市電運行開始

1911　ストルィピン首相暗殺

1914　第一次世界大戦参戦　ペトログラードと改称

1916　ラスプーチン暗殺

1917　二月革命　十月革命　レーニン政権誕生　内戦開始
1918　モスクワに遷都
1924　レーニン死去　レニングラードと改称
1934　レニングラード党書記キーロフ暗殺
1935　大粛清
1941　第二次世界大戦開始　ドイツ軍による900日間のレニングラード包囲開始（～44）
1945　対独戦勝利
1946　ジダーノフによるレニングラード文学者の批判
1949　レニングラード党幹部への弾圧（レニングラード事件）
1953　スターリン死去
1955　地下鉄開通
1979　洪水防止堤防建設開始
1986　ペレストロイカ開始
1991　サンクト・ペテルブルグと改称　ソ連邦崩壊
1998　ニコライ2世と家族の遺骨帰還
2003　建都300年記念祭
2006　サンクト・ペテルブルグ・サミット行なわれる

執筆者紹介

栗生澤猛夫（くりうざわ　たけお）
所　属―北海道大学大学院文学研究科教授
専門分野―ロシア史

橋本伸也（はしもと　のぶや）
所　属―関西学院大学文学部教授
専門分野―ロシア史

梶　雅範（かじ　まさのり）
所　属―東京工業大学大学院社会理工学研究科准教授
専門分野―科学史

土屋好古（つちや　よしふる）
所　属―日本大学文理学部教授
専門分野―ロシア史

三谷惠子（みたに　けいこ）
所　属―京都大学大学院人間・環境学研究科教授
専門分野―スラヴ語学、スラヴ文献学、一般言語学

郡　伸哉（こおり　しんや）
所　属―中京大学教養部教授
専門分野―ロシア文学

鈴木正美（すずき　まさみ）
所　属―新潟大学人文学部教授
専門分野―ロシア文学・文化

楯岡求美（たておか　くみ）
所　属―神戸大学大学院国際文化学研究科准教授
専門分野―ロシア演劇

望月哲男（もちづき　てつお）
所　属―北海道大学スラブ研究センター教授
専門分野―ロシア文学

北海道大学スラブ研究センター
スラブ・ユーラシア叢書 2

創像都市ペテルブルグ――歴史・科学・文化

2007 年 4 月 25 日　第 1 刷発行

編著者　望　月　哲　男

発行者　佐　伯　　　浩

発行所　北海道大学出版会
札幌市北区北 9 条西 8 丁目北大構内（〒 060-0809）
tel. 011(747)2308・fax. 011(736)8605・http://www.hup.gr.jp/
㈱アイワード

ISBN 978-4-8329-6673-4

スラブ・ユーラシア叢書について

「スラブ・ユーラシア世界」という言葉は少し耳慣れないかも知れません。旧ソ連・東欧地域と言えば、ああそうかと頷かれることでしょう。旧ソ連・東欧というと、どうしても社会主義と結びつけて考えたくなります。たしかに、二〇世紀において、この広大な地域の運命を決定したのはソ連社会主義でした。しかし、冷戦が終わり、社会主義がこの地域から退場した今、そこにはさまざまな新しい国や地域が生まれました。しかも、EU拡大やイスラーム復興のような隣接地域からの影響がスラブ・ユーラシア世界における地域形成の原動力となったり、スラブ・ユーラシア世界のボーダーそのものが曖昧になっている場合もあるのです。たとえば、バルト三国などという地域名称は冷戦の終了後急速にすたれ、その一部は北欧に吸収されつつあります。こんにちの南コーカサスの情勢は、イランやトルコの動向を無視しては語れません。このようなボーダーレス化は、スラブ・ユーラシア世界の東隣に位置する日本にとっても無縁なことではありません。望むと望まざるとにかかわらず、日本は、ロシア極東、中国、朝鮮半島とともに、新しい地域形成に関与せざるを得ないのです。

以上のような問題意識から、北海道大学スラブ研究センターは、平成一五年度より、二一世紀COEプログラム「スラブ・ユーラシア学の構築——中域圏と地球化」を開始しました。本叢書は、その成果を幅広い市民の皆さんと分かちあうために創刊されたものです。これからお届けする叢書の一冊一冊は、スラブ・ユーラシア世界の内、外、そして境界線上で起こっている変容にさまざまな角度から光を当ててゆきます。

北海道大学スラブ研究センター